Gottfried August Bürger

**Gottfried August Bürger's Sämtliche Schriften**

Dritter Band

Gottfried August Bürger

**Gottfried August Bürger's Sämtliche Schriften**
*Dritter Band*

ISBN/EAN: 9783743659674

Hergestellt in Europa, USA, Kanada, Australien, Japan

Cover: Foto ©Thomas Meinert / pixelio.de

Weitere Bücher finden Sie auf **www.hansebooks.com**

# Gottfried August Bürger's
# sämmtliche Schriften.

## Herausgegeben

### von

## Karl Reinhard.

## Dritter Band.

## Vermischte Schriften. Erster Theil.

## Göttingen,
### bei Johann Christian Dieterich.
## 1797.

Gottfried August Bürger's

# vermischte Schriften.

Herausgegeben

von

Karl Reinhard.

Erster Theil.

Göttingen,
bei Johann Christian Dieterich.
1797.

# Vorrede des Herausgebers.

Ich glaubte, zur Vollendung der Aus=
gabe von Bürger's sämmtlichen
Schriften nicht mehr, als drei Bände
nöthig zu haben. Und in der Vorrede zu
den beiden ersten versprach ich auch nur
noch diesen dritten. Er sollte, wie ich
damahls meinte, die Auswahl der ver=
mischten Schriften vollständig um=
fassen. Allein ich hatte mich dabei um die
Hälfte verrechnet. Ein Fehler im Calcul,
den man mir hoffentlich verzeihen wird;
ja, den die Freunde der Bürgerischen Muse,
das heißt, alle Freunde des Guten und
Schönen mir am Ende noch wohl Dank
wissen möchten. Ihnen wäre denn die Ent=
deckung desselben, die ich jetzt nicht länger
zurück halten kann, eine angenehme Ueber=
raschung.

Dieser dritte Band hat sonst nichts,
als Bürger's Ideen über eine Ver=

deutschung Homer's, und seine mit
der Ilias angestellten zwiefachen Ver=
suche aufnehmen wollen. Was dahin
gehört, liefert er nun aber auch in der
möglichen Vollständigkeit. Man hat die
Sammlung selbst so oft und so laut von
mir gewünscht, daß ich mir eine gewisse Voll=
ständigkeit zur Pflicht machen mußte. Allein
man könnte in dieser Rücksicht leicht zu
große Erwartungen mitgebracht haben, nach
den Vorstellungen, die man, wie ich weiß,
von dem Umfange der Beschäftigungen des
Verfassers mit der Ilias im Publicum un=
terhält. Es ist um so nöthiger, diese Vor=
stellungen zu berichtigen, da sie so wohl
gegründet zu seyn scheinen; denn sie beruhen
auf Bürger's eigenem Zeugnisse.

Er unternahm bekanntlich zwei Mahl
eine Uebersetzung der Ilias; zuerst in Jam=
ben, hernach in Hexametern. Beide Mahl
gab er die Arbeit bald und gänzlich auf;
ungeachtet er, bei der ersten fast noch mehr,
als bei der zweiten, durch einen glänzen=
den, in Deutschland ungewöhnlichen Beifall
zur Fortsetzung ermuntert wurde, wovon
jetzt noch die Sehnsucht übrig geblieben ist,
mit der man auch die Bruchstücke zurück
verlangt. Bei dem Allen ist hier von einer

Arbeit die Rede, welche der Urheber zur
Seite gelegt, und, wenn man will, gar
verworfen hat. Ich mußte mir unter diesen
Umständen das Gesetz machen, von jenen
Versuchen wenigstens nichts mehr wieder
hervor zu ziehen, als was der Verfasser
selbst mitgetheilt hatte. Man thut Bür=
ger'n überall sehr zu nahe, wenn man
solche schriftstellerischen Werke von ihm zu
Tage fördert, die ihm selbst noch nicht reif
dazu schienen; denn alle seine Werke reiften
nur stufenweise und ungemein langsam. —
Indessen habe ich doch zwei Abweichungen
von jenem Gesetze Statt finden lassen;
wiewohl nicht ohne Hinsicht auf eben das
Gesetz. Es sind nähmlich die größere
Hälfte des fünften Gesanges in der jambi=
schen, und der zwei und zwanzigste Gesang
in der herametrischen Uebersetzung aus der
Handschrift abgedruckt. Beide Stücke wa=
ren aber zur öffentlichen Ausstellung; jenes
im Deutschen Museum, dieses im Journale
von und für Deutschland, bereits völlig
zugerichtet, und kamen nur durch Zufall
nicht in die Hände der Herausgeber.

Näher besehen, ist es denn auch nur
sehr wenig, was den Lesern nicht vorgelegt
wird, weil es für sie doch eigentlich nicht

da war. Ich kann über diesen Punct keine Rechenschaft geben, ohne Bürger's Aeuße= rungen geradehin zu widersprechen. In dem Vorberichte zu der Uebersetzung in dem Sylben=Maße des Originals (190. Seite dieses Bandes) versichert er, 'daß seine jambisirte Ilias größten Theils fertig ge= worden sey.' Von der neuen Uebersetzung bemerkt er dort (191. Seite), 'daß sie sich ebenfalls ihrer Vollendung nähere.' Ich will genau sagen, was an der Sache ist.

Von der Uebersetzung der Ilias in Jamben sind noch folgende Fragmente vorhanden. 1. Von der ersten Rhap= sodie die letzten 308 Verse des Originals (im Deutschen 435 Verse). Diese schließen sich an die in der Abhandlung über die Be= schaffenheit einer Deutschen Uebersetzung des Homer befindliche Probe an. — 2. Von der zweiten Rhapsodie die ersten 109 (im Deutschen 148.) Verse. — 3. Von der dritten Rhapsodie die letzten 404 (im Deutschen 498) Verse. Der Anfang dieser Rhapsodie steht in dem Schreiben an einen Freund über die Deutsche Ilias in Jam= ben. — 4. Von der vierten Rhapsodie die ersten 147 (im Deutschen 187) Verse. — Alles erster, roher Entwurf! Am wenigsten

jedoch das große Stück des dritten Rhap=
sodie. — Wäre diese jambisirte Ilias (wor=
über Bürger schon mit einem Buchhänd=
ler einen Vertrag eingegangen war, und von
welcher er eine umständliche Ankündigung
hinterlassen hat) zu Stande gebracht und
gedruckt worden, so dürfte sie von dem
Verfasser vielleicht mit einer Zueignungs=
schrift begleitet seyn, die ich unter seinen
Papieren gefunden habe, und die hier noch
ihre Stelle einnehmen mag.

## An

## Klopstock, den Dichter,

### und

## Lessing, den Kunstrichter.

Mich wärmte der Gedank' an Fürsten, die
Nichts, als geborne Fürsten sind, noch nie.

Doch dacht' ich euch, ihr Edeln, dann entschwoll
Mein Herz, des süßen Vaterlandes voll.

Drum weihit' ich euch — weg kalter Fürsten=
danf! —

Des Mäoniden ewigen Gesang.

Von der Uebersetzung in Hexametern sind noch in der Handschrift: Die ersten 698 Verse des fünften, die ersten 291 Verse des zwanzigsten, und die ersten 106 Verse des drei und zwanzigsten Gesanges. Die beiden letzten Bruchstücke sind wieder lange noch nicht ausgebildet.

Das ist meine Rechnung ganz! Und ich bitte die Leser um Vergebung, denen sie zu gewissenhaft und mikrologisch vorkommen sollte. — Uebrigens erscheinen die Proben von beiden Uebersetzungen, die vorher schon einzeln gedruckt waren, nicht ohne Veränderungen und Verbesserungen aus der Handschrift hier wieder. —

Der zweite Theil dieser vermischten Schriften, oder der vierte und letzte Band des ganzen Werks wird ungesäumt nachfolgen, und Alles begreifen, was man, nach meinen gleich Anfangs übernommenen Verbindlichkeiten, noch weiter zu fordern berechtigt ist. Göttingen, am 9. Aprill, 1797.

Karl Reinhard.

XI

## Druckfehler im dritten Bande.

6. Seite 16. Zeile, lies weis für weiß.

12. S. 12. Z. l. neither f. nether.

18. S. 9. Z. l. verselben f. desselben.

19. S. 2. Z. l. besten f. beßten.

24. S. 22. Z. l. Ueber dieß f. Ueberdem.

28. S. 23. Z. l. S. Fragmente f. Fragmente.

34. S. 21. Z. l. davon schmeichele ich mir in —

43. S. 102. Vers, l. Thestor f. Testor.

56. S. 381. V. l. focht f. focht'.

78. S. 331. V. l. erbeuten f. erbeuthen.

87. S. 510. V. l. Schmerzens f. Schmerzes.

100. S. 748. V. l. Er sprach's. Die —

100. S. 752. V. l. Telamonius f. Telomonius.

102. S. 792. V. l. hierher f. Hieber.

107. S. 912. V. l. Aegioch's f. Augioch's.

119. S. l. unter der Anmerkung: D. 5.

121. S. 39. V. l. spannt' f. spannt.

125. S. 127. V. l. jahresalt f. Jahres alt.

133. S. 278. V. l. hierher f. hieber.

140. S. 426. V. l. schöltest f. schälteß.

152. S. 669. V. l. hierher f. hieber.

153. S. l. unter der Anmerkung: D. 5.

197. S. 11. Zeile, l. für f. vor.

106 Seite 9. Zeile, lies genannt für gekennt.

207. S. 14. Vers, l. Phoibos f. Foibos. Und
      so nachher an mehrern Orten.

236. S. 368. V. l. für f. vor.

243. S. 451. V. l. der Chryse f. der du Chryse.

252. S. 26. Zeile, l. ertragen f. vertragen.

272. S. 164. Vers, l. für f. vor.

274. S. 186. V. l. für f. vor.

286. S. 521. V. l. das f. daß.

288. S. 551. V. f. Jenen f. Jenes.

294. S. 418. V. l. zerknirrschen f. zerknirschen.

296. S. 457. V. l. jeglichen f. jegliches.

310. S. 614. V. l. Schifffahrt f. Schiffahrt.

313. S. 648. V. l. Phaistos f. Faistos.

3?3. S. 772. V. l. Sohn f. Söhn.

362. S. 336. V. l. Roßbuschhelme für Rosch-
      buschhelme.

369. S. 425. V. l. den f. dem.

390. S. 209. V. l. Heeres f. Heres.

418. S. 544. V. l. jenen f. jenes.

453. S. 403. V. l. Ließ f. ieß.

# Vermischte Schriften.

## Erster Theil.

# I.

# Homer's Ilias.

---

## Vertheidigung und Proben
### einer
## Ueberſetzung in Jamben.

# I.

# Gedanken über die Beschaffenheit einer Deutschen Uebersetzung des Homer; nebst einem Probe=Fragmente *).

Qui hoc facere proponet, volet, tentabit,
ad Deos iter faciet: hoc ille etiamsi non
tenuerit, magnis tamen excidet ausis.

SENECA.

Daß ein Deutscher Homer ein vortrefflicher Wunsch für unser Vaterland sey, darüber, hoffe ich, sind die Meisten unter uns einig. Ob aber ein solcher wohl möglich sey? Das ist noch eine streitige Frage. Statt aller Untersuchungen über diesen Punct, könnte der Streit wohl nicht angenehmer für den Zuschauer beigelegt werden, als wenn der Genius unserer Literatur einen Mann von Genie und Kenntniß erweckte, wel-

*) Abgedruckt aus Klotz'ens Deutscher Biblio=
thek der schönen Wissenschaften. VI. Band.
Halle, 1771. I. S.
                                    D. H.

cher zwischen die Zankenden mit einer Uebersetzung träte, über welche man schreiben könnte:
Der Nachwelt und der Ewigkeit heilig.

Wenn ich aber die Härte und Unbiegsam-
keit kritischer Naturen betrachte, so besorge ich,
daß der Ketzer, der ein solches Werk Anfangs
für unmöglich hielt, hernach dem armen Uebersetzer das Leben noch herzlich sauer machen
würde. Sein Tadel würde ihn im Großen, so
wie im Kleinen, und vielleicht bei solchen Stellen vorzüglich verfolgen, auf welche sich der
Uebersetzer das Meiste zu gute gethan hatte. Auf
die Art würde er eine ganze Menge Andächtiger
nach seinem Urtheile stimmen, welche, ohne zu
untersuchen, treuherzig nachglauben, und ihren
eigenen gesunden Sinnen alles Mögliche weiß
machen lassen. Was soll er also thun, um sich
Ruhe zu verschaffen? Wie soll er dem Undanke
ausweichen, womit sein Vaterland ein Geschenk
von so hohem Werthe, als ein guter Deutscher
Homer wäre, vergelten könnte? Mir fällt dieses
ein. Der Uebersetzer des Homer muß unstreitig
länger über die Erreichung seines Endzwecks
nachgedacht und nachgeforscht haben, und das

Auge feines Geiſtes muß durch Uebung wackerer
geworden und tiefer gedrungen ſeyn, als das
Auge eines Richters, der heute die Ueberſetzung
in die Hand nimmt, und morgen — vielleicht
auch heute noch — Leben oder Tod darüber
ausſpricht. So wie es nun zwar überhaupt
nützlich iſt, daß der Schriftſteller ſeinen Kunſt-
richter auf den Standort führe, aus welchem er
ſein Werk anſah und bearbeitete; ſo mag dieſes
doch gewiß nirgends ſo ſehr, als in Sachen Homer's und des Deutſchen Ueberſetzers Statt haben.

Ich ſchicke dieſer Probe einer Homeriſchen
Ueberſetzung, die ich nicht ohne Bangigkeit dem
Publikum vorlege, einige Betrachtungen voraus,
welche Theils mein Verfahren rechtfertigen,
Theils überhaupt dieſe und jene Eigenſchaft einer
ſolchen Ueberſetzung anzeigen ſollen. So viel ich
vermag, will ich mich bemühen, gleichſam das
Ideal davon, welches mir in der Seele ſchwebt,
abzuzeichnen. Stimmt dieſes nun nicht mit dem
wahren und allgemeinen Ideale der Vollkommenheit, ſo wie es erleuchtetern Köpfen, als
der meinige, ſich offenbaret, überein; ſo bitte
ich mir diejenige Nachſicht aus, die ein Unmün-

diger, der ich, so wie an Jahren, also auch
an Geschmack und Kenntniß bin, billig fordern
kann. Wenn ich auch selbst nichts Erhebliches
sollte gefunden haben, so gebe ich doch vielleicht
Gelegenheit, daß ein Anderer von höheren Talenten etwas auf der Spur findet, auf welcher
ich ausgegangen bin. Wenn ich gleich derje-
nige selbst nicht bin, auf welchen unser Volk
hoffet (denn ich müßte den unverschämtesten
Knabenstolz besitzen, wenn ich mir einbildete,
daß ich's wäre), so kann ich doch vielleicht zu
der Ehre eines Vorläufers dessen, der kommen
wird, gelangen. Für mich Ehre und Beloh-
nung genug! Denn was ist daran gelegen, ob
ich oder ein Anderer mein Vaterland bereichere,
wenn es nur wirklich etwas erhält. Der ehr-
liche und echte Patriot sucht seinen höchsten
Ruhm in des Vaterlandes Ruhme. Er freut
sich, das Gebäude des vaterländischen Ruhms
unterstützen zu helfen, wenn es gleich am unter-
sten und verborgensten Orte wäre, wo sein Verdienst keinem Menschen in die Augen fallen kann.

Welches ist der Standort und die Entfernung, woraus der heutige Deutsche einen Deut-

schen Homer betrachten soll? Ich glaube, es ist
eben der Standort, aus welchem der Grieche
des blühenden Platonischen Zeitalters seinen ori-
ginellen Homer ansah. Damahls standen Sitten und Literatur in Griechenland auf der höchsten Stufe der Verfeinerung. Daß sich's mit
uns jetzt eben so verhalte, möchte ich aus Pa-
triotismus nicht sagen. Denn mein feurigster
Wunsch ist, daß unsere Literatur noch lange so
fort steigen möge, als sie in den letzten Jahren
gestiegen ist. Das aber getraue ich mir zu behaupten, und mein Herz erweitert sich dabei,
daß wir jetzt auf einer Stufe stehen, auf der
wir uns in vieler Absicht mit den Griechen mes-
sen können. Ist dieses wahr, so hoffe ich, man
wird meinem Satze Recht geben, daß wir einerlei Standort und Entfernung mit ihnen nehmen müssen, um von dem Objecte unseres An-
schauens eben die Eindrücke, wie sie, zu erhalten. Wie kam aber den Griechen aus der
Epoche ihrer Verfeinerung Homer vor? — Als
ein ehrwürdiger Greis, den aber noch keine
Runzeln des Alters entstellt hatten. Jugendliche,
zarte und glatte Schönheit hatte er nicht; sondern stärkere Züge der Schönheit des männli-

chen Alters. Ueber seine Brust hing ein langer
Bart herunter, der vielleicht bei ihnen längst
aus der Mode gekommen war. Ungekünstelt floß
sein Haar von der Schulter, da es vielleicht bei
ihnen die Kunst schon in Locken legte. Sein
Gewand schien ihren Augen etwas altväterisch.
Kurz, an seiner ganzen Gestalt und Tracht und
seinem ganzen Wesen erblickten sie Solöcismen,
die sie auch gar wohl dafür erkannten, aber
doch nicht mit Widerwillen ansahen. Homer
war den Griechen dieser Epoche, was unserer
jungen feinen Welt ein braver ehrwürdiger
Mann nach altem Schrot und Korn ist,
dessen Sonderheiten und Solöcismen man gern
duldet, ja oft sogar mit Wohlgefallen betrach-
tet, ob man sie gleich selbst nicht nachahmet.
Bei dem Allen erregte der alte Dichter unter
ihnen die größte Bewunderung. Nun, was er
in solcher Gestalt unter Griechen vermochte, das
muß er unter uns auch noch können. Was soll
also der Deutsche thun, wenn er den Homer
unter seine Landsleute führet?'— Er soll den
alten Mann nicht jung zu schminken trachten;
er soll ihm seinen langen Bart lassen, ob man
gleich jetzt keinen mehr trägt; er soll sein Haar

nicht à la France kräufeln; viel weniger ihm,
ſtatt ſeines altväteriſchen, aber anſtändigen und
ehrwürdigen Gewandes, ein Kleid nach Franzö-
ſiſchem Schnitte, den Meiſter Bitaubé neulich
erfunden, anlegen; ſondern er ſoll ihm, ſo viel
es nur möglich iſt, Alles, was er Eigenes hat,
bis auf die kleinſte Falte laſſen. Kurz, ohne
Figur und unverblümt von der Sache zu reden,
der Deutſche ſoll uns einen Homer liefern, der
nach Alterthum ſchmeckt. Trifft er dieſen Punct
wohl, ſo wird er bei dem Leſer um ein Großes
die Illuſion befördern, in welcher dieſer vergißt,
daß das, was er lieſet, Ueberſetzung ſey, und
in den ſüßen Wahn geräth, daß Homer ein alter Deutſcher geweſen, und ſeine Ilias Deutſch
geſungen habe.

Ehe ich mich eröffne, wie man einer Homeriſchen Ueberſetzung dieſen Anſtrich von Alterthum geben könne, muß ich erſt noch auf einen
Einwurf des Pope antworten, welchen ſein
Freund, Dr. Parnell, in der Vorrede *) zum

*) E. Poems on several Occasions. Written by
Dr. *Th. Parnell.* London, 1747. 222. ℰ.

Leben des Zoilus anführet. Parnell er-
zählt, er sey zu diesem berühmten Uebersetzer
des Homer gekommen, als er mit seiner Arbeit
eben beschäftiget gewesen, und habe sich mit
ihm über sein Vorhaben unterredet. Seine
Worte sind diese: After this, J demanded, what
air he would appear with? whether antiqua-
ted, like *Chapman's* version, or modern, like
*La Motte's* contraction. To which he answer'd,
by desiring me to observe what a Painter does
who would always have his Pieces in fashion.
He nether chooses to draw a Beauty in a *Ruff*,
or a Trench-Head; but with its Neck unco-
ver'd, and in its natural Ornament of Hair
curl'd up, or *spread* becomingly: So may a
Writer choose a natural Manner of expressing
himself which will always be in fashion, with-
out affecting to borrow an odd Solemnity and
unintelligible Pomp from the past Times, or
humouring the present by falling into its affe-
ctations, and those Phrases which are born to
die with it.

Der Mann hat völlig Recht, wenn es uns
um eine Schönheit überhaupt, sie sey welche sie

wolle, zu thun ist. Will ich aber eine gewisse
Schönheit nach allen ihren, auch den kleinsten
Eigenschaften kennen lernen, so darf mir der
Mahler auch nicht den ihr eigenthümlichen An=
zug vergessen, wenn er gleich in manchen Stücken
bizarr seyn sollte. Gesetzt, der Mahler wollte
mir den Hektor mahlen, sollte er ihn nackend
darstellen? — Nackend sieht Deutschlands Heer=
mann wie der Griechische Hektor aus. Woran
soll ich nun den Hektor erkennen? — Er darf
mir also seinen großen Schild, der oben an die
Schultern und unten an die Knöchel schlug, er
darf mir den Helm, auf dem der Roßbusch
wehet, kurz, er darf mir die den Hektor cha=
racterisirende Rüstung nicht weglassen. Sehet!
dieß ist der Fall mit dem Homer.

Den Ton des Alterthums nachzuahmen,
wird nicht wenig beitragen, wenn man sich der
Sprache entwichener Zeiten bedient, welche sich
durch eigene Wörter und besondere Zusammen=
fügung derselben von der unserigen oft merklich
unterscheidet. Es gibt eine ziemliche Menge
alter Wörter, die Theils schon völlig ausgestor=
ben sind, Theils wegen ihres seltenen Gebrauchs

ein sehr veraltertes Ansehen haben. Der Verlust einiger ist vielleicht eben so gut durch andere in der neuern Sprache wieder ersetzt worden. Wenn das aber auch ist, so handelt der Uebersetzer des Homer doch zweckmäßig, wenn er sich auch der Wörter von der letzten Gattung bedienet. Denn er soll alte Wörter hervor suchen, nicht allein weil sie gut, und besser als die neuern sind, oder weil vielleicht dem Gedanken kein anderer, als ein alter Ausdruck anpasset; sondern er soll auch alte Wörter gebrauchen, weil sie alt sind. Das Wörtchen sint ist vielleicht nicht um ein Haar besser, als das neuere seit, und so gibt's viele andere verlegene Wörter, wofür man ein eben so gutes neues aufstellen kann; dessen ungeachtet soll der Uebersetzer des Homer das alte wählen. Dieß mag Manchem sehr sonderbar klingen. Allein ich habe Recht, wenn der Uebersetzer auch die größten Kleinigkeiten nicht ungebraucht lassen soll, um seiner Uebersetzung den Character und das Ansehen des Alterthums zu geben. Nur müssen solche Wörter nicht schon gar zu alt, und unverständlich seyn. Der Leser, der nicht affectirt und sich närrisch dabei anstellt, muß sie noch gut im Zusammenhange er-

rathen können. Für die allerbesten halte ich
diejenigen, welche in solcher Entfernung von
dem Gebrauche unserer Zeiten stehen, daß sie
uns zwar etwas fremd und ungewöhnlich klingen, aber doch noch nicht so weit in's Alterthum zurück gewichen sind, daß man sie gar nicht
mehr ohne Perspectiv, das ist, ohne Glossarium
erkennen kann. Auch müssen diese Wörter keine
gar zu große Aehnlichkeit mit den Plattdeutschen
haben, welche dem Leser, dem dieser Dialect
geläufig ist, das Lachen erwecken könnten. Ueberhaupt aber müssen sie edel seyn, und nichts
Komisches, Niedriges und Pöbelhaftes im Gebrauche an sich haben, sonst würden sie ebenfalls
die Uebersetzung, statt ihr ein ehrwürdiges Ansehen zu geben, nur lächerlich machen. Gleiche
Wirkung mit den alten haben, wenn ich nicht
irre, auch die ganz neuen, die aber der Uebersetzer selbst gebildet haben muß. Sie haben
eben das Ungewöhnliche, als jene, und werden
folglich gleichen Eindruck auf den Leser machen
können. Denn das muß einem Uebersetzer des
Homer schlechterdings erlaubt seyn, wie ein
zweiter Shakespear oder Klopstock despotisch mit
seiner Sprache umzugehen. Er soll so lange mit

ihr ringen und kämpfen, bis sie so geschmeidig geworden, daß sie sich dem Gedanken des Originals auf's genaueste anschmiegt. Er muß Macht haben, zusammen gefügte Wörter aus einander zu reissen, und einfache zusammen zu fügen. Doch versteht sich's, daß er immer auf die Analogie der Sprache Rücksicht nehmen muß. Daher frage der Leser nicht: sagt man auch so? Denn darunter versteht er gemeiniglich: hat schon Wer so gesagt? Sondern er frage: kann man so sagen? Ist dieser Ausdruck, diese Redensart, diese Wendung dem Genie der Sprache gemäß, oder schnurstracks zuwider? Ueberhaupt sey man hier langsam und bedächtig im Urtheilen, denn öfters verdankt man nachher dem Schriftsteller eine Kühnheit, die uns Anfangs anstößig schien. Dieses sey allen unbefugten Tadlern aus dem stillen und lauten Publicum gesagt, welche die Schöpfer unserer Sprache zu richten sich unterfangen!

Hiernächst bemühe man sich, die älteren Wortfügungen und Redensarten nachzuahmen. Sie haben vor den neueren oft einen nicht geringen Vorzug. Denn ich stimme denjenigen bei,

welche sagen, daß die Wendungen der älteren
Deutschen Sprache mehr Originelles an sich tragen, und daß unsere neumodischen vielfältig
aus den Sprachen unserer Nachbaren sich einge-
schlichen haben. Ueber dieß hat sie mehr die
metophysische Ordnung der Redetheile, worin
sonderlich die Engländische vor unserer heutigen
Sprache einen Vorzug hat. Da es dem Deutschen Originalgenie, welches in unseren Zeiten
fast ein Unding geworden vorzüglich eigen war,
deutlich, richtig, ungekünstelt, edel und ernst-
haft zu denken, so hatte dieß auch einen so
mächtigen Einfluß auf die Sprache, daß sie sich
solchen Gedanken vortrefflich anschmiegte. Denn
der Flug, den das Genie und der Geist eines
Volkes nehmen, den nimmt auch die Sprache.
Unsere alte Sprache hatte, obigen Eigenschaften
des Deutschen Genies gemäß, eine schöne Prä-
cifion, Anstand, eine rührende natürliche Einfalt, starke Farben und einen männlichen Character. Herrliche Eigenschaften, die Sprache
einer Ilias abzugeben! Ihr Ausdruck liefert sogleich dem Leser den wahren und echten Gedanken des Schriftstellers, nicht vergrößert nicht
verkleinert, nicht gestärkt nicht geschwächt, nicht

mit verdrießlicher Zweideutigkeit und Ungewißheit, sondern so, wie er diesem in der Seele
schwebte. Die Periode der älteren Sprache ist
weniger schleppend, als die heutige; denn dort
steht das Hauptzeitwort, welches die Art der
Handlung in einem Gemählde oder einer Be-
schreibung anzeigt, oder den Verstand der ganzen Periode bestimmt, mehrentheils zu Anfange
desselben, und die übrigen Bestimmungen folgen
nach. In der neuern hingegen schleppet es
Kanzelley-Styl mäßig hinten nach, welches den
Styl äußerst langweilig macht. Vermöge des
voran gehenden Zeitworts, wird dem Leser schon
zum voraus, ehe er weiter lieset, ein Hauptum-
riß des Gemähldes, oder des Gedanken, der folgen soll, geliefert, welcher durch die nachfol-
genden Bestimmungen vollends ausgebildet wird.
Hierdurch wird die Seele des Lesers auf's ge-
schwindeste erfüllt, und es verschwindet das Leere
in der Zeit, die er anwenden mußte, die Periode erst auszulesen. Ich habe keinen Platz zu
Beispielen, aber man wird ihrer genug finden,
welche dieß Alles bestätigen. Man schlage nur
Luther's Bibel-Uebersetzung und seine übrigen
Schriften nach; auf jeder Seite sind welche.

Die poetiſchen Bücher der heiligen Schrift hat
Luther mit dem beßten Geſchmacke, für ſeine
Zeiten, ſo echt Deutſch und ſo feurig überſetzt,
daß man darüber erſtaunen muß. Ein fleißiger
Sprachforſcher müßte unſere neuere Sprache mit
den vortrefflichſten Schätzen aus den Schriften
dieſes bewundernswürdigen Mannes, wovor un-
ſeren Hominibus delicatulis ſo ekelt, bereichern
können. Solche Schriften, die alten Minneſiu-
ger, die Rhythmen, welche in Schilter's
Theſaur ſtehen, nebſt andern Ueberbleibſeln
der älteren Sprache und Dichtkunſt, von den
Minneſingern an bis nach Opitz herunter, ſtu-
dierte der Ueberſetzer des Homer eben ſo fleißig,
als ſein Griechiſches Original. Neuere Schriftſteller und Dichter, außer Klopſtock, Ram-
ler und Rhingulph dem Barden, wollte
ich ihm während ſeiner Arbeit zu leſen nicht
rathen.

Soll der Deutſche Ueberſetzer Flecken, die
ſich an dieſer vortrefflichen Antike finden, weg-
ſchaffen, oder übertünchen, oder ſonſt in den
Schatten zurück weichen laſſen? — Was die
Franzoſen über dieſen Punct geklügelt, und ob

ſie in Rückſicht auf ihre Sitten und ihre Sprache
Recht haben, will ich nicht unterſuchen. Ich
mag meinen Leib und Geiſt ſo arg nicht kaſteien,
die vielen Essais und Discours jetzt noch einmahl
durchzuleſen. Haben ſie Recht, ſo bedaure ich
ihre ſchlechten und kränklichen Magen, welche
geſunde nahrhafte Speiſen nicht vertragen können. Der geſunde Deutſche verachtet ihre Brü-
hen. Daher ſoll der Deutſche Ueberſetzer ſein
Original getreu in unſere Sprache übertragen,
und jeden wirklichen und ſcheinbaren Flecken,
jede Härte und Rauhigkeit an eben dem Orte
und mit eben ſo viel Licht erſcheinen laſſen, als
ſie beim Originale in die Augen fallen. Denn es
iſt uns nicht überhaupt um eine Ilias zu thun,
ſondern um Homer's Ilias. Wir wollen dieſes Wunder, welches man Jahrtauſende hindurch verehret hat, in ſeiner unveränderten
Geſtalt kennen lernen. Pope hat ſeinen Lands-
leuten nur eine Ilias geliefert; Homer's Ilias
iſt es nicht. Ich kann nicht läugnen, daß es
ein vortreffliches Werk ſey; aber ein ſo enthuſia-
ſtiſcher Bewunderer, als der größte Haufen iſt,
bin ich nicht. Wenn einem Ueberſetzer erlaubt
wird, alle Schranken des Originals nach Will-

her zu überspringen, so braucht er noch lange
kein Genie vom ersten Range zu seyn, um eine
Popische Ilias zu liefern. Wie leicht muß es
nicht einem nur etwas feurigen Genie seyn,
Youngische Poesie des Styls zu verschwenden,
und die erhabene Einfalt mit poetischen Blüm-
chen zu überstreuen. Meinem Uebersetzer des
Homer wollte ich nicht rathen, bei seiner Arbeit
Pope's Ilias zu viel zu lesen; denn diese
Lectüre würde ihn von meinem Ideale ableiten,
und seine Uebersetzung würde jene hohe Einfalt
verlieren, ohne welche Homer nicht mehr Homer bleibet. Ein Youngischer Nachtgedanken-
Sänger ist gleichfalls zu meinem Uebersetzer völlig verdorben.

Wenn ich dem Uebersetzer die äußerste Treue
empfehle, so brauche ich wohl nicht zu erinnern,
daß meine Meinung nicht ist, er sollte wörtlich
nach dem gemeinen Lexicon übersetzen. Keinesweges! Vielmehr muß er den Homerischen Ausdrücken das wahre Gewicht und den wahren
Gehalt im Deutschen zuzuwägen suchen. Um
aber diesen Gehalt genau zu erforschen, wird
ein langer, immerwährender und vertrauter Um-

gang mit dem alten Dichter, und das allerfeinſte
kritiſche Gefühl erfordert. Wenn man dem Leri-
con und der Trivial-Ueberſetzung folget, ſo
wird es ſchwerlich fehlen, daß man nicht mei-
ſtens den ehrwürdigen Alten mit einem ſchmutzi-
gen, unedeln und lächerlichen Gewande ſchände.
Ich glaube, man wird größten Theils wohl
thun, wenn man den Homeriſchen Ausdruck,
der uns lächerlich und unedel klinget, zu adeln
ſuchet Denn ein ſo erhabenes Genie, wie Homer, ſang gewiß nichts, was in ſeinen Zeiten
niedrig und unwürdig ſeines Gegenſtandes geklungen hätte. Wenn ſich alſo der Ueberſetzer
mehr auf die Seite der Veredelung des Aus-
drucks lenket, ſo thut er dem Homer doch noch
keine Wohlthat, ſondern er läßt ihm weiter
nichts, als ſein Recht widerfahren. Wer *ἐυκνή-
μιδες* wohl geſtiefelte überſetzt, der thut dem
alten Manne Unrecht; denn das Griechiſche
machte gewiß auf die Griechen einen andern
Eindruck, als das Deutſche auf uns. Ich denke
mein Wort, fußgeharniſchte, hat eher den
Gehalt des Griechiſchen. Wild und rauh mag
der Deutſche Ausdruck immerhin klingen; aber
nur nicht unedel und lächerlich. Wie werde ich

z. B. folgendem Verse im Deutschen seinen Gehalt zuwägen?

Οινοβαρες, κυνος ομματ' εχων, κραδιην δ'ελαφοιο.

Die stärkste Präsumtion für den Homer ist da,
daß dieses in den Ohren der Griechen nicht pö-
belhaft und unedel geklungen habe. Den Hund
muß ich aus der Uebersetzung heraus lassen.
Denn sonst schimpfte Achill wie ein Deutscher
Oberster; und welchem Leser würde das nicht
anstößig seyn? Ich übersetze so:

Du Trunkenbold, mit deinem Wolfesblick
Und deinem Rehherz!

Mir däucht, ich habe dem Homer Recht widerfahren lassen. So wird dem Agamemnon
zwar derb und unverblümt gesagt, was er ist;
aber doch nicht unter dem Ernste der Epopee,
und nicht mit Schimpfwörtern, die eine lächer-
liche oder ekelhafte Nebenidee erwecken könnten.
Hündisch wirkt schon anders in den Ohren,
als Hund; daher habe ich dieses Wort getrost
an einer andern Stelle gebraucht. Oefters kann
auch der Schall eines Wortes im Originale den
meisten Antheil an dem Eindrucke haben, den
der Geist des Lesers empfängt, und dann muß

der Ueberſetzer gleichſam den Schall mehr, als
die Bedeutung in's Deutſche übertragen. Ein
Beiſpiel nehme ich aus dem 25. Verſe der er-
ſten Rhapſodie.

Αλλα κακως αφιει, κρατερον δ'επι μυθον ετελλε.

Wenn ich **mächtiges Geboth** überſetze, ſo
macht dieß auf Ohr und Herz nicht den Eindruck, als das Griechiſche Wort; daher ſetzte
ich das **donnernde Geboth.**

Wenn man die Unmöglichkeit einer Homeriſchen Ueberſetzung behauptet, ſo beruft man
ſich gemeiniglich auf die dem Homer eigenen
Beiwörter, die er Göttern, Helden, Städten,
Schiffen, Flüſſen und Völkerſchaften gibt. Dieſe
geben dem alten Dichter ein ganz eigenes und
ſonderbares Anſehen. 'Läßt ſie der Ueberſetzer
weg, ſo liefert er nur den halben Homer; überſetzt er ſie, ſo wird er lächerlich;' meint Herr
Riedel und ſein Recenſent im dritten Stücke
der Klotziſchen Bibliothek. Ich dächte, dieſe
Beiwörter machten einen ſehr unbeträchtlichen
Theil des Ganzen aus. Ueberdem fügt ſie ja
ſelbſt Homer nicht immer obigen Subjecten bei.
Juno iſt ihm nicht an jedem Orte λευκωλενος,

πότνια, und βοῶπις; Achill nicht immer ποδάρκης
und ποδας ὠκυς; das Schiff heißt nicht immer
das schnelle, das hohle, das schwarze oder das
wohl beruderte Schiff, sondern auch oft schlecht-
weg das Schiff. Diese Beiwörter kann ja der
Uebersetzer auch nach Belieben setzen und aus-
lassen (ohne daß es dem eigenen Tone des Homer schade), wenn das Metrum, oder die
Harmonie und der Wohlklang wollen, daß die
Monotonie vermieden werde. Wenn man sie nach
dem Lexicon oder nach der Lateinischen Version
übersetzen wollte, würde man freilich lächerlich
werden. Allein das heißt nicht übersetzen. Man
erinnere sich, was ich oben vom Gehalte gesagt habe. — Der Uebersetzer habe nur Ge-
duld, und verzweifle nicht bei den vorkommenden
Schwierigkeiten. Durch anhaltendes und stren-
ges Nachsinnen wird er oft den anständigsten
Ausdruck finden, wo er schon alle Hoffnung auf-
gegeben hatte. Und in der That, für viele dieser sonderbaren Beiwörter lassen sich Deutsche
Ausdrücke finden, die im geringsten nicht lächerlich sind. Wenn ich ευκνημιδες fußgehar-
nischte übersetze, so hoffe ich, man soll diesem
Worte wegen des Adels und der Würde nichts

anhaben können. Was ich hier von den Bei=
wörtern gesagt, mag auch für andere Homerische
Ausdrücke, z. B. die wirthschaftlichen, gelten.
Wenn man in Kleinigkeiten auch minder genau
ist, so wird dadurch von den Vortrefflichkeiten
Homer's so gar viel noch nicht verloren gehen.
Was thut's denn, wenn wir auch einige uner=
hebliche und unmerkliche Franzen an seinem an=
tiken Gewande einbüßen? Der Recensent des
Herrn Riedel sagt, das Wort Bratspieß
würde eine Seite der beßten Deutschen Hexame=
ter verderben. Ist das wahr, so verdirbt
πεμπωβολα auch die ganze Seite Griechischer Hexa=
meter; es verdirbt die schöne rührende Stelle,
da der alte Vater voll Wonne seine geliebte
Tochter wieder umarmet; es verdirbt das erha=
bene feierliche Gebeth des Greifes an die Gott=
heit; kurz, es verdirbt Alles um und neben sich.
Denn worin müßte das Anstößige liegen, wenn
Bratspieß getreu übersetzt wäre? In dem
Worte, oder in der Sache? Mir däucht, in der
Sache. Wenn nun ein vollkommener und ferti=
ger Kenner einer fremden Sprache ein solcher
ist, welcher die Idee dem fremden Ausdrucke
gleich unmittelbar unterschieben kann, ohne nö=

thig zu haben, sich ihn erst in Gedanken in
seine Muttersprache zu übersetzen; so muß ihm
diese Bratspieß-Stelle, wenn er sie Griechisch
lieset, eben so anstößig seyn, als dem Deutschen Leser die Uebersetzung. Wenn hieraus
folgt, daß man den Homer wegen solcher Solöcismen nicht übersetzen dürfe, so folgt wahrhaftig auch, daß man ihn nicht Griechisch lesen
solle. Wie, wenn aber hier weder Idee noch
Ausdruck im Griechischen küchenmäßig wären? —
sollte alsdann kein edleres Wort im Deutschen
zu finden seyn? — Ohne Grübeln und ängst-
liches Nachsinnen ist mir eins eingefallen, das
alle Würde der Epopee hat, und τριπτυβολαν besser ausdruckt, als Bratspieß. Fünfzack! — so
edel, als Neptun's Dreizack! — Nun setze man
den lieben Bratspieß wieder in den Küchen-
winkel! — Ich könnte mich über diese Materie
noch viel weiter ausbreiten, wenn die Enge des
Raums mir nicht verböthe, mich mehr in das
Detail einzulassen. Außer dem habe ich auch noch
etwas Weniges von der Versart zu sagen, in
welche nach meiner Meinung Homer übersetzt
werden muß.

Nun, welches soll sie seyn, die Versart, in welcher Homer für uns das ist, was er für die Griechen war? Wahrlich, keine leichte Frage! — 'Ich würde nicht gern, sagt Herr Herder, Poesie und Herameter bei dieser Uebersetzung vermissen; aber Herameter und Poesie im Griechischen Geschmacke; sollte es auch nur Gelegenheit geben, uns immer aufmerksam zu machen, wie weit unsere Sprache und Poesie hinten bliebe *).' Ich würde gern der Meinung eines solchen Mannes beitreten, wenn er mir nicht schon vorher, in eben demselben Buche, Waffen in die Hände gegeben hätte, ihn zu bestreiten. Laßt uns sein Buch, Seite 66, aufschlagen, und bis Seite 69 lesen. Was lehret er uns hier? Auf die Frage: was sollen wir aus der alten poetischen Zeit der Griechen durch Uebersetzungen für unsere Sprache rauben? antwortet er: Nur nicht die Sylbenmaße! Er erklärt sich hierauf vortrefflich; die Stelle ist aber zu lang, um hier abgeschrieben, und zu gedrungen, um zusammen gezogen zu werden. Der Herameter,

*) Fragmente über die neuere Deutsche Literatur. 268. S.

lehrt er, lag genau in der Sprache der Griechen; er war ihrem Ohre und ihrer Kehle am
gemäßesten, weil ihre Melodie im Gesange und
in der Declamation des gemeinen Lebens eine
höhere Tonleiter auf und nieder stieg. — Wir,
die wir mit weniger Accenten monotonischer reden, sind an die Mensur eines Hexameters nicht
gewöhnt. — Gebet einem gesunden Verstande
ohne Schulweisheit Jamben, Dactylen und
Trochäen zu lesen, er wird sogleich, wenn sie
gut sind, scandiren; gebet ihm einen gemischten
Hexameter — er wird nicht damit fortkommen.
Höret den Cadencen beim Gesange der Kinder
und Narren zu, sie sind nie polymetrisch; oder
wenn ihr darüber lacht, so geht unter die Bauern.
Gebt auf die ältesten Kirchenlieder Acht; ihre
Falltöne sind kürzer, und ihr Rhythmus ist ein-
förmig. — — — — Sehet! so wenig sind
der Hexameter und die polymetrischen Sylbenmaße unserer Sprache natürlich. Bei den Griechen foderte ihn, den Hexameter, die singende
Declamation, das an den Gesang gewöhnte Ohr,
und die vieltrittige Sprache; bei uns verbiethen
ihn Sprache und Ohr und Declamation. — Nichts
kann wahrer seyn, als was Herr Herder hier

sagt; und wenn es gleich nicht so viel beweiset,
daß man gar keine Deutschen Hexameter machen
müsse, so beweiset es doch zuverläßig, daß Homer nicht in Hexameter überseßt werden solle.
Will Einer muthwillig und mit Vorsaß für die
Vergessenheit Zeit und Mühe verschwenden, so
versuche er's mit Hexametern! Denn wahrlich!
der möglichst beste Deutsche Hexameter reicht
kaum an den rauheßten Griechischen. Und was
wird der Leser zuerst thun mit der Deutschen
Uebersetzung? Sie gegen das Original halten!
Wenn er da nun die große Verschiedenheit in
Harmonie und Wohlklang findet, wie wird ihm
vor dem Deutschen zu ekeln anfangen? Diese
Begierde, den Versgang zu vergleichen und gegen einander zu halten, muß man also dem
Leser benehmen. Wie soll das geschehen? Durch
eine andere Versart. Durch was für eine?
Durch eine Versart, die eben so genau in der
Deutschen Sprache liegt, und unserem Ohre eben
so natürlich ist, als der Hexameter den Griechen
war. Und das sind die Jamben, wie Herr
Herder richtig bemerkt. Ich glaube, es wird
kein Mensch nun noch auf den Einfall gerathen,
die Deutsche Versification gegen die Griechische

zu halten. Stellet euch zwei Tänzer vor: der
eine tanzt ein hüpfendes Ballett; und eine maje-
stätische Menuett streicht der andere. Wer wird
diese mit einander vergleichen? Wer wird über
sie richten, welcher der beste Tänzer sey? Jeder
ist in seiner Art, die ihm geläufig und natürlich ist, gut. Nun aber laßt den Menuett-Tänzer
des Anderen Ballett nachtanzen, und es nur un-
merklich schlechter machen; den Augenblick ist
Vergleichung und Ausspruch da. Also verhält
sich's mit der Deutschen und Griechischen Vers-
kunst. Ueber dieß, da ich den Homer in der
Ueberseßung gleichsam zum alten Deutschen gemacht wissen möchte, so muß er auch in einer
Versart singen, die ihm, als einem solchen, natürlich ist. Nunmehr braucht sich der Ueberseßer
nicht mehr zu krümmen und zu winden, um
eine unmögliche Harmonie zu erreichen, sondern er läßt seine Jamben den mächtigen bal-
lenden Gang fortseßen, der unserer Sprache
eigen ist. Hin und wieder eine Rauhigkeit wird
nunmehr eher zweckmäßig, als anstößig seyn.
Denn den Ton des Alterthums stellen wir uns
nicht anders, als rauh vor.

Aber werden Jamben nicht eine allzu große
Monotonie gegen den Homerischen Hexameter
haben? Vielleicht einem alt Griechischen Ohre,
aber gewiß nicht dem Deutschen, das nichts anders gewohnt ist. Für das Nordische Ohr läßt
sich der Jambus abwechselnd genug machen.
Der unsterbliche Milton bei den Engländern,
und Zachariä's Cortes bei uns geben den Beweis. Denn es ist bekannt, daß man nicht so
jambisiren darf, daß sich mit jedem einen oder
zwei Versen der Verstand endige, daß Cäsur
und Ruhepunct immer einerlei bleiben; sondern
man muß die Jamben sich so aus einem in den
andern und dritten Vers fortwälzen lassen, daß
die Declamation das Ohr mit einer wohl ge-
fallenden poetischen Periode fülle, deren Länge
oder Kürze, männlicher oder weiblicher Ausgang
den Ton des Ganzen schon ziemlich abändern.
Ueber dieß geht es ja an, nicht immer die ganz
reinen Jamben zu nehmen, sondern auch Dactylen, sonderlich am Ende der Verse zu Jamben
zu machen. Bei der Declamation brauchen diese
Dactylen hernach nicht jambisch ausgesprochen
zu werden; welches keine übele Wirkung thun,
und die Abwechselung sehr erleichtern wird.

Sollte es denn außer dem dem Ueberseßer nicht erlaubt seyn, auch unsere beßten Anapäften und Dactylen nach Art der alten Jamben mit einzumischen? — Und bisweilen des Schlußfalls wegen eher Verse leer zu laffen, als dem Originale ungetreu zu werden, und die Harmonie durch Flickwörter zu stören? —

Zuleßt muß ich noch ein Wörtchen mit denen reden, welche eine Ueberseßung in Prosa haben wollen. Ich glaube, es werden Wenige seyn, die dieß verlangen; und vor einiger Zeit war ich auch noch unter diesen Wenigen. Ich habe mancherlei Versuche einer prosaischen Ueberseßung zu meinem Vergnügen gemacht. Ein Knabe kann mit seinem Steckenpferde so Vielerlei nicht vornehmen, als ich mit meinem Homer, schon ehe ich Ephebus war, gethan habe. Ich gab mir die äußerste Mühe, meine Prosa nach den Gesetzen des Wohlklangs, so viel ich sie verstand, einzurichten. Allein ich bin entweder zu hartlehrig, um diese Gesetze zu begreifen, oder es muß sehr wenige geben, und auch die wenigen müffen äußerst unbestimmt seyn. Ich habe gelesen, was hin und wieder davon ge-

schrieben ist; aber mir kommt das Meiste schwan-
kend vor. Nur wenige Ohren sind fähig, hier
zu urtheilen. Ich bekenne in diesem Puncte
meine äußerste Schwäche. Vielleicht würde der
prosaische Uebersetzer nach aller angewandten
Mühe erfahren müssen, daß man seiner mühsa-
men Prosa nicht mehr Ehre, als jeder Alltags-
Prose widerfahren ließe. Die Meisten würden
sich lieber Verse wünschen, da Verse und Gedicht bei Vielen etwas so Unzertrennliches sind.
Und in der That, diese würden auch bei jenen
Geheimnissen und bei der Ungewißheit jener Gesetze immer den Vorzug behalten. Aber, wendet man ein, man kann das Original nicht so
getreu in Versen wieder liefern; daher wähle
man Prose. — Verse werden Einen verführen,
poetische Blumen zu verstreuen, und von der
Einfalt des Originals abzuweichen. —, Wie
weit sich dieser Abweg vermeiden, und die Treue
mit geringen Talenten des Uebersetzers treiben
lasse, davon, schmeichele ich mir, in meiner
kleinen Probe einen Beweis gegeben zu haben.
Ich habe mich der äußersten Einfalt beflißen,
und mich sonderlich gehüthet, rauschende Beiwörter, wovon das Original nichts weiß, einzu-

mifchen. Sollte ich's bisweilen des Wohlklangs
und des Verfes wegen gethan haben, so habe
ich doch gefucht, Homerifche Beiwörter zu wählen, welche Homer den nähmlichen Subjecten,
obfchon an anderen Stellen, beizufügen gewohnt
ift. Außer dem aber bedenke man, daß die Treue
auch in Profe oft fich nur bis auf einen gewiffen
Grad treiben laffe, der dem Originale noch nicht
gleich kommt. Es ift unmöglich, daß irgend
zwei Sprachen in der Welt einerlei Zufchnitt
in Bekleidung der Gedanken brauchen könnten;
es ift unmöglich, daß diefe verfchiedenen Be-
kleidungen gleich paffend und fchön feyn follten.
Denn wie können fie ihre Vollkommenheiten und
Reize alle an eben demfelben Orte haben? Zwei
Sprachen find zwei Schönheiten, die verfchie-
dene natürliche Reize und Vollkommenheiten be-
fizen. Die eine hat lebhafte feurige Augen;
die andere minder, aber dafür einen lieblichen
Mund. Diefe hat eine reizende Hand, die
Laute zu fchlagen geübt; jene dagegen einen
wohl gebildeten Fuß, der zum Entzücken tanzt.
An beiden muß man Reiz gegen Reiz, Vollkommenheit gegen Vollkommenheit, obwohl an
unterfchiedlichen Arten, aufgeben laffen. So

auch mit den Sprachen! Wenn der Ueberſetzer
keinen Zug, keinen Gedanken ſeines Originals
hat ſchwinden laſſen, wenn er jedem eine echt
Deutſche anſtändige Hülle gegeben, ſo daß er
eben den Eindruck auf den Deutſchen Leſer, wie
der Griechiſche auf den echten Griechen macht,
ſo hat er ſeine Pflichten erfüllet: wenn er ſchon
eine adjectiviſche Redensart umſchrieben, oder
das, was im Griechiſchen in Rückſicht auf unſere Sprache Umſchreibung wär, kürzer, dem
Genie der letzten gemäß, gegeben hätte. Ich
kann mir leicht vorſtellen, daß der ſeichte Tadler auch hier ausrufen wird: ja, im Griechiſchen iſt es doch ganz anders! Weg mit
den Pinſeleien! Freilich iſt's im Griechiſchen anders! Das kann Einer, der nur Augen hat
und Worte zählen kann, ſehen, daß es im
Griechiſchen anders iſt. Aber iſt es auch ſo er-
ſtaunend beſſer, als das Deutſche? Hat das
Original verloren? Fühlet die Seele einerlei
Eindrücke bei Original und Ueberſetzung, oder
ſind ſie verſchieden? Und iſt der Eindruck des
Originals beſſer, erhabener, edler und lebhaf-
ter? — Alſo unterſuche man! — Aber — dazu gehöret mehr Kenntniß des Griechiſchen, und

mehr poetische Beurtheilungskraft, als ein sol=
cher pinselnder Tadler zu haben pfleget.

Aus dem, was ich bisher gesagt, sollte man
billig schließen, daß ich einen Deutschen guten
Homer für kein ganz unmögliches Ding hielte.
Ach! Deutschlands Zustand zwingt mich ganz
anders zu denken. Denn der Mann, der ein
solches Werk unternähme, wie viel Zeit müßte
er wohl darauf verwenden? — Die Tagelöhner
in den Uebersetzungs=Fabriken werden herzlich über
mich lachen: — wenigstens so viele Jahre, als
die Ilias Bücher enthält! Diese ganze Zeit
darf er gar keinem andern, als bloß diesem
Geschäfte weihen. Er muß im Homer leben
und weben, und beständig voll davon seyn. Aber
wie kann dieß ein Gelehrter, der ein Amt, und
folglich andere Geschäfte hat? Gelehrte ohne
gewisse Amtsverrichtung gibt's bei uns wenige,
und auch diese trachten eifrig nach einer Ver=
sorgung. Wo ist der Gelehrte, der alle Vor=
theile ausschlagen, und ein Märtyrer des Homer
werden wollte? Ich fände hierzu bei mir keinen
innerlichen Beruf, wenn ich auch mit Engelga=
ben zu diesem Werke ausgerüstet wäre. Denn

mein Vaterland ist in aller Absicht kalt. Pope
wurde in England durch den Homer zum reichen
Manne; der Deutsche Ueberseßer würde, auf
mein Wort! dabei verhungern, wenn er nicht
sonst zu leben hätte. Wo ist der Deutsche Fürst,
der zur Ehre der Deutschen Literatur einen Gelehrten; bloß als Gelehrten, einer Be-
lohnung werth hielte? — Doch, hiervon läßt sich
nichts sagen; man predigt damit denen aus den
drei oberen Facultäten ein Aergerniß und den
Deutschen Fürsten eine Thorheit. Ich sage demnach, so lange Deutschland das bleibt, was es
bisher war, so lange haben wir keinen guten
Deutschen Homer zu gewarten!

---

# Ilias.

## Erste Rhapsodie. V. 1–303 *).

Sing', Göttinn, den unselgen Groll Achill's,
Des Sohnes Peleus, welcher tausend Weh

*) Dieses Bruchstück der ersten Rhapsodie ist mit
den handschriftlichen Verbesserungen des Ueber-

Auf die Acher lud, in's Todtenreich
So vieler Starken tapfre Seelen trieb,
Und ihre Leichen hin, ein Raubmahl, warf    5
Den Hunden und den Aaren allzumahl.
So aber ward der Wille Zeus erfüllt:
Sint zwischen Atreus Sohn, dem Könige
Der Scharen, und dem göttlichen Achill
Der Zwiespalt, da sie haderten, begann.    10
    Wer von den Göttern gab sie unterthan
Der Zwietracht, daß sie stritten? Jupiter's
Und der Latona Sohn.  Denn der, ergrimmt
Auf Agamemnon, wiegelt' in dem Heer
Der Griechen böse Pestilenz empor,    15
Wovon dahin das Volk im Lager starb,
Weil seinen Priester Atreus Sohn entehrt.
Denn seine Tochter zu erlösen, traf
Im Schiffsgelager Chryses ein, und both
Viel überköstliche Geschenke dar.    20

setzers aufgenommen.  Die außer dem in dem
oben angezeigten Bande der Klotzischen Bibliothek zur Probe gegebenen ersten fünf und sechzig Werse des sechsten Gesanges sind dagegen
hier weggeblieben, und folgen hernach, durch-
aus umgearbeitet, im Zusammenhange.
                                        D. H.

In seiner Hand den güldnen Zepterstab,
Umwunden mit des fernhin treffenden
Apoll geweihter Inful, fleht' er die
Achäer insgesammt, doch allermeist
Die zwei Erzfeldherrn, Atreus Söhne, an:  25
    Atriden, und ihr fußgeharnischten
Achäer! Heil von den Unsterblichen,
Die in Olympus Sälen walten, euch,
Zu stürzen Priam's Stadt, und glücklich heim
Zu kehren. Doch erlaßt mein trautes Kind  30
Mir auch! Empfangt dieß Lösegeld dafür!
Und ehrt den fernhin treffenden Apoll!
    Und günstig riefen die Achäer aus:
Verehren müsse man sein Priesterthum,
Und nehmen sein hochköstliches Geschenk.  35
Doch so gefiel's des Königs Herzen nicht.
Der König wies ihn schnöde von sich ab,
Und schnob dieß donnernde Geboth ihm nach:
    Daß ich dich, Alter, nimmermehr fortan
Betrete bei den hohlen Schiffen hier!  40
Verzeuch mir nicht, und komm mir nie zurück!
Fürwahr! Nichts frommen möchte dir sodann
Die Inful und das Zepter deines Gotts.
Nein! Sie erlaß' ich nicht, bevor daheim,
Auf Argos Burg, vom Vaterherde fern,  45

Durchfingernd ihr Geweb', und Nachts mein
    Bett
Versehend, erst das Alter sie befällt.
Von hinnen dann! Enträste mich nicht mehr!
Auf daß du scheidest ohne Harm von hier.

 So rief er, und der Greis erbangte drob;   50
Und schlich, gehorchend seinem Ruf, verstummt
An dem Gestade des erbrausenden
Oceanus dahin. Doch bethet' er,
Als er entfernt von dannen einsam ging,
Inbrünstig zum gewaltigen Apoll,     55
Der strahlenlockigen Latona Sohn:

 Vernimm, o Silberbogens Held, der du
Beschirmest Killa, die hochherrliche,
Und Chrysa, und ein allgewaltiger
Beherrscher bist von Tenedos, vernimm   60
O Smintheus, mein Gebeth! Behing ich je
Mit Kränzen dein gefällig Heiligthum,
Verbrannt' ich jemahls fette Hüften dir
Von Farren und von Ziegen ohne Fehl;
O so erfüll' itzt die Verwünschung mir,   65
So räche meine Zähren dein Geschoß
An den Achäern! Also bethet' er.

 Und ihn vernahm Apollo Phöbus, fuhr
Herunter von Olympus Zinnen, Grimm

In seinem Busen. Von den Schultern hing 70
Der Bogen und der Köcher, rund bedeckt.
Hell klirreten die Pfeil' am Rücken des
Ergrimmten Gottes, wann er nieder trat.
Er zog wie Mitternacht; unweit des Heers
Ließ er sich hin, und schnellte sein Geschoß. 75
Klang ging vom Silberbogen grausenvoll.
Die schnellen Hund' und Mäuler traf er erst,
Jagt' aber bald den mörderischen Pfeil
Auch auf sie selbst. Und rastlos loderten
Mit Leichen Scheiterhaufen ohne Zahl. 80
Neun Tage lang fuhr sein Geschoß in's Heer.
Am zehnten aber schaart' Achill das Volk
Zusammen. Juno gab ihm dieß in's Herz;
Sie jammert' es der Griechen, die sie so
Dahin sah sterben. Alles Volk erschien. 85
Es schloß sich die Versammelung; und hier
Erhob Achill zuförderst sich, und sprach:
  Sohn Atreus, nunmehr, dünkt mich, wer-
                                    den wir
Durch neues Irrsal rückwärts müssen fliehn.
Wenn nur der Tod uns noch entrinnen läßt; 90
Denn Krieg und Pest bekämpfen uns vereint.
Auf dann, und laß der Seher einen uns
Befragen, oder einen Priester, oder auch

Der Träumebeuter einen (denn der Traum
Kommt auch vom Zeus), der kund uns thu',
       warum       95
Der Fernhintreffende so zornig sey.
Er zürnt vielleicht um Hekatomben und
Gelübde, oder will, versöhnt durch Fett
Von Lämmern und von Ziegen ohne Fehl,
Von uns verbannen diese Pestilenz.     100
   Er sprach's und setzte sich.  Nach ihm
      erhob
Sich Kalchas, Testor's Sohn, der weiseste
Der Seher.  Kund war ihm die Gegenwart,
Die Zukunft und Vergangenheit.  Durch den
Prophetengeist, den ihm Apoll verliehn,   105
Hatt' er die Griechischen Geschwader fern
Bis Ilion geführt.  Und Kalchas hub
Voll weisen Muths so zu verkünden an:
   Achill, Zeus Liebling, du gebietheft mir,
Den Grimm Apolls, des fernhin treffenden  110
Beherrschers zu verkünden.  Wohl, es sey!
Du aber schwör' auch mir zuvor den Bund,
Mein Helfer stracks mit Mund und Arm
      alsdann
Zu seyn.  Denn ich befahre, daß ein Mann
Ergrimmen wird, der mächtig über all'   115

Achäer herrscht, dem Jeglicher gehorcht.
Und viel vermag ein König, welcher mit
Dem schlechtern Manne hadert. Ob er auch
Denselben Tag den Zorn verdauete,
So nährt' er doch die Tücke noch nachher        120
In seiner Brust, bis er sie ausgeführt.
Sprich also! Wirst du mein Vertreter seyn?
  Und ihm erwiederte der rasche Held:
Getrost verkünd' uns deine Weißagung!
Nein! Wahrlich! Beim Apoll, dem Liebling
                                    Zeus,        125
Zu welchem du empor, o Kalchas, flehst,
Wenn  du den Griechen Göttersprüch' ent-
                                    hüllst!
Daß, so ich lebe, so mein Auge schaut,
Nicht Einer der Achäer allzumahl
Gewaltsam seine Hände gegen dich              130
Empor bein hohlen Schiffen heben soll;
Und nenntest du den Agamemnon selbst,
Der doch den Mächtigsten im Heer sich preist.
  Nun hub getrost der heilge Seher an:
Nein! Er zürnt nicht um Hekatomben, noch   135
Gelübde; seines Priesters halben, den
Der König schändete, da er nicht los
Die Tochter ließ, und an die Lösung nahm,

Hat dieses Weh Gott Smintheus uns ge-
      sandt,
Und wird es förder senden. Denn er wird  140
Den schweren Arm vom Tödten eher nicht
Zurücke ziehn, bis die schwarzäugige
Chryseis er dem Vater, unerkauft,
Uneingelöset, wieder gibt, und die
Geweihte Hekatombe mit ihr schifft      145
Gen Chrysa. Dann wird er vielleicht ver-
      söhnt.
Er sprach's, und setzte sich; und gleich er-
      stand
Der Held und der Regierer weit und breit,
Atrides Agamemnon, unmuthsvoll.
Sein schwarzes Herz war hoch mit Grimm
      erfüllt;      150
Die Augen funkelten den Flammen gleich;
Wild schoß er sie auf Kalchas, und hub an:
  Prophet des Bösen, nimmer hast du mir
Was Wonniglichs verkündet! Immerdar
Freut sich dein Herz, mir Bös zu prophezein!  155
Heil hast du nie verkündet, nie gewährt!
Nun weißagst du den Griechen abermahl,
Gott Smintheus send' uns darum dieses Weh,
Weil ich die herrlichen Geschenke nicht

Für Chryses Tochter nehmen wollte. Denn 160
Ich nähm' sie lieber mit mir heim, weil sie
Mir werther selbst, als Klytämnestra ist,
Die eine Jungfrau mir zum Weibe ward.
Denn diese weicht ihr nicht am Leibe, noch
An Bildung, noch am Geiste, noch an Kunst. 165
Doch geb' ich sie zurück, wenn's besser ist.
Ich wünsche mehr des Heeres Heil, als sein
Verderben.  Aber nun bereitet mir
Stracks einen andern Preis, auf daß ich nicht
Der einzig unbelohnte Grieche sey. 170
Denn solches ziemt sich nicht.  Ihr alle seht,
Daß meiner itzo eines Andern wird.

Da rief der rasche göttliche Achill:
Du Allerstolzester, Habsüchtigster,
Wie sollen dir itzt die starkmüthigen 175
Achäer einen Preis gewähren? Denn
Gemeine Sachen sind nicht aufbewahrt.
Was wir aus Städten raubten, ist getheilt.
Und es geziemt sich nicht, daß nun das Volk
Dieß wiederum zusammen häufe.  Gib 180
Sie doch nur itzt dem Gotte wieder.  Wir
Achäer wollen drei= und vierfach dir
Sie einst vergelten, so uns Zeus den Raub
Der mauerfesten Ilion gewährt.

Hierzu sprach Agamemnon, der Regent: 185
Nicht also täusche mich in deinem Sinn,
Du göttergleicher, stattlicher Achill!
Du überhohlest, du beredst mich nicht!
Dir selber willst du einen Preis, und ich
Soll darben? Du befiehlst mir, sie zurück 190
Zu geben? Wohl! wenn die starkmüthigen
Achäer einen andern Preis mir dann
Gewähren, welcher dieses würdig ist,
Und meinem Herzen eben so behagt.
Gewähren sie ihn nicht, so nehm' ich
                                        selbst; 195
So komm' ich, und entreiss' entweder dir
Den deinigen, dem Ajax, oder dem
Ulyß den Preis. Ergrimmen wird gewiß
Der, über welchen ich gerathen muß.
Doch, hiervon reden wir hernach. Jetzt laßt 200
Ein schwarzes Schiff uns in das Weltmeer
                                        ziehn;
Bestimme Ruderer versammeln; drauf
Die Hekatombe laden, und sie selbst
Hinein dann führen, die schönwangige
Chryseis. Von den Fürsten irgend wer 205
Sey Führer! Ajax, oder Diomed,
Ulyß, der weise, oder du Achill,

Erschrecklichster der Sterblichen, auf daß
Dein Opfer den Apoll besänftige!
   Da schalt Achill, und blickt' ihn grimmig
        an:               210
Ha! Du mit Unverschämtheit angethan,
Du Wuchergieriger, wie mag wohl noch
Ein Grieche willig dir gehorchen? Wie
Im Hinterhalte harren, oder mit
Den Feinden muthig kämpfen? Denn ich zog  215
Der kriegerischen Troer wegen nicht,
Die schuldlos an mir sind, zur Fehd' hier-
           her.
Nie haben sie mir meine Stier' entführt,
Nie meine Rosse; noch im nährenden
Und ackerreichen Phtia Ernten je         220
Verderbt; da zwischen uns ein brausend
        Meer
Und viele schattige Gebirge sind.
Nur dir gefolget insgesammt sind wir,
Nur dir in Fron, du Unverschämtester,
Den Menelaus und dich Hündischen    225
Zu rächen an den Söhnen Ilion's.
Doch hierauf achtest, hierum sorgst du nicht.
Du drohst sogar, mir meinen Ehrenlohn
Hinweg zu raffen, welchen ich mit so

Viel Müh' errang? Den die Achäer mir    230
Gegeben? Ich empfange außer dem
Nie einen Preis, gleich deinem. Wann von
                    uns
Dereinst die völkerreiche Ilion
Zerrüttet wird — verwaltet gleich mein Arm
Das Meiste dieses ungestümen Kriegs —    235
So wird dir doch, wann die Vertheilung
                    kommt,
Der größre Preis; ich aber trage nur
Den schlechtern und geringern auf mein
                    Schiff,
Wann meine Hände laß vom Streiten sind.
Zurück also gen Phtia! Besser ist's    240
Ich führe mein Geschwader wieder heim.
Doch dünkt mich, daß du hier nach mei=
                    ner Schmach
Dir keine Schätz' und Reichthum sammeln
                    wirst.
    Der Feldherr aller Heer' erwiedert' ihm:
Fleuch immerhin! wenn die Begierde dich    245
Ergreift. Ich fleh' dich keinesweges, hier
Noch meinethalben zu verziehn. Es sind
Noch Andre, die mich rächen werden, da;
Vor Allen aber mein Berather Zevs.

Bist du doch so mir der verhaßteste            250
Von allen gottgepflegten Königen.
Denn immerdar ist deine Wonne Zwist,
Und Fehd', und Schlacht.   Wenn du ein
                                        Krieger bist,
So hat dir's Gott verliehn.   Zeuch immer
                                        nur
Mit deinen Schiffen und Gefährten heim.   255
Beherrsche deine Myrmidonier!
Ich achte nicht auf dich und deinen Zorn.
Ich drohe dir sogar: Gleichwie Apoll
Mir Chryses Tochter nimmt, die ich
Auf meinem Schiffe durch die Meinigen   260
Ihm senden will, so komm' ich und entführ'
Aus deinem Zelt die rosenwangige
Briseis, deinen Preis; daß du erfahrst,
Wie mächtiger ich sey, und Jeglichen,
Sich kühn mir gleich zu stellen, schaudere.   265
    Er sprach's; und Wuth ergriff Achill'en.
                                        Sein
Verwildert Herz berathschlagt' hin und her,
Ob mit gezücktem Schlachtschwert von der
                                        Hüft'
Er los auf Agamemnon stürzen und
Ihn morden; oder ob er seinen Grimm   270

Vielmehr itzt stillen, und sein Ungestüm
Bezähmen sollte? Als es so noch stürmt'
In seiner Brust, und er das lange Schwert
Der Scheid' entzog, kam Pallas vom Olymp,
Herab gesandt von Juno, die sie Zwei          275
Gleich liebte, und bekümmert um sie war.
Sie hielt am Rücken des Achill, ergriff
Ihn bei dem goldnen Haare, ihm allein
Nur sichtbar; denn kein Andrer schaute sie.
Der Held erbebte, wandte sein Gesicht,          280
Erkannte bald die Göttinn Pallas, der
Die Augen schrecklich funkelten, und hub
Zu ihr mit schnell beschwingten Worten an:
    Was fuhrest du, o Tochter Aegioch's,
Herab? Damit du sähest diese Schmach          285
Von Agamemnon? Ha! Ich schwöre dir's,
Hoff' auch, daß es vollendet werden wird,
Verderben soll ihn bald sein Uebermuth!
  Ihn aber redte die blauäugige
Minerva an: Zu stillen deinen Zorn,          290
So du gehorchest, fuhr ich vom Olymp,
Herab gesandt von Juno, die euch Zwei
Gleich liebet, und bekümmert um euch ist.
Wohlan! Laß ab vom Zwist! Zeuch nicht
                              dein Schwert.

Mit Worten aber schilt ihn! Denn mein
    Mund     295
Verkündet dir, was bald geschehen wird:
Es sollen drei Mahl so viel herrliche
Geschenke wegen dieser Schmach dereinst
Dir werden. Drum gehorch', und zähme
    dich.

 Da sprach der rasche göttliche Achill:  300
Es ziemet sich, daß ich auf eur Geboth,
O Göttinn, acht', ob itzo schon in mir
Mein Herz ergrimmet; da mir's besser ist.
Denn wer auf das Geboth der Götter merkt,
Der wird von ihnen wiederum erhört.  305

 Und er hielt innen mit der schweren Faust
Am Silbergriff, und stieß das lange Schwert
Gehorchend rückwärts in die Scheid' hinab.
Sie aber hob sich wieder Himmel an,
Zur Wohnung Zevs und der Unsterblichen. 310
Allein Achill ließ noch nicht ab vom Zorn,
Und hub von neuem hart zu schelten an:

 Du Trunkenbold, mit deinem Wolfesblick
Und deinem Rehherz! Nimmer hat's dein
    Muth
Gewagt, sich mit dem Heer vereint zum Kampf 315
Zu waffnen; nimmer mit den Wackersten

Im Hinterhalt zu harren. Denn dieß dünkt
Dir arg wie Tod. Behaglicher mag's seyn,
Durch's weite Heer der Griechen Jedes
Preis
An dich zu raffen, der dir widerspricht.　320
O König und Erwürger deines Volks!
Nichtswerthe sind es, die du unterjochst! —
Fürwahr! Sonst wär' es deine letzte
Schmach. —
Doch ich verkünd' und schwöre dir darob
Den hohen Schwur: So wahr dieß Zepter
hier　325
Nie wieder Zweig' und Blätter treiben, noch
Je wieder grünen wird, nachdem's einmahl
Vom Stamm auf dem Gebirge losgetrennt,
Und Rind' und Blätter rund herum das Erz
Herab geschälet, daß in Händen die　330
Achäer es als Rüger führeten,
Zu wahren alle Satzung Kronions —
Dieß sey an dir ein unentweihter Schwur! —
So wahr soll sehnendes Verlangen noch
Die Scharen der Achäer insgesammt　335
Nach dem Achill befallen, wann dereinst
Vom Heldenwürger Hektor sie in Meng'
Ermordet stürzen werden. Du wirst dann

Sie nicht erretten können, ob du auch
Dich härmtest.  Scharfer Unmuth wird viel-
          mehr       340
Dein Herz in dir zernagen, daß du so
Den bravesten der Danaer verschmäht.
   So schwur der Sohn des Peleus, schleu-
          derte
Zu Boden den mit goldnen Buckeln reich
Beschlagnen Zepterstab, und setzte sich.   345
Ihm gegen über wüthet' Atreus Sohn.
Nun aber fuhr der weise Pylier,
Der süß und laut beredte Nestor auf.
Von seiner Lippe flossen lieblicher
Die Tön', als Honigseim.  Schon waren
          zwei      350
Geschlechter Sterblicher verweset, die
Mit ihm erzogen waren, und zugleich
Mit ihm auf Pylos seligem Gefild'
Einst wallten.  Er beherrschete nun schon
Das dritte.  Dieser hub mit weisem Muth 355
Itzt zwischen ihnen seine Rede an:
    Ihr Götter!  Welch entsetzlich Drangsal
          fährt
Auf der Achäer Land daher! Fürwahr!
Deß wird sich Priam freuen und sein Haus;

Frohlocken werden alle Troer drob          360
In ihren Herzen; wann nun ihnen kund
Eur Hader wird, die ihr an Rath und
      Kraft
Zu streiten über alle Griechen seyd.
O laßt euch drum von mir vermahnen!
      Denn
Ihr seyd ja Beide jünger. War ich doch     365
Einst größern Kriegsgewaltigen, denn ihr,
Zur Seit', und nimmer achteten sie mich
Gering'. Denn Helden, ihnen gleich, sah
      ich
Noch nirgends, werd' auch nimmer solche
      sehn,
Als wie Dryant, der Völkerweider, war,     370
Als Held Pirithous, Exadius',
Als wie der gotterhabne Polyphem,
Und Theseus, gleichend den Unsterblichen.
Kein Erdgeborner ist zu solcher Kraft,
Wie sie, gediehn. Die Stärksten waren sie,  375
Und mit den Stärksten wagten sie den Kampf.
Sie fochten mit Centauren im Gebirg',
Und mordeten sie gräßlich. Solchen war
Ich einst zur Seit', als ich aus Pylos, fern
Vom Apischen Gefilde, kam. Sie selbst       380

Beriefen mich; und nach Vermögen focht'
Ich neben ihnen. Aber wider sie
Bestünde nimmermehr ein Sterblicher,
So wie sie jetzt sind; dennoch merkten sie
Auf meinen Rath, und folgten meinem
      Wort.     385
Wohlan! So folgt auch ihr; denn Folgen ist
Euch besser. Du, entreisse Diesem nicht
Sein Mädchen, ob du's gleich vermagst.
      Laß ihm
Den Preis, den die Achäer ihm einmahl
Gegeben! Du, Pelide, hadre mit    390
Dem König nicht! Denn solcher Helden-
      ruhm
Fiel keinem Zepterführer je in's Loos,
Als ihm, den Zevs verherrlicht hat. Bist du
Der Stärkere, weil eine Göttinn dich
Gebar; so ist er mächtiger, denn er   395
Gebeuth viel Mehrern. Sohn des Atreus,
      nun
Bezähme deine Wuth; so will ich dann
Auch den Achilles flehn, von seinem Grimm
Zu lassen, der für's Ungestüm des Kriegs
Ein mächtig Bollwerk der Achäer ist.   400
  Hierzu sprach Agamemnon, der Regent:

Fürwahr! Du redeſt weiſe, Greis. Allein,
Hier dieſer Mann will über Alle ſeyn;
Uns Alle will er unterjochen, er!
Uns allzumahl beherrſchen; Allen will          405
Sein Wink gebiethen. Aber das gelingt
Ihm nimmer. Wenn ihn die Unſterblichen
Zum Kriegesmann geſchaffen, haben ſie
Drum Schmähung ihm zu reden auch ver=
                      gönnt?
    Ihn unterbrach der göttliche Achill:          410
Fürwahr! Ein Zage wär' ich und ein
                      Tropf
Zu ſchelten, ſo ich dir in Allem, was
Nur dir behaget, wiche! Andern magſt
Du ſo befehlen. Mir gebeuth nur nicht!
Ich will nicht unterthän dir ſeyn. Viel=
                      mehr          415
Vernimm noch dieſes, und verſchleuß es tief
In dein Gedächtniß! Dieſer Arm ſoll nicht
Des Mädchens halber ſtreiten, noch mit
                      dir,
Noch auch mit einem Andern, wenn ihr mir
Nun eure Gabe nehmt. Allein was ſonſt          420
Auf meinem ſchnellen ſchwarzen Schiff noch
                      iſt,

Soßt du mir wider Willen nicht entziehn.
Ha! Wag' es nur; auf daß auch Diese hier
Es innen werden, wie so stracks mein
                Speer
Von deinem schwarzen Blute triefen soll!   425

## 2.

# Ilias.

## Fünfte Rhapsodie *).

Deß spott' ich, der's mit Klüglingsblicken
Richtet, und kalt von der Glosse triefet!

Klopstock.

## Prolog an's Deutsche Publicum.

Vor fünf Jahren ließ Jemand meine Gedanken von der Beschaffenheit einer Homerischen
Uebersetzung, nebst einigen Probe=Fragmenten
drucken **), und ich dachte Wunder, mein

*) Ein Theil dieser Rhapsodie (vom 1. bis zum
357. Verse der Uebersetzung) ist aus dem
Deutschen Museum (1. Band. Leipzig, 1776.
I.S.) genommen; der andere aus der Hand-
schrift, die völlig zum Drucke fertig da lag.
D. S.

**) S. Klotz'ens Bibliothek der schönen Wis-
senschaften. VI. Band. 1-41. S.

liebes Publicum, was du dazu sagen würdeß!
Du haft aber wenig, oder nichts gesagt; woran
jedoch wohl die Unvollkommenheit jener, in meinen ersten Jugendjahren verfertigten Proben
Schuld gewesen seyn mag. Seitdem sind —
bild' ich mir ein — die Schwingen mir besser
gewachsen. Darum bring' ich dir nochmahls ein
Probestück, um zu vernehmen, ob du nun, oder
nimmer etwas dazu sagen werdeß? Statt wie-
derhohlter Ausstellung jenes ganz umgearbeiteten
Versuchs, hab' ich mit Fleiß eine andere, und
zwar nicht die interessanteste, sondern eine Rhapsodie gewählt, welcher so sehr, als irgend Einer, der Vorwurf langweiliger Schlachterzäh-
lungen gemacht werden kann. Mir scheinen diese
am schwersten.

Nicht schlechter, als dieß Probestück, bin
ich im Stande, den ganzen Homer, wenigstens
die Ilias zu verdeutschen. Daher soll dieß eine
Frage seyn: Ob du einen solchen Homer ver-
langest?

Unsäglich mühsam ist's, den Homer, ohne
Zusatz und Abgang, poetisch zu verdeutschen.
Bleich, hager und halb schwindsüchtig grübelt

man sich dabei, und wenn die Schwungkraft
während deß erschlafft ist, so muß man sich oft
so gewaltsam wieder aufraffen, daß der ganze
Nervenbau dröhnt. Wer's nicht glauben will,
versuch' es nur mit zehn Versen! Findet er's
dennoch anders, so ist er entweder ein Halbgott,
oder ein . . . . .

Daher darfst du mir's nicht verargen, mein
Publicum, wenn ich nicht anders, als vollkommen von deiner Begierde und Erkenntlichkeit
versichert, für dich zu arbeiten Lust habe. Ich
müßte mein Leben hassen, wenn ich für deinen
Kaltsinn, oder gar Undank, Kraft und Saft
meiner Jugend aufopfern wollte.

Die bloße Gier nach dem Nahmen, bei
Kennern der Mann zu heißen, der im Stande
war, den Homer zu verdeutschen, kann mich
nicht spornen, das mühselige Werk zu vollenden.
Schon diese Probe muß hinlänglich seyn, mir
jenen Nahmen zu oder ab zu sprechen. Denn der
Starke, dessen Faust Ein Hufeisen zerbröckelt
hat, heißt der Starke, und heißt es um nichts
mehr, wenn er sein Stück auch noch vier und
zwanzig Mahl wiederhohlt hätte.

Nun weiß ich zwar wohl, mein liebes Publicum, daß du viel zu karg und arm bist, mich für meinen Homer, wie der Britte Pope'n für den seinigen zu bereichern. Und doch sollte mir mein Geschäft weit leichter und angenehmer seyn, wenn ich mir den freien und fesselosen Schwung des Britten erlauben dürfte. Aber um so weniger steht's mir an, für zwei Gulden Buchhändlerlohn deinen glatzigen, triefäugigen, bucklichen, kurz, gottesjämmerlichen Thersiten zur Musterung zu stehen.

Ich erwarte demnach aus dem Munde deiner Edeln und Weisen Antwort auf meine Frage. Werden diese meine fernere Bemühung verbitten, oder gar schweigen, die Thersiten aber kreischen, ohne daß die Edeln, die Ulysse, ihre güldenen Zepter auf die Höcker der Schreier herab schwingen, so bin ich keineswegs der Mann, der ungebethen sich zudrängen wird. Dann mag's ein Anderer, oder nie Einer besser machen. Mir gleich viel! Ueber meine bereits fertige Arbeit aber sprech' ich den Schwur des Pandarus aus:

'Es schlage mir mein Feind das Haupt herab,
Wenn meine Hand dieß nichtige Gewerk
Nicht dann zerreißt und lichterloh verbrennt!'

Keine Ziererei! Ich bin's, der nichts leichter, als dieß Wort halten kann und wird.

———

Nun gab Minerva Diomeden Kraft
Und Heldenmuth, daß er vor allem Volk
Den höchsten Ruhm errang, und facht' auf Helm
Und Schild ein immer reges Feuer an.
Dem Herbstgestirn, wann's sich im Ocean          5
Gebadet, und am hellsten flimmert, glich
Die Lohe, so von Haupt und Schulter flog.
So trieb sie ihn in's tiefste Schlachtgewühl.
Es hatt' ein Troer, Dares, reich und fromm,
Und Priester in dem Tempel des Vulkan,          10
Zwei Söhne, kundig jeder Art des Streits,
Den Phegeus und Idäus ausgesandt.
Die stießen jetzt abseit auf Tydeus Sohn.
Vom Wagen Sie herab, und Er zu Fuß,

Vom Boden auf, begannen das Gefecht. 15
Zuerst warf Phegeus seinen langen Speer.
Die Spitze fuhr am linken Schulterblatt
Vorbei, und faßte nicht. Nun aber fiel
Der Sohn des Tydeus aus, und nicht umsonst
Entfloh der Faust das eherne Geschoß. 20
Gerade traf's die Busenkerb', und warf
Vom Wagen ihn herab. Idäus floh,
Ließ hinter sich das prächtige Geschirr,
Und den erschlagnen Bruder, ohne Muth,
Ihn zu vertheidigen. Auch wär' er selbst 25
Vielleicht dem schwarzen Tode nicht entflohn,
Wenn nicht Vulkan, in Nebel eingehüllt,
Des Alten Gram zu trösten, ihn entrückt.
Geschirr und Spann zog Diomedes fort,
Und sandt' es durch die Seinigen zu Schiff. 30
Die Troer, so auf Dares Söhne sahn,
Erbebten insgesammt, als dieser floh,
Und der erschlagen bei den Rädern lag.

Damahls ergriff den ungestümen Mars
Minerva bei der Hand, und redt' ihn an: 35
Mars, blutbesprengter Mars, du Unter=
                                        gang
Der Sterblichen! Du Wehrzertrümmrer!
                                    Horch!

Wie wär's, verließen wir der Menschen
    Schlacht,
Und stellten's lieber Vater Zeus anheim,
Den Sieg nach Selbstgefallen zu verleihn?  40
Komm, meide du mit mir des Vaters Zorn.
 Sie sprach's, und zog den wilden Mavors
    fort,
An des Skamander grünes Ufer hin.
Nun flohn die Troer vor den Danaern,
Und jeder Fürst erwürgte seinen Mann.  45
Der Völker Feldherr Agamemnon warf
Den Halizonenführer Hodius
Vom Kriegeswagen ab. Er wollte fliehn;
Doch Agamemnon schoß die Lanze nach,
Gerad' ihm zwischen beiden Schultern durch, 50
Bis vorn zur Brust hinaus. Er fiel, und
    laut
Errasselte die Rüstung über ihm.
 Den Phästus, Borus Sohn, gebürtig aus
Dem ackerreichen Tarneland, erschlug
Idomeneus. Der speergeübte Held  55
Durchbohret' ihm, als er zu Wagen stieg,
Die rechte Schulter mit dem langen Speer.
Er fiel, und grause Nacht umgab sein Aug'.
Des Siegers Knappen theilten seinen Raub.

Den jagdenkundigen Skamandrius          60
Erlegte Menelaus scharfer Spieß.
Diana selbst hatt' ihn die Kunst gelehrt,
Zu fällen jeglich Wild des Haingebirgs.
Allein jetzt half dem wackern Jäger nicht
Die Himmelsjägerinn, nicht seine Schützen-
                    kunst.          65
Der speerberühmte Menelaus schoß
Ihm auf der Flucht die Lanze hinten nach,
Den Mittelrücken und die Brust hindurch.
Jach stürzt' er vorwärts hin zu Grund, und
                    laut
Errasselte die Rüstung über ihm.          70
   Durch Merion's Geschoß fiel Phereklus,
Harmonidis, des edeln Künstlers, Sohn,
Geübter Hand in manchem Kunstgewerk,
Weil er ein Liebling bei Minerven galt.
Er war es, der dem Paris einst das Schiff,          75
Das Unglücksschiff, des ganzen Troervolks
Verderben, und zugleich auch seins, erbaut,
Denn fremd war ihm der Spruch der
                    Ewigen.
Auf seiner Flucht ereilt' ihn Merion,
Traf hinten rechts ihm in's Gesäß, und
              durch          80

Und durch hin, zwischen Blas' und Hüft-
    bein, drang
Die Spitze vor. Laut heulend sank er hin
Auf's Knie, und Todesschatten hüll' ihn ein.
    Antenor's Sohn, Peddäus, fiel hierauf
Durch Meges Hand. Ihn hatte, wenn er
    schon                                      85
Ein Bastard war, die edelmüthige
Theano, eignen Leibeskindern gleich,
Zu Gunsten ihres Gatten groß genährt.
Der speerberühmte Meges rannt' ihm nach,
Und schoß durch's Hinterhaupt, bis vorn
    hinaus,                                    90
Den scharfen Speer, der Zung' und Zahn
    zerschnitt.
Er fiel zu Grund', und knirscht' in's kalte
    Erz.
    Eurppplus, Evämon's Sohn, erschlug
Hppsenor'n, einen Sohn Dolopion's,
Der Priester beim Skamander war, und
    hoch,                                      95
Gleich einem Gott, im Volk geehret ward.
Ihm traf der Sohn Evämon's auf der Flucht
Die Schulter mit dem scharfen Schwert,
    und hieb

Herab den schweren Arm, der blutig hin
Zu Boden fiel.   Das mächtige Geschick      100
Umzog mit Todesnacht sein Angesicht.

So schlugen Die die fürchterlichste Schlacht.
Wer aber Tydeus Sohn sah, wußte nicht,
Ob er Achäer, oder Troer wär'.
Er schoß durch's Feld, wie ein empörter
                              Strom,      105
Deß Wogensturz die Brücken nieder wirft.
So wie vor ihm die festen Brücken nicht,
Und nicht die Hagen grüner Kämpe stehn;
Wie jach, wann Gottes Regen nieder rauscht,
Er hinschießt, und durch's Thalgefilde fort   110
Den blühnden Fleiß der jungen Pflüger
                              schleift:
Also zerstoben jetzt vor Tydeus Sohn
Der Troer dichte Reihn, und konnten nicht,
So viel auch ihrer standen, widerstehn.

Allein Lykaon's hoch berühmter Sohn,       115
Als er so toben durch das Schlachtgefild',
Und die Geschwader ihn zerstöbern sah,
Spannt' eilend seinen krummen Bogen auf,
Und traf ihn, als er angestürmet kam.
Gerade durch des Panzers Höhlung fuhr      120
Der schnelle Pfeil zur rechten Schulter ein.

Bald troff am Panzerrock das Blut herab;
Und hoch frohlockend rief Lykaon's Sohn:
 Wohlauf, ihr Troer! Auf, ihr Reifigen!
Getroffen ist der Feinde Tapferster!      125
Weit trägt er nicht den Pfeil des Todes
                           fort,
 So wahr Zeus Sohn aus Lycien mich rief!
 Also frohlockt' er; aber Tydeus Sohn,
Den dieß Geschoß nicht fällte, trat zurück,
Und an die Reifigen, zum Sthenelus:      130
 Geschwind' herab, Sohn Kapaneus, und
                           zeuch
Dieß schmerzliche Geschoß der Schulter aus!
Und schnell entsprang dem Wagen Sthe-
                           nelus,
Und zog den Pfeil, der durch und durch
                           gebohrt,
Der Schulter aus. Viel Bluts entsprudelte  135
Dem Kettenpanzer nun; allein der Held
Hub unterdeß also zu bethen an:
 Vernimm mich, unbezwungne Tochter
                           Zeus!
Stand deine Gunst in heißer Menschen-
                           schlacht
 Je mir und jemahls meinem Vater bei,    140

So neige sie auch heut, o Göttinn, mir!
So treib' in meinen Lanzenwurf den Mann,
Und laß mich morden ihn, deß Pfeil mich
            traf,
Der jetzt frohlockt, es werde mein Gesicht
Nicht lange jener Sonne Glanz mehr schaun.  145
   So bethet' er; Minervens Ohr vernahm's.
Und sie versah Fuß, Arm und jeglich Glied
Sofort mit Leichtigkeit; trat zu ihm hin,
Und ruft' ihm die beschwingten Worte zu:
   Getrost, mein Diomed, zurück zur Schlacht!  150
Denn merk'! Von nun an gab ich dir in's
            Herz
Den unerschrocknen Vatermuth, den Muth
Des Tartschenschwingers Tydeus im Gefecht,
Und zog vor deinem Blick den Nebel weg,
Der vormahls ihn umgab, daß du hinfort  155
Erkennest, wer ein Gott sey, oder Mensch;
Und nicht, so dich ein Gott zum Kampfe
            reizt,
Entgegen streitest dem Unsterblichen.
Käm' aber Venus in die Schlacht herab,
Die nur, die treffe dein geschliffnes Erz!  160
   So sprach die blonde Pallas, und entwich.
Er aber schritt in's Vordertreffen vor;

Und gierte gleich vorhin sein Muth nach
                                    Streit,
So füllt' ihn doch jetzt drei Mahl größre
                                    Kraft.
Gleichwie der Leu, der in die Hürden
                                    sprang,                165
Und bei der Wollenherde zwar verletzt
Vom Hirten, aber nicht gefället ward,
Gereitzten Grimms unbändig wieder kehrt,
Zu Stalle dringt, das unbewehrte Vieh
Zerscheucht, eins über's andre drängt, und
                                    hui!                170
Zurück die hohen Schranken übersetzt:
So wüthig drang der Held in Troa's Heer.
    Und nun empfing Assynous den Tod,
Und drauf Hypenor, seines Volkes Hirt.
Dem stieß er über'n Zis den ehrnen Speer,  175
Und diesem hier hieb er das lange Schwert
Beim Schulterwirbel ein, und hieb ihm glatt
Von Rücken und Genick die Schulter ab.
Die ließ er hinter sich, und eilte fort,
Dem Abas und dem Polyidus zu.            180
Eurydamas, ein traumerfahrner Greis,
Ihr Vater, hatte keinen Traum, bevor
Sie von ihm zogen, ihnen aufgeklärt.

Denn beid' erschlug der starke Diomed,
Und zog die Rüstung ihren Schultern aus.   185
Beim Xanthus und bei Thoon fuhr er fort,
Von Phänops hoch bei Jahren erst erzeugt.
Entnervt vom herben Alter, ward hinfort
Für seine Güter ihm kein Erbe mehr,
Und die entseelte Tydeus starker Sohn.   190
Umsonst erharrte nun der Greis daheim
Der Söhne Wiederkehr.   Statt ihrer kam
Ihm Weh und bittres Ungemach zu Haus;
Der Sippschaft aber fiel ihr Erbe zu.

   Drauf fiel er noch zwei Söhne Priamus,   195
Den Chromius und den Echemon, die
Vereint von Einem Wagen stritten, an.
Wie wenn der Leu in Rinderherden springt,
Und einer Stärken, oder einem Stier,
Im Dickicht weidend, das Genick zerknirscht:   200
So wüthig stieß er sie vom Wagen hoch,
Trotz ihrem Widerstand, herab, und zog
Die Rüstung ihnen aus, und sandt' ihr Spann
Durch seine Kriegsgenossen nach dem Schiff.
   Aeneas, als er so die Schlachreihn ihn   205
Zerwühlen sah, schritt mitten durch's Ge-
                           fecht

und Speergeklirr dahin, und forschte nach
Dem göttergleichen Pandarus umher;
Und trat, als er den edeln starken Sohn
Lykaon's fand, ihm vor's Gesicht und sprach: 210
    Wo, Pandarus, wo ist dein Bogen heut?
Wo die beschwingten Pfeile? Wo dein
                    Ruhm?
An welchem rings umher dir Keiner gleicht,
Noch wer in Lycien sich größer wähnt.
Wohlauf! Erhebe dein Gebeth zum Zeus, 215
Und schnell' einmahl auf Jenen dein Ge=
                    schoß,
Der dort so schaltet, wer er immer sey!
Der uns schon so viel Unheil angethan,
So vieler Starken Nerven abgespannt!
Ist er nicht anders ein entrüsteter         220
Olympier, der Opfer halber zürnt.
Denn Götterzorn ist schrecklich zu bestehn.
    Hierauf Lykaon's hoch berühmter Sohn:
Aeneas, Fürst der erzgepanzerten
Trojaner, dieser Mann dünkt überall        225
Dem streiterfahrnen Diomed mir gleich.
Sein ist der Schild, und sein der hohe Helm,
Und das Gespann. Doch kann's ein Gott
                    auch seyn.

Ist er ja Tydeus schlachtgeübter Sohn,
Tobt er doch so nicht ohne Gotteskraft,          230
So steht ihm einer der Unsterblichen,
In Nebel unserm Blick verhüllt, zur Hand,
Und wendet von ihm weg den schnellen Pfeil
Nach Andern hin. Längst schoß ich einen ab,
Der durch des Kettenpanzers Höhlung tief  235
Ihm in die Schulter fuhr, und wähnte fest
Ihn zu befördern in das Schattenreich.
Allein umsonst! Gewiß zürnt uns ein Gott.
Ha! Hätt' ich heut Geschirr und Rosse hier!
Da stehn mir nun elf Kriegeswagen heim,  240
Schön, neu und wohl gezimmert, rings um-
                                                        her
In Teppiche verhüllt. Bei jedem nährt
Ein Zweigespann mit güldner Gerstenfrucht
Und Haber sich. Wohl oft ermahnte mich
Der graue Kriegesheld Lykaon einst,          245
Zu Roß und Wagen vor dem Kriegesheer
Der Troer in die Schlachtgefahr zu ziehn.
Doch ich befolgte nicht den bessern Rath.
Besorgt für meine Rosse, wollt' ich nicht,
Daß sie, an reiche Kost gewöhnt, allhier  250
Ringsum vom Feind' umschränkt, verküm-
                                                       merten,

Und ließ sie heim, und kam nach Ilion
Zu Fuß, auf diesen Bogen wohlgemuth,
Der nichts mir hilft.  Zwei Fürsten traf ich
            schon,
Traf den Atriden, traf den Diomed,          255
Und offenbar entströmte beiden Blut;
Jedoch empört' ich sie dadurch nur mehr.
Zur bösen Stunde nahm ich von der Wand
Den krummen Bogen, als gen Ilion,
Dem edeln Hektor zu Gefallen, ich          260
Die Troer in den Streit zu führen zog.
Kehr' ich einst wieder heim, erblickt mein
            Aug'
Einst noch das väterliche Land, mein Weib,
Und meine hohe weite Burg einmahl,
So schlage mir mein Feind das Haupt
            herab,                          265
Wenn nicht mein Arm dieß nichtige Gewehr
Zu Stücken bricht, und lichterloh verbrennt.
   Und ihm erwiederte der Troerfürst:
Nicht also, Freund! Ehr fügt's nicht besser
            sich,
Als bis zu Roß und Wagen diesem Mann    270
Mit andern Waffen wir entgegen gehn.
Wohlan! Besteig' eins meinen Wagen hier,

Zu sehn, wie links und rechts durch das
Gefild',
So nachzusprengen als zu flüchten rasch,
Geübt ein Roßgespann aus Troa sey.  275
Dieß bringt uns wohl geborgen nach der
Stadt,
Wenn dem Tydiden Zeus den Sieg ver-
leiht.
Wohlan! Nimm hin die stolzen Zügel,
nimm
Die Peitsch', und fahr'! Auf daß ich fechten
mag.
Wählst du den Kampf, so lenk' ich das
Gespann!  280
    Hierauf Lykaon's hoch berühmter Sohn:
Selbst führe du, Aeneas, dein Gespann!
Denn, unter des gewohnten Führers Hand,
Wird's leichter den gebognen Wagen ziehn,
Wenn Tydeus Sohn zurück zu fliehn uns
zwingt.  285
Doch, ohne deinen Zuruf, möcht' es,
scheu
Und irre, der Gefahr uns nicht entziehn,
Und hui! ereilt' uns Diomedes dann,
Erschlüg' uns, und die Rosse wären sein.

Nein! Lieber lenk' du selber dein Geschirr;  290
Ihn soll schon mein gewetzter Speer empfahn.
    So sprachen sie, und schwungen jählings
                                    sich
Zum Wagen auf, und peitschten in's Gefecht
Auf Tydeus Sohn die schnellen Rosse los.
Zuerst ersah sie Stbenelus, und rief,        295
Beflügelnd jedes Wort, dem Freunde zu:
    Schau', Diomed, schau' auf, mein Her-
                            zensfreund!
Zwei Helden dort, von unermeßner Kraft,
Voll Muths, mit dir zu kämpfen, sprengen
                                    an.
Der Bogenschütze Pandarus, ein Sohn        300
Lykaon's, und Aeneas, Cypriens
Und des großherzigen Anchises Sohn.
Drum auf geschwind'! Steig' auf, und laß
                            uns fliehn!
Nicht wüthe mir im Vordertreffen so,
Daß nicht dahin dein edles Leben sey!        305
    Und trutzig sah der Held ihm in's Gesicht:
Mir nichts von Flucht! Ein eitler Rath
                        war der!
Mir ziemt der Kampf im Hintertreffen nicht!
Ziemt keine Furcht! Noch fühl' ich volle Kraft;

Und acht' auch drum des Kriegeswagens
    nicht.   310
Zu Fuß will ich entgegen gehn, denn mir
Verbeuth zu zagen Atheneens Schutz.
Fürwahr! Nicht Beide soll ihr rasches
    Spann
Dem Tod entziehn, entrann' auch Einer mir.
Du aber, hör' und merke dir dieß Wort! 315
Verleiht die weise Göttinn mir den Ruhm,
Sie Beide zu erlegen, so halt' an
Mit unserm Wagen, häng' die Zügel ein,
Und eile jach Aeneens Rossen zu,
Und treib' sie fort nach den Achäern hin. 320
Wiß'! Diese Rosse sind von jener Zucht,
Die einst der Donnrer Zeus dem alten Tros
Für Ganymeden gab. Die herrlichsten,
So je Aurora oder Titan sah.
Denn Fürst Anchises stahl von ihrer Art, 325
Und führte, heimlich vor Laomedon,
Die Stuten vor. Von diesen fielen ihm
Daheim sechs Füllen. Vier erzog er selbst
An eigner Krippe. Zwei, bequem zum
    Streit,
Verehrt' er dem Aeneas, seinem Sohn. 330
Die zu erbeuthen, welch ein hoher Sieg!

Kaum hatt' er's ausgeredt, so sprengten
schon
Die Andern, peitschend ihr Gespann, herbei,
Und laut rief ihn der Sohn Lykaon's an:
    Verwegner, kriegerischer Tydeussohn!          335
Die Spitze meines schnell beschwingten Pfeils
Bezwang dich nicht. Versuch' es denn mein
Spieß!
Er sprach's, und schwung und schoß den
langen Speer,
Traf des Tydiden Schild, und durchhin fuhr
Die ehrne Spitze bis zum Panzerrock.          340
Gleich schrie Lykaon's hoch berühmter Sohn:
Ha! Tief im Wanst getroffen! Bald ist's
aus!
Und mir, mir ward der hohe Ruhm zu Theil!
    Doch unerschrocken rief der starke Held:
Geirrt! Verfehlt! Ihr aber weicht wohl
nicht,          345
Bevor nicht Einer wenigstens von Euch,
Dahin gestreckt, den grausen Kriegesgott
Mit seinem Blut getränket haben wird.
    Er sprach's, und schoß, und Pallas lenkte
selbst
Gerad' auf's Nasenbein am Aug' den Spieß, 350

Und durch die weißen Zähne nieder schnitt
Das scharfe Erz die Zunge vorn ihm ab,
Daß unter'm Kinn heraus die Spitze fuhr.
Er fiel vom Wagen, und umher erklang
Die schöne Strahlenrüstung über ihm.          355
Die schnellen Rosse schauderten zurück.
Ihm aber drauf erschlaffte Geist und Kraft.
    Nun sprang mit Lanz' und Schild Aeneas
                            vor,
Daß die Achäer des Erschlagnen Leib
Nicht nach sich rafften, und verfocht, voll
                            Trutz          360
Und Stärke, wie ein Leu, den Leib, und
                            hielt
Den glatten Schild und weit die Lanze vor,
Und schrie, und drohte gräßlich dem den
                            Tod,
Der's wagte, sich zu nahn. Doch Tydeus
                            Sohn
Ergriff ein ungeheures Felsenstück,          365
Kaum tragbar für zwei Männer dieser Zeit,
Er aber schwung's allein und leicht empor,
Und warf's Aeneen an die Hüft', allwo
Das Schenkelbein sich im Gewerbe dreht,
Genannt die Pfanne; und der rauhe Stein     370

Zerschmettert' ihm die Pfann', und riß entzwei

Die beiden Flechsen, und schrammt' ab die
Haut.

Da sank der Held zu Knie, und hielt sich
kaum,

Die starke Faust dem Boden aufgestemmt,

Und schwarze Nacht umzog sein Angesicht.  375

Dem Tod' erlegen wär' Aeneas hier,

Wenn nicht Zeus Tochter, Aphrodisia,

Des Helden Mutter, gleich den Fall ersehn.

Sie goß die weißen Schultern um den Sohn,

Und faltet' ihm den Silberschleier um,  380

Zum Schilde, daß das eherne Geschoß

Der rasch nachreitenden Achäer nicht

Noch gar den Tod versetzte seiner Brust;

Und so entriß sie ihn der Schlachtgefahr.

Indeß vergaß der Sohn des Kapaneus  385

Nicht des Gebots, das Diomed ihm gab,

Und hielt das ehernhufige Gespann

Abseits vom Schlachtgetümmel an, und
schlang

Die Zügel in den Ring, und fiel geschwind'

Aeneens edeln Rossen in's Geschirr,  390

Und riß sie fort, nach den Achäern hin,

Und übergab sie dem Deipylus,
Dem Freunde, gleichen Sinns mit ihm,
und ihm
Vor allen seinen Streitgenossen lieb,
Sie bis zum Schiffsgelager fortzuziehn.          395
Er aber schwang zu Wagen wieder sich,
Ergriff das blinkende Gezäum, und trieb
Im Hui sein ebernhufiges Gespann
Tydiden nach, der hinter Venus her
Mit ausgestreckter Mörderlanze war.          400
Denn kund war ihm, daß diese Göttinn
schwach,
Und keine derer sey, die über Krieg
Und Schlacht der Erdensöhne walten, wie
Athene und die Städteschleiferinn
Bellona thun. Und als der Kühne sie,          405
Verfolgend durch das Schlachtgewühl, er=
reicht,
Da fiel er aus, und schoß ihr lang gestreckt
Die scharfe Lanzenspitze nach, und traf
Die zarte Hand. Das himmlische Gewand,
Von Grazien gewebet, und die Haut          410
Am Ball der Hand durchbohrte das Ge=
schoß.
Und ihr entquoll unsterbliches Geblüt,

Ein Jchor, wie die Seligen durchwallt.
Denn sie genießen weder irdisch Brot,
Noch dunkeln Wein.  Drum sind sie ohne
        Blut,        415
Und leben ewiglich.  Laut weinte jetzt
Die Göttinn auf, und ihr entsank der Sohn.
Doch ihn entriß, in Nebelnacht verhüllt,
Apollo, daß das eherne Geschoß
Der rasch nachreitenden Achäer nicht     420
Noch gar den Tod versetzte seiner Brust.
Und Diomed schrie laut Cytheren nach:
    Von hinnen, Tochter Zeus, aus Krieg
          und Schlacht!
Nicht gnug, daß schwache Weiber du be-
          rückst?
Wenn du noch ferner in die Schlacht dich
          wagst,      425
Fürwahr! so soll dir fürchterlich genug
Fortan die Schlacht, ja selbst ihr Nahme
          seyn!
    Er rief's; und sie, vom grausen Stoß be-
          täubt,
Entwich.  Die schnelle Jris leitete
Sie matt von Schmerzen aus dem Schlacht-
          gewühl;      430

Und schwarzgelb unterlief die schöne Haut.
Sie trafen auf den ungestümen Mars,
Der dem Gefecht zur Linken einsam saß.
In Nebel war sein rasches Roßgespann
Und Speer verborgen. Aphrodisia                    435
Sank auf die Knie' vor ihrem Bruder hin,
Und bath ihn um sein goldbeschirrtes Spann:

  O liebster Bruder, hilf mir jetzt, und
             gib
Mir dein Gespann, daß ich in den Olymp,
Den Sitz der Ewigen, gelangen mag.           440
Mir schmerzt die Wunde, so ein Sterblicher,
So Tydeus Sohn, der selbst mit Vater
            Zeus
Jetzt streiten würde, mir gestoßen hat.

  Da gab ihr Mars das goldbeschirrte
            Spann,
Und sie bestieg den Wagen, qualenvoll.          445
Ihr setzte Iris sich zur Seit', und nahm
Das Lenkgezäum, und schwung die Peitsch'
            empor,
Und willig flog das Roßgespann, und riß
Sie fort, empor zur hohen Himmelsburg,
Der Wohnung der Unsterblichen. Hier
          hielt                    450

85

Die schnelle Iris an, und spannt' es ab,
Und warf ihm ein ambrosisch Futter vor.
Die holde Aphrodite aber warf
Dionen, ihrer Mutter, sich zu Fuß.
Dione schlang die Arme um ihr Kind,          455
Und streichelte sie mit der Hand, und sprach:
    Wer von den Himmlischen, du trautes
                                    Kind,
Hat solchen Frevel gegen dich verübt?
Als hättest du recht Großes mißgethan!
    Da sprach die holde Aphrodista:          460
Verwundet hat der übermütige
Tydide mich, weil ich der Schlachtgefahr
Aeneen, meinen liebsten Sohn, entriß.
Nicht zwischen Troern und Achäern nur
Tobt jetzt die Schlacht. Auch den Unsterb-
                                    lichen          465
Entgegen streiten jetzt die Danaer.
    Hierauf Dione, die erhabenste
Der Himmlischen: Ertrag's, mein Kind!
                                    Halt's aus;
Ob's freilich schmerzt! Welch herbes Ungemach
Ertrugen nicht schon viel Olympier          470
Vom irdischen Geschlecht! Ertrug's doch
                                    Mars,

Als Otus und der tapfre Ephialt
Mit starken Ketten einst ihn fesselten.
Gebunden lag er dreizehn Monden lang,
Im ehrnen Kerker. Ganz verkommen wär' 475
Der nimmer schlachtensatte Gott allhier,
Wenn Eribäa nicht dem Hermes noch
Es angesagt. Der stahl den Leidenden,
Ganz von den harten Fesseln wund gefeilt,
Aus dem Gefängniß weg. Ertrug es doch 480
Saturnia, als ihr der starke Sohn
Amphitryon's, mit dreigezacktem Pfeil
Die rechte Brust durchschoß, und Höllen-
                              schmerz
Sie ganz durchdrang. Ertrug's doch Pluto
                              selbst,
Als dieser Mann ihm gar am Todesthor 485
Mit raschem Arf die Schmerzenswunde
                              schoß.
Tief in dem Schulterbein saß das Geschoß,
Und peinigt' ihn am Leben. Aber er
Stieg, innig seufzend und von Schmerz
                  durchzuckt,
In den Olymp, zur Wohnung Zeus, hinan; 490
Und Päon goß ihm Lindrungsbalsam ein,
Drob er, als ein Unsterblicher, genas.

O des unseligen verruchten Manns!
Der so für nichts den Frevel achtet,
Den Bogen gegen die Olympier          495
Zu spannen! Freilich hat wohl gegen dich
Die blonde Pallas Tydeus Sohn empört;
Den Thoren! Der nicht weiß, wie bald er
                                        fällt,
Der den Unsterblichen entgegen kämpft.
Vor seinen Knieen stammelt nimmermehr,   500
Bei froher Rückkehr aus der sauern Schlacht,
Sein Knäbchen Vater! Vater! zu ihm auf.
Bedächt' er's nur, so stark er ist, wie einst
Ein Stärkerer, als du, ihn wird bestehn,
Und wie sein edles jungfräuliches Weib,   505
Aegialea, tief um Mitternacht,
Voll Ahndung von des Heldengatten Fall,
Wach all ihr Hausgesinde jammern wird.
    Sie sprach's, und wischt' ihr von der wun-
                                        den Hand
Den Ichor ab; des Schmerzes Muth ent-
                                        schlief,          510
Und es genas die Hand. Saturnia
Und Pallas blickten her, und wiegelten
Den Vater Zeus mit Stachelworten auf.
Die himmeläugige Minerva sprach:

Zürnst auch wohl, Vater Zeus, wenn ich
          ein Wort      515
Jetzt rede? Cypria trieb irgend wo
Ein schön Achäisch Weibchen an, mit ihr
Zu ihren Herzenstroern durchzugehn.
Sie schmeichelt' um das schmucke Weibchen
          her,
Und schrammte sich dabei die zarte Hand   520
An einer güldnen Kleiderspange wund.
   So sprach Minerva; huldreich lächelte
Der Götter und der Menschen Vater drob,
Und rief die güldne Venus zu sich hin.
   Dein, Liebchen, ist das Kriegsgewerbe
          nicht.      525
Das ist der Pallas und dem Mars vertraut.
Du kümmre dich um Lieb' und Brautgelag!
   Also die Götter oben im Olymp.
Auf Erden sprang der tapfre Diomed
Aeneen nach. Zwar wußt' er wohl,   530
Daß über ihm die Hand Apollon's hielt,
Doch scheut' er selbst die große Gottheit
          nicht.
Aeneen ganz zu würgen, trachtet' er,
Und ihm die stolze Rüstung auszuziehn.
Er setzte drei Mahl an, voll Mordbegier, 535

Doch drei Mahl schlug Apoll den Strahlen-
          schild
Des Wüthenden zurück. Als er hierauf,
Schier wie ein Gott, den vierten Ansprung
          that,
Da fuhr der fernhin treffende Apoll
Mit lauter fürchterlicher Stimm' ihn an:
  Halt, Tydeus Sohn! Zurück! Nicht
          wähne mir,
Den Göttern gleich zu seyn! Mit nichten
          gleicht
Unsterblicher Olympier Geschlecht
Dem Menschenvolke, das im Staube hauß.
  Er rief's. Der Held wich einen Schritt
          zurück
Vor dem Gedräu des Fernhintreffenden.
Aeneen trug der Gott aus dem Gewühl
In seinen Tempel, hoch auf Pergamus.
Latona und die Himmelsjägerinn
Diana nahmen hier voll Huld ihn auf,
Und heilten ihn im tiefen Heiligthum.
Der Silberbogenspanner aber schuf
Ein Schattenbild, Aeneen an Gestalt
Und Rüstung gleich; und um das Schat-
          tenbild

Zerſchmetterten die Streiter auf der Bruſt  555
Die runden Schild' und leichten Tartſchen
                                        ſich.

Dräuf rief Apoll dem grauſen Movors zu:
Mars, blutbeſprengter Mars, du Untergang
Der Sterblichen, du Wehrzertrümmter, auf!
Willſt du nicht dieſen Helden retten? Nicht  560
Tydiden widerſtehn, der ſelbſt den Zeus
Wohl jetzt befehdete? Verletzt' er doch
Schon Cyprien am Handgelenk, und fiel
Darnach auch mich, ſchier übermenſchlich,
                                        an.

Er rief's, und hob ſich hoch auf Perga-
                                        mus.        565
Und der Verderbenſtifter Mars durchſtrich
Gleich Akamas, dem tapfern Oberſten
Der Thracier, die Schlachtreihn Ilion's,
Empörte ſie zu neuem Streit, und rief
Den Zeusgepflegten Söhnen Priam's zu:    570
    Auf, Zeusgepflegte Königsſöhne, auf!
Wie lange ſollen die Achäer noch
Eur Volk erwürgen? Soll ſich das Gefecht
Heran bis vor die ehrnen Thore ziehn?
Schon liegt ein Held, dem großen Hektor
                                        gleich    575

Von uns geschätzt, es liegt Anchises Sohn.
Auf! Auf! Errettet euern tapfern Freund.
  So rief er, und empörte Muth und Kraft
In Jeglichem. Sarpedon aber fuhr
Den erzbewehrten Hektor scheltend an:          580
  Wo, Hektor, wo ist deine alte Kraft?
Einst wolltest du ja, ohne fremde Macht,
Mit Brüdern und Verwandten ganz allein
Die Stadt vertheidigen. Doch nehm' ich
                              jetzt
Nicht Einen wahr. Sie bebern insgesammt 585
Gleich Hunden um den Löwen her. Nur
                              wir,
Wir Bundsgenossen stehn und streiten noch.
Eur Helfer kam ich fern aus Lycien
Von Xanthus Wirbelstrom, verließ daheim
Ein liebes Weib und einen zarten Sohn,         590
Und Hab' und Gut, groß, wie man's wün-
                              schen mag.
Doch treib' ich meine Lycier zum Streit,
Selbst wohlgemuth zum Kampf mit diesem
                              Mann,
Ob der Achäer gleich mir nichts dabier
Entreißen mag. Du aber ruhst, und wähnst 595
Auch Andre nicht, für Weib und Kind zu stehn?

O daß ihr nicht, als wie vom Jägernetz
Umstrickt, zu bald ein Fang des Feindes seyd,
Und eure schöne Stadt zu Trümmern stürzt!
Drum sollt' es Tag und Nacht dein Sorgen
           seyn,       600
Der Bundsgenossen Fürsten anzugehn,
Des Unmuths gegen euch sich abzuthun,
Und nimmer laß zu werden zum Gefecht.
   So schalt Sarpedon; seine Rede schnitt
Dem edeln Hektor tief in's Herz hinab.   605
Er sprang geschwind' in vollem Rüstgezeug
Vom Wagen ab, und rannte durch das
           Heer,
Und schwung den scharfen Spieß, und trieb
           zum Streit,
Und wiegelt' auf das Ungestüm der Schlacht.
Und sieh! Nun wandt' ein Jeglicher den
           Schritt,     610
Und widerstand. Doch auch der Griechen
           Heer
Blieb dicht gedrängt, und wankte nicht zu-
           rück.
   Wie, wann die blonde Ceres Spreu und
           Korn
Auf der geweihten Tenne sichten läßt,

Und dann des Dreschers Worfelschwung der
                         Wind        615
Durchwandelt, und die Spreu umher zerweht,
Und weiß die Spreubehälter überstäubt:
So deckte die Achäer weißer Staub,
Der unter ihnen, von dem Hufgalopp
Herum geschwenkter Rosse los gewühlt,     620
Empor zum Firmament des Himmels stieg.
Denn jeder Führer schwenkte sein Gespann,
Und vorwärts strebte jedes Armes Kraft.
Der grause Mars, der für die Troer focht,
Bedeckte das Gefecht mit Finsterniß.      625
Er strich durch die Geschwader hin und her,
Erweckte der Trojaner Muth, und that,
Was ihm Apollo Güldenschwert *) empfahl,

*) Güldenschwert, χρυσαορος, d. i. der ein
   goldenes Schwert führt. Auf diese Art, nach
   der Analogie von Friedrich Rothbart,
   Henrich Hotspur, Harald Haarfager
   (Schönhaar), u. w. scheint manches Homerische Beiwort fast allein erträglich wieder-
   gegeben werden zu können. Man verlöre
   zwar durch deren Weglassung an poetischen
   Schönheiten oft wenig, oder nichts. Allein
   die Homerheit, daß ich so sage, würde

So bald er Pallas, die ben Griechen half,
Vom Schlachtgefilde sich entfernen sah.      630
Bald drauf entließ Apoll Aeneen auch
Aus dem geschmückten Heiligthum, und goß
Dem Völkerweider neuen Muth in's Herz.
   Und sieh! in seiner Streiter Mitte stand
Aeneas wieder da.   Hoch freute sich      635
Ein Jeder, als er lebend, unversehrt,
Und so in voller Heldenkraft erschien.
Doch Niemand frug; denn der Tumult ver-
                        both's,
Den jetzt der Silberbogensgott und Mars,
Der Menschenwürger, und die Blutbegier      640
Der nimmersatten Hadersucht empört.
   Die beiden Ajax aber und Ulyß
Und Diomed ermunterten zum Streit
Die Danaer.   Doch diese fürchteten
Von selber schon den Drang der Troer nicht,
Noch ihr Geschrei; und wankten nicht zu-
                        rück.
Gleich dem Gewölk, das Zeus bei stiller
                        Luft
Hoch um die Wipfel der Gebirge wälzt;

leiden; und diese ist mir selbst in Kleinigkeiten heilig.

Geruhig liegt es da, wann Boreas,
Nebst andern Donnerstürmen, deren Hauch 650
Die schwarzen Wolken sausend sonst zer-
                        weht,
Entschlummert ist: so harrten, festen
                        Tritts,
Die Danaer der Troer unverdrängt.
Atrides aber lief durch's Heer, und schrie:
O Freunde! Jetzt seyd Männer! Schöpfet
                        Muth 655
In's Herz! Und scheut einander selbst im
                        Streit!
Weit seltner fällt der Mann von Ehr' und
                        Scham;
Dem Flüchtling nur wächst weder Ruhm
                        noch Heil.
So rief er, warf im Hui den Speer, und
                        traf
Aeneens Streitgespann, Deikoon. 660
Gleich Priam's Söhnen ehrt' ihn alles Volk,
Weil kühn voran er stets im Treffen focht.
Der Speer des Königs traf auf seinen
                        Schild,
Und fuhr, vom Schild unaufgehalten, durch
Den Gurt, bis tief zum Wanst hinein. 665

Er fiel, der Boden dröhnt' umher, und laut
Erraffelte die Rüftung über ihm.

Hierauf erlagen durch Aeneas Spieß
Zwei tapfre Danaer, Orfilochus
Und Krethon, aus Diokles Blut erzeugt.          670
Ihr Vater, groß und reich an Gütern, hielt
Im schön gebauten Phera seinen Sitz.
Vom Flußgott Alpheus, welcher tief durch's
          Land
Von Pylos wandelt, stammte sein Geschlecht.
Der Gott erzeugte den Orfilochus,              675
Beherrscher einer großen Völkerschaft.
Aus dessen Samen sprang Diokles ab,
Der jener Zwillingsbrüder, Orfiloch's
Und Krethon's, Vater war.  In jeder Art
Des Streits wohl unterwiesen, waren sie        680
Den Griechen auf den schwarzen Schiffen
          nach
Zum roßberühmten Ilion gefolgt,
Der Rache der Atriden nachzugehn.
Doch Todesnacht verschlang der Helden
          Bahn.
So wie ein Löwenpaar, auf dem Gebirg'          685
Im tiefften Waldesdickicht aufgefäugt,
Die fetten Herden räubrisch überfällt,

Und ganze Hürden wild verheert, bis vor
Der Menschen scharfen Lanzen es erliegt:
So stürzten sie, gebändigt durch die Faust   690
Aeneens, wie zwei schlanke Fichten hin.
Held Menelas, gerührt durch ihren Fall,
Schritt, blank in Erz, durch's Vordertref=
                    fen vor,
Und schwung den Spieß.   Mars reizte sei=
                    nen Muth,
Daß er erläge durch Aeneens Faust.        695.
    Als Nestor's Sohn, Antilochus, ihn
                    sah,
Schritt er, besorgt für des Erzfeldherrn
                    Wohl,
Und daß sein Fall nicht alle Kriegsbeschwer
Vereitelte, durch's Vordertreffen vor.
Schon huben Jene, wohl gefaßt zum Kampf,  700
Die scharfen Lanzen auf, als Antiloch
Daher, hart neben den Erzfeldherrn trat.
Doch stand Aeneas nicht, so kühn er war,
Als er zwei Helden gegen über sah.
Da zogen diese die Erschlagnen fort        705
Nach ihrem Heer, und überlieferten
Den Ihrigen das arme Zwillingspaar,
Und eilten wieder in das Vorgefecht.

Dem speerberühmten Menelas erlag
Hierauf Pylämenes, ein Oberster,                710
Der schildbedeckten Paphlagonier,
Stark, wie der Kriegesgott.  Die Lanze fuhr
Ihm durch die Gurgel, als er aufrecht
                                    stand.
Dem Mydon, seinem Wagenknappen, der
Herum zur Flucht die Rosse lenkte, traf      715
Antilochus mit einem Stein den Arm.
Und seiner Hand, hinab zu Staub, entfiel
Das elfenbeinbebuckelte Gezäum.
Jach sprang Antilochus hinzu, und stieß
Sein Schwert ihm in den Schlaf, und jäh-
                            lings schoß        720
Er röchelnd von dem stolzen Wagen hoch
Mit Haupt und Schulter in den Sand
                                    hinab.
So stand er lang', in tiefen Sand gepflanzt,
Bis sein Gespann ihn baß zu Staube trat.
Dieß aber peitschte drauf Antilochus     725
Von dannen, nach dem Heer der Griechen
                            hin.
    Und Hektor, der sie durch's Gedräng' er-
                            sah,
Fiel gräßlich schreiend aus auf sie, und ihm

Die tapfern Troischen Geschwader nach.
Mars, sammt der schrecklichen Bellona, zog
Vor diesen her. Unbändiger Tumult          730
Ging von ihr aus in's Treffen. Mavors
                                      Arm
Schwung einen ungeheuern Speer empor.
Bald schritt er vor, bald hinter Hektor'n her.
Aufblickend schrak der tapfre Diomed.
Gleichwie ein kundeloser Pilger stutzt,      735
Nachdem er weit das Land durchwandert
                                       ist,
Wann reissend ihm vorbei ein Wogenstrom
In's Meer hinab mit Schaumgebrause rollt;
So wie er steht, und starrt, und rückwärts
                                       läuft:
So wich auch Tydeus Sohn, und sprach
                            zum Volk:      740
   Wohl, Brüder, staunen wir ob Hektor's
                                      Muth
Und Streitbarkeit. Denn immer steht ein
                                      Gott
Ihm bei, und wehrt von ihm den Untergang.
Jetzt waltet über ihm der Kriegesgott
In menschlicher Gestalt. Drum nur zu-
                            rück,          745

Doch unverwandt vom Feinde das Gesicht!
Und wagt mir nicht mit Göttern sauern
Kampf!

Er sprach's; die Troer stürmten hart
heran;
Und Hektor's Arm erschlug ein Heldenpaar,
Menesthes und Anchialus, das kühn          750
Herab von Einem Kriegeswagen stritt.
Der große Ajar Telomonius,
Voll Mitleid gegen die Erschlagnen, sprang
Herbei, und warf den blanken Spieß, und
traf
Den Amphius, aus Selagus Geblüt.          755
Sein Unglück hatt' ihn von Apäsus, wo
Er reich an Länderei und Schätzen war,
Zu Hülfe dem Priamischen Geschlecht
Nach Ilion gezogen. Ajar warf
Den langen Speer ihm hart am Gurt hinein, 760
Tief in den Wanst. Sein Fall erscholl um-
her.
Und Ajar sprang herbei, das Rüstgezeug
Ihm auszuziehn. Doch Troa's Heer befiel
Mit scharfen blinkenden Geschossen ihn.
In Menge fing sein Schild sie auf. Er
riß                                        765

Hierauf, den Fuß dem Leichnam aufge-
stemmt,
Den Speer heraus. Umsonst bestrebt' er
sich,
Die Rüstung dem Erschlagnen abzuziehn.
Denn die Geschosse hagelten auf ihn,
Auch scheut' er vor der übermüthigen          770
Trojaner mächtigen Umringung sich.
Denn vieler Starken Lanzen drohten ihm,
Und wehrten, ob er schon so groß und stark
Und streiterfahren war, ihn von sich ab.
Und er entwich dem Drange der Gewalt.   775
   So schlugen Die die fürchterlichste
Schlacht.
Jetzt trieb den großen starken Tlepolem,
Aus Herkul's Stamm, das mächtige Geschick
Dem götterähnlichen Sarpedon zu.
Als beide, Sohn und Enkel Zeus, heran   780
Zum Anfall sich genaht, da rief zuerst
Tlepolemus laut dem Sarpedon zu:
   Sarpedon, du Berather Lyciens,
Was zagst du, wie ein Neuling, in der
Schlacht?
Ha! Lug ist das, du wärst ein Sohn von
                        Zeus.              785

Denn wie so tief siehst du nicht Jenen nach,
Die in der Vorwelt Vater Zeus erzielt.
Wie rühmt die Sage meines Vaters Kraft,
Des kühnen löwengleichen Herkul's nicht!
Der ob der Rosse des Laomedon          790
Mit wenig Mannschaft und sechs Barken
                              nur
Hieher einst kam, und Ilion zerbrach,
Und ihre Straßen unter Schutt begrub.
Dir aber schlägt ein feiges Herz.   Dein
                              Volk
Kommt um durch dich.   Vergebens zogest
                              du,          795
Und wärst du auch weit tapfrer, als du bist,
Aus Lycien zu Trojens Beistand her.
Denn sterben wirst du hier von meiner Hand,
Und ein zur schwarzen Pforte Pluton's ziehn.
     Hierauf der Fürst der Lycier also:          800
Wir wissen's, Tlepolem, daß Ilion
Durch Jenen fiel, weil ihm der Uebermuth
Laomedon's Verdienst mit Schmach vergalt,
Und ihm die Rosse vorenthielt, weßhalb
Aus fernem Land er hergezogen war.          805
Doch wiss' auch du, daß du den schwar-
                              zen Tod,

Von meinem Speer dahin gestreckt, empfahn,
Und mir den Ruhm des Siegs, und deinen
Geist
Dem Könige der Hölle schenken wirst.
  Kaum sprach's Sarpedon, als schon Tle-
            polem                        810
Die Eschenlanze schwung.  In Einem Nu
Entfuhr der lange Schlachtspeer Jedes Hand.
Sarpedon traf ihn mitten in's Genick.
Die Mörderspitze bohrte durch und durch,
Und Todesnacht umwölkte seinen Blick.      815
Doch auch die lange Lanze Tlepolem's
Traf Jenen in die linke Lende.  Scharf
Geworfen, fuhr die Spitze tief in Bein
Und Mark hinein.  Sein Vater wendete
Für das Mahl noch den Untergang von ihm. 820
  Und seine Streitgenossen trugen nun
Den göttlichen Sarpedon aus der Schlacht.
Hart peinigt' ihn der nachgeschleifte Speer.
Vor Eile nahm des langen Eschenspeers
Jetzt Keiner wahr, und Keiner zog ihn aus. 825
So drangvoll strebten All' um ihn herum.
  Der fußgeharnischten Achäer Schar
Entriß den Leichnam Tlepolem's der Schlacht.
Dem muthigen Ulysses, der die That

Von fern gesehn, entschwoll das Heldenherz. 830
Unruhig zweifelt' er in seinem Sinn:
Ob er den Sohn des Himmelsdonnerers
Verfolgen, oder in die Lycischen
Geschwader würgen sollte? Doch dem Speer
Des heldenmüthigen Ulysses war                    835
Vom Schicksal nicht bestimmt, den starken
                              Sohn
Des Zeus zu fällen. Pallas lenkte drum
Den Sinn des Helden auf die Lycier.
Und Köranus, Alastor, Chromius,
Alkander, Halius, Noemon, Prytanis            840
Erlagen ihm. Noch hätte seine Faust
Weit mehrere der Lycier erlegt,
Hätt' ihn der große schlachterfahrne Sohn
Des Priamus nicht zu geschwind' erblickt.
In ehrner Waffenrüstung strahlend, sprang 845
In's Vordertreffen Hektor rasch hervor.
Gar innig ward Sarpedon dessen froh,
Und rief mit matter kranker Stimm' ihn an:
    Oh Priam's Sohn! laß mich nicht liegen
                              hier,
Dem Danaer zum Raube! Rette mich!        850
Mit Freuden will hernach in eurer Stadt
Ich sterben, wenn ich Vaterland und Haus,

Mein liebes Weib und meinen zarten Sohn
Durch meine Rückkehr nicht erfreuen soll.
    Er sprach's.   Der schlachterfahrne Hektor,
                        nichts        .    855
Erwiedernd, flog voll heißer Gier, das Heer
Der Griechen abzudrängen und hinein
Zu würgen, schnell vorbei.   Den göttlichen
Sarpedon trugen seine edelsten
Gefährten an die schöne Buche Zeus.        860
Held Pelagon, sein liebster Streitgefährt',
Zog aus der Lend' ihm hier den Eschenspeer.
Schon losch sein Leben weg; und Todesnacht
Umfloß sein Aug'.   Doch sachte Boreas
Es wieder an, mit lindem frischen Hauch,  865
Den seine Brust schwer athmend in sich zog.
    Der Griechen Heer,   obschon bedrängt
                        vom Mars
Und erzbewehrten Hektor, wies der Schlacht
In Rückflucht nach den Schiffen dennoch
                        nicht
Den Nacken.   Aber auch nicht vorwärts
                        drang's.        870
Nur wich es Fuß für Fuß, nachdem's ver-
                        nahm,
Daß Mavors Kraft mit Troa's Scharen sey.

Wer jetzt zuerst, und wer zuletzt erlag
Dem Sohne Priam's und dem ehrnen Mars?
Der göttergleiche Theutras, und Orest,          875
Der Rossebändiger.  Es stürzte Trech,
Ein Lanzenschwinger aus Aetolien;
Es stürzten Helenus, aus Oenops Stamm,
Und Oenomaus, und Oresbius,
Mit bunter Haube, der von Hyla her,            880
Unweit des Sees Cephissis, bürtig war,
Wo einst im Schooße der Böotier,
Des reichsten Volks, auch er um Reichthum
                                          warb.
Als aber so die Göttinn Schwanenarm
Die Griechen nieder würgen sah, rief sie       885
Mit Flügelworten Atheneen zu:
    O Weh uns, unbezwungne Tochter Zeus!
So war es Lug, was Menelaen wir
Dereinst verhießen, Lug der Untergang
Des festen Ilion, und seine Wiederkehr,        890
Gestatten wir so dem Verderber Mars,
Umher zu wüthen unter unserm Volk!
Wohlauf! Wohlauf mit tapfrer Hülf' hinab!
    So rief sie, und die himmeläugige
Minerva stimmt' ihr bei.  Geschäftig lief      895
Die hoch erhabne Tochter Kronion's,

Und warf das Goldgeschirr den Rossen um.
Drauf rollte Hebe schnell die Räder her;
Schob sie des Wagens Eisenaxen an;
An jeden Schenkel drehte sie ein Rad.          900
Acht ehrne Speichen hatte jedes Rad,
Und güldne Felgen, stark umschient von
                    Erz,
Und runde Silbernaben, wundersam.
In silbernen und güldnen Riemen hing
Der Sitz.  Zwei Ringe waren angebracht, 905
Das Lenkseil drein zu schlingen.  Silbern
                    lief
Die Deichsel von dem Vorderwagen aus,
An deren Spitze sie das güldne Joch,
Sammt schönen güldnen Koppelsträngen
                    band.
Drauf spannte sie das schnelle Roßgespann, 910
Voll Gier nach Streit schon wiehernd, in
                · das Joch.
   Indeß entsank der Tochter Angioch's
Im väterlichen Saal ihr Prachtgewand,
Das sie mit eignen Händen sich gewirkt.
Sie zog des Wolkensammlers Panzer an,   915
Bewehrte sich zur Unglücksschlacht, und
                    nahm

Vor Brust und Schultern ihren Krieges-
    schild,
Rund um betrobbelt und mit Furcht ver-
    brämt.
Auf diesem webten Hadergeist und Kraft
Und wilde Mordbegier. Auch war das Haupt 920
Der gräßlichen Gorgone drauf zu sehn,
Des Ungeheuers, welches Vater Zeus
Zum Mahl des Scheuels und Entsetzens
    schuf.
Dem Haupte setzte sie den goldnen Helm,
Geziert mit Buckeln und vier Tosten, auf, 925
Den Helm, vermögend gegen alle Macht
Von hundert Städten harmlos zu bestehn.
Und nahm den schweren, langen, starken
    Speer,
Womit ihr Arm danieder stürzt die Reihn
Der Helden, über welche sie ergrimmt.  930
So schwang sie sich zum Strahlenwagen
    auf;
Und vorwärts peitschte Juno das Gespann.
Von selber sprang das Himmelsthor, be-
    wacht
Von Stunden, auf. Den Stunden ist die
    Huth

Des Himmels anvertraut. Sie schließen ihn   935
Mit dicht gedrängten Wolken auf und zu.
Die Rosse, fürchtend ihren Peitschenhieb,
Und eilend durch die aufgeschloßne Bahn,
Gelangten bald zu Zeus, der jetzt entfernt
Von andern Göttern auf der Kronenhöh'   940
Des vielbewipfelten Olympus saß.
Hier hielt die Göttinn Schwanenarm erst
                still,
Und wandte sich mit dieser Frag' an Zeus:
  O Vater Zeus, empört denn Mavors
               dich
Mit solchen Frevelthaten nimmermehr?   945
Welch eine Menge Griechen er nun schon,
Zur Ungebühr, dahin gemordet hat!
Mit welch ein Schmerz! Wie mögen dessen
               sich
Nun Venus und der Silberbogner freun!
Sie, welche diesen Rasenden, der nichts   950
Von Recht und Sitte weiß, zuerst empört.
O Göttervater, zürnest du auch wohl
Um eine derbgeschlagne Wunde, die
Ihn aus dem Schlachtgefilde treiben mag?
  Zur Antwort gab der Wolkensammler
             Zeus:   955

Empöre nur Minerven wider ihn!
Sie ist's gewohnt, am wehsten ihm zu thun.
   Er sprach's.  Gehorchend hieb Saturnia
Die Rosse an; und willig flogen sie,
Die Mittelbahn der Erde unter sich,    960
Und des gestirnten Himmels oben, durch.
So weit ein Mann vom Wartethurm herab,
Das graue Meer durchschauend, vor sich
                blickt,
So weiten Raum durchspringt mit Einem
                Sprung
Das göttliche hochbrausende Gespann.   965
So bald sie nun bei Troa angelangt,
Wo der Skamander mit dem Simois
Zusammen strömt, hielt Juno Schwanenarm
Die Zügel an, spannt' ihre Rosse los,
Und hüllte sie in dichten Nebel ein;    970
Und Simois reicht' ihnen süße Kost.
   Erst schlichen, wie ein schüchtern Tau-
                benpaar,
Jedoch voll Eile, hülfreich beizustehn,
Sich die Göttinnen zu den Griechen hin.
Doch kaum gelangten sie zur Stelle, wo  975
Jetzt um den Roßbezähmer Diomed
Die Meißten und die Tapfersten herum

Sich drängten, gleich den Löwen, wann sie
Raub
Zerfleischen, oder wilden Ebern gleich,
Die minder nicht an Trotz und Stärke sind, 980
Da stand, und rief die Göttinn Schwanen‑
arm,
Dem edeln Stentor ähnlich an Gestalt,
Deß ehrne Stimme funfzig überscholl:
O Schande über Schand’, ihr Griechen,
euch!
Durch nichts als Schönheit rühmlich! Als
Achill 985
Noch zwischen euern Reihen focht, da war
Kein Troer noch so kühn, nur vor das Thor
Heraus zu treten. Jeder scheute sich,
Der Lanze des Gewaltigen zu stehn.
Nun aber! Nun bekämpfen sie schon fern 990
Von ihrer Stadt dicht bei den Schiffen
euch.
So rief sie, und empörte Muth und Kraft
In Jeglichem. Die himmeläugige
Minerva aber flog zu Tydeus Sohn.
Sie traf bei seinen Reißgen ihn an, 995
Wie er die Wunde kühlte vom Geschoß
Des Pandarus. Ihn peinigte der Schweiß,

Dér unter'm breiten Schildgehänge troff;
Und laß war ihm der Arm. Er hob jedoch
Den breiten Riemen auf, und trocknete      1000
Das dunkle Blut sich ab. Die Göttinn rief,
Das Joch der Rosse fassend, so ihn an:
   Ha! Wie so wenig gleichet Tydeus Sohn
Dem Vater! Klein am Wuchs war Tydeus
                zwar,
Jedoch ein Held. Selbst da, als er allein 1005
Gesandt gen Theben mitten unter die
Kadmeer war, und ich, vor Hadersucht
Und Fehden selber warnend, rubiglich
In ihren Wohnungen ihn gasten hieß,
Selbst da verließ ihn nicht sein alter Muth. 1010
Er rief die Junkern der Kadmeer auf
Zum Kampf, und siegte überall, wie leicht!
Sieh, solche Helferinn hatt' er an mir!
Jedoch auch dir steh' ich beschützend bei,
Und mahne dich, stets willig und bereit      1015
Zum Kampf zu seyn. Allein ermattet sind
Vom Streiten deine Glieder, oder Furcht
Beklemmet und entathmet dich. Wer wird
Hinfort noch glauben, daß du Tydeus
                Sohn,
Ein Zweig des kriegrischen Oeniden seyst? 1020

Erwiedernd sprach der tapfre Diomed:
Ich kenne dich, o Göttinn, Tochter Zeus!
Drum red' ich frei mit dir und ohne Hehl.
Nein! Mich beklemmet und entmannt noch
        Furcht,
Noch Trägheit; sondern ich gehorchte nur  1025
Den Worten, die du mir gebothen hast.
Du wehrtest mir mit andern Himmlischen
Den Kampf; verwunden Aphroditen nur,
Erschiene sie im Treffen, sollte mein
Geschliffnes Erz. Sieh, darum wich ich jetzt, 1030
Und zog die andern Griechen mit zurück.
Denn ich ward innen, daß der Kriegesgott
Die Troer gegen uns im Streit vertrat.
    Erwiedernd sprach die himmeläugige
Minerva: Diomed, mein Herzensfreund,  1035
Von nun an fürchte selbst den Mars nicht
        mehr,
Noch einen andern der Unsterblichen!
Sieh, solche Helferinn hast du an mir!
Ja, ihm entgegen lenke flugs zuerst
Dein ehernhufiges Gespann, und triff    1040
Von nah' ihn! Scheue mir den Stürmi-
        schen,
Den Rasenden, den Wankelmüthigen,

Den Unhold nicht, der mir und Juno kaum
Verheißen, den Achäern beizustehn
Und Troa zu bekämpfen, aber nun    1045
Sein Wort vergißt, und mit den Troern
      ficht.
   Sie sprach's, und stieß den Sthenelus so-
      fort
Vom Wagen. Sie ergriff ihn bei'm Ge-
      nick,
Und hui! sprang er herab. Wuthschnaubend
      stieg
Sie selbst, nebst Diomeden, auf; und laut 1050
Erseufzete die buchne Axe von
Der Last, die die erhabne Tochter Zeus
Und der gewaltigste der Helden wog.
  Und sie ergriff die Geißel und den Zaum,
Und lenkte stracks das ehernhufige     1055
Gespann gerade nach dem Kriegsgott hin,
Der kaum den ungeheuern Periphas,
Den hoch berühmten Sohn Ochesius,
Und Stärksten der Aetoler, hingewürgt,
Und noch vom Blute des Erschlagnen troff. 1060
Um von dem Wüthrich nicht erkannt zu
      seyn,
Bedeckte sie mit Pluton's Helm ihr Haupt.

Als aber jetzt der Menschenwürger Mars
Den Diomed ersah, ließ er geschwind'
Den Leib des ungeheuern Periphas          1065
Da liegen, wo er ihm das Leben nahm,
Und schritt dem Roßbezähmer Diomed
Gerad' entgegen. Als sie nah' genug
Sich waren, warf voll Mordbegier der
                                   Gott,
Voran sich streckend, über Zaum und Joch 1070
Die ehrne Lanze hin. Doch die ergriff
Minerva stracks, und wendet' ihren Flug,
Vorbei dem Wagen, in die leere Luft.
Nun schwang der schlachterfahrne Diomed
Den ehrnen Speer, und Pallas trieb ihn
                                   tief      1075
Ihm in den Wanst, wo ihn der Gurt um-
                                   fing.
Die Spitze traf, zerriß die schöne Haut;
Und wiederum zurück zog sie den Speer.
Der ehrne Kriegsgott aber brüllt' empor.
Gleichwie, wenn eine Menschenschlacht be-
                                   ginnt,      1080
Zehn tausend Krieger schrein. Entsetzen fuhr
Durch alles Volk umher. So brüllte Mars,
Der unersättliche Verderber, auf.

Wie ſchwarze Nacht aus Donnerwolken
bricht,
Wann ſchwüler Wind ſich fürchterlich er-
hebt,                                    1085
Und brauſet: ſo erſchien der ehrne Mars
Jetzt Diomeden, als er ſich empor
Zum weiten Himmel hob. Er langte bald
In den Olymp, den hohen Götterſitz.
Hier warf er ächzend neben Zeus ſich hin, 1090
Und zeigt' ihm das unſterbliche Geblüt,
Das ſeiner Wund' entquoll, und rief den
Zeus
Mit ſchnell beſchwingten Jammertönen an:
    Entrüſten denn, o Vater Zeus, dich nie
So ungeheure Thaten? Was für Weh      1095
Hat das Geſchlecht der Götter nun nicht
ſchon,
Der Menſchen willen, ſelbſt ſich angethan!
Du ſelber biſt an unſern Fehden Schuld.
Denn du erzeugteſt dieſe Raſende,
Verderbliche, die ſtets auf Unheil ſinnt.  1100
Wir andern Götter zwar ſind insgeſammt
Dir unterthan, und merken auf dein Wort;
Doch dieſe ſtraffſt du nicht mit Wort, noch
That.

Der Unholdinn! Ihr siehst du Alles nach,
Weil du sie selbst gezeuget hast.  Jetzt hat 1105
Sie abermahl den übermüthigen
Tydiden gegen die Unsterblichen
Zur Wuth entflammt.  Erst hat er Cyprien
Am Handgelenk versehrt; nun aber gar
Gleich einem Dämon wider mich gestürmt, 1110
Und hätten mich nicht rasche Schenkel ihm
Entführt, so hätte lang' im gräßlichen
Gewühl von Leichen mich der Schmerz ge-
      quält,
Und ehrne Streiche hätten mich entmannt.
Ergrimmt blickt' ihn der Wolkensammler
      an:   1115
O jammre nicht, du Wankelmüthiger!
Denn, wahrlich! bist mir der Verhaßteste
Von allen Göttern im Olymp! Hast stets
An Hader, Krieg, und Schlachten deine
      Lust.
Den unerträglichen, den starren Sinn   1120
Von deiner Mutter Juno hast du auch.
Kaum, daß mein Wort zu zähmen sie ver-
      mag!
Und dieß dein Leid kommt, dünkt mich,
      bloß von ihr.

Doch will ich nicht in deinen Schmerzen dich
Verlaſſen; denn auch dich hab' ich er-
               zeugt;       1125
Mein Weib hat dich geboren. Wäreſt du,
O Unhold, einer andern Gottheit Sohn,
Lägſt tiefer längſt, als Uranus Geſchlecht.
   So ſprach er, und gebot dem Päon, ihn
Zu heilen. Lindrungsbalſam goß der Arzt  1130
In ſeinen Schmerz, darob der Gott, der nicht
Zur Sterblichkeit geboren war, genas.
Wie Feigenſaft die weiße ſchiere Milch
Im Hui, da ſie kaum umgerüttelt wird,
Gerinnen macht: ſo ſchnell genas darob    1135
Der ungeſtüme Mars. Und Hebe wuſch,
Und kleidet' ihn drauf in ein Feierkleid.
Er aber ſetzte, froh in ſeiner Pracht,
Sich an die Seite Vater Kronion's.
   Und nunmehr kehrten auch Saturnia    1140
Und die gewaltige Beſchützerinn
Athene in die Wohnung Zeus zurück,
Nachdem vom Blutvergießen abzuſtehn
Der Menſchenwürger Mars gezwungen war.

# 3.
# Ilias.

## Sechste Rhapsodie *).

### Inhalt.

Nachdem die Götter die Schlacht verlassen, schlagen die Achäer das Troische Heer mit Verlust zurück. Hektor geht, auf Helenus Rath, nachdem er die Seinigen aufgemuntert, nach Troa, um durch seine Mutter Hekuba Opfer und Gelübde für Minerven anzuordnen, daß sie Diomeden vom Streite entferne. Unterdessen erkunden und erneuern Glaukus und Diomed auf dem Schlachtfelde die väterliche Gastbefreundung, und wechseln die Waffen. Hektor spricht in Troa mit Hekuba, die das angeordnete Opfer begeht; ruft den Paris bei Helenen ab; gesegnet Weib und Kind; und eilt mit Paris wieder zu Felde.

*) Abgedruckt aus dem Deutschen Merkur vom Jahre 1776. II. Vierteljahr. 146. S.

Befohlen blieb jetzt die empörte Schlacht
Der Troer und Achäer sich allein.
Gewaltig wüthete, bald hie bald da,
In dem Gefilde, zwischen Simois
Und Xanthus Wogenströmen, das Gefecht.          5
Die ehrnen Lanzen fuhren hin und her.
Und Ajax Telamonius, der Schirm
Der Danaer, zerriß der Troer Reihn
Zuerst, und brach den Seinen lichte Bahn.
Sein Lanzenwurf traf einen Kriegesmann,          10
Den Hühnen Akamas, Eüssor's Sohn,
Den rüstigsten der Thracier, und traf
Ihn in den Roßbuschhelm und in die Stirn.
Die ehrne Spitze fuhr den Schädel durch;
Und Dunkel überzog sein Angesicht.               15
Drauf Diomed, gewaltig in der Schlacht,
Erlegte den Axylus, Teuthra's Sohn,
Den Sassen in der schön erbauten Burg
Arisba.    Güterselig, und ein Freund
Der Menschen, nahm er gastlich Jedermann       20
In seine Wohnung, hart am Heerweg, auf.
Doch Keiner war und sprang anjetzt ihm
                      bei,
Und wendete den grausen Untergang.
Sammt seinem Knappen, dem Kalesus,

Dem Führer des Gespanns, entseelt' er ihn; 25
Und Beide stürzten in den Sand dahin.

Euryalus erschlug den Dresus erst,
Und den Ophelt; dann stieß er auf Aesep
Und Pedasus, ein Paar, so einst
Aus der Naid' Abarbarea Schooß 30
Dem unbescholtenen Bukolion
Geboren ward. Der Hirt Bukolion
War Erstgeborner des gepriesenen
Laomedon, mit seiner Mutter im
Verborgenen erzeugt. Bukolion, 35
Als er der Schafe hüthete, gewann
Zu Lieb' und Beischlaf in den Hürden sie;
Und, als sie schwanger ward, gebar sie ihm
Dieß Zwillingspaar. Dem spannt Euryal
jetzt
Die Jugendkraft der schönen Glieder ab, 40
Und zog die Rüstung ihren Schultern aus.
Dem schlachtenkühnen Polypöt erlag
Astyalus; Pidyten fällt' Ulyß
Mit ehrnem Speer; und Teucer's Kraft be-
zwang
Den edeln Aretaon. Antiloch 45
Ermordet' Abler'n mit dem blanken Spieß.
Der Feldherr Agamemnon überwand

Den Elatus, vom hohen Pedasus,
Unfern des Satniois hellem Strom.
Der tapfre Leitus erlegte noch          50
Den Phylakus im Fliehn; und Euryppl
Vesetzte dem Melanthius den Tod.

 Und Menelaus, mächtig in der Schlacht,
Ergriff hierauf lebendig den Adrast.
Ihm kollert' im Gefilde sein Gespann;          55
Verstrickt in einen Tamarindenstrauch,
-Zerbrach's des krummen Wagens Deichsel
    vorn,
Und sprengte durch das Blachfeld nach der
    Stadt,
Wohin erschrocken andre Rosse flohn.
Adrast rollt' an das Wagenrad herab,          60
Mit seinem Antlitz vorwärts in den Staub;
Und hui! war der Atride da, und schwung
Den langen Speer. Jedoch Adrast um-
    schlang
Sein Knie, und fleht' also zu ihm empor:
 Laß mir, Sohn Atreus, laß das Leben
    mir,          65
Und nimm ein würdig Lösegeld für mich!
Mein Vater heim ist an Kleinodien,
Ist reich an Erz und Gold; hat mannigfach

Bereiteten Geräths von Eisen gnug,
Davon er gern ein köstlich Lösegeld          70
Dir reichen wird, so ihm wird angesagt,
Daß noch sein Sohn auf euern Schiffen lebt.
    So bath er, und erflehte das Gefühl
In Menelaus Brust. Und schon befahl
Er ihn der Hand des Waffenträgers an,          75
Ihn wegzuführen auf's behende Schiff.
Doch Agamemnon sprang herbei, und schalt:
    So, Zärtling du, so kümmert sich dein
        Herz
Um deinen Feind? Ha! Trefflich that da-
        heim
An dir der Troer! Nein! Kein Einziger          80
Entrinne heut dem grausen Untergang
Und unsrer Faust! Auch nicht das zarte Kind
Im Mutterschooß entrinn' uns! Untergehn
Soll allzumahl, soll Ilion's Geschlecht!
Verwesen, unbegraben, soll's zu Nichts!          85
    Er rief's, und wandelte des Bruders Sinn
Durch den gerechten Spruch. Und dieser
        stieß
Adrast'en mit der Faust von sich hinweg.
Der Feldherr Agamemnon aber stach
Ihm in den Wanst, daß er zurück erlag,          90

Und ſtemmte dann auf ſeine Bruſt den Fuß,
Und riß die Eſchenlanze wieder aus.
    Und nun hob Neſtor laut die Stimm'
                empor:
Hört, Brüder! Hört, ihr tapfern Danaer!
Ihr Diener Mars! Daß Keiner auf den
                Raub                        95
Jetzt falle! Keiner hinten weil', auf daß
Er reichlicher beladen kehr' in's Schiff!
Erſt ſchlagt den Feind! Und wann's gethan
                iſt, rafft
Ringsum den Raub von den Erſchlagnen
                auf!
    So rief er, und empörte Muth und Kraft 100
In Jeglichem. Jetzt wäre Troa's Heer,
Durch Zagerei entmannt, gen Ilion
Vor der Achäer Kriegeswuth entflohn,
Wenn Helenus, der Seher Weiſeſter,
Nicht Hektor'n und Aeneen Rath ertheilt:    105
    Auf dir, o Hektor, und Aeneas, dir
Ruht allermeiſt das Thun der Lycier
Und Troer. Denn zu jedem Werk ſeyd ihr
Die tüchtigſten. Zu Rath und Heldenthat!
Hier tretet her! Und haltet vor dem Thor    110
Die Rotten an, die ſich umher zerſtreun,

Bevor, bis in der Weiber Schooß ver-
scheucht,
Der Feind mit Hohngelächter sie erwürgt;
Und wann ihr die Geschwader angespornt,
So wollen wir dann selbst, obschon be-
drängt,                                    115
Die Danaer, denn Noth gebeuth's, bestehn.
Du aber eil', o Hektor, in die Stadt,
Und mahne unsre Mutter, daß sie stracks
Versammle die Matronen um sich her,
Und steig' empor in der blauäugigen        120
Minerva Tempel, oben auf der Burg,
Und öffne den Verschluß des Heiligthums,
Und spreit' ein Festgewand, so ihrem Sinn
Das herrlichste, das größte dünkt im
Schrein,
Und angenehm vor allen andern ist,        125
Der blonden Göttinn über'n Schooß; und
ihr
Gelobe von zwölf Farren, Jahres alt,
So nie das Joch gedrückt, ein Opfermahl:
Wenn dieser Stadt, wenn unsrer Weiber,
wenn
Sie unsrer unberathnen Kinder sich         130
Erbarmt, und vom geweihten Ilion

Weg Tydeus Sohn, den Krieges-Wüthe-
             rich,
Den Fluchtverbreiter fernt.   Denn meinem
                  Sinn
Däucht dieser Mann der Griechen Mäch-
                 tigster.
Nie haben wir, selbst nicht vor dem Achill,   135
Dem Helden, der aus Götterschooß ent-
                 sprang,
Also gebebt.   Zu schrecklich müthet er;
Und seiner Kraft mag Niemand widerstehn.
    Er sprach's, und Hektor that des Bruders
                  Wort;
Und sprang geschwind' in voller Rüstung
                  ab                              140
Vom Wagensitz; und rannte durch das Heer;
Und schwung den scharfen Spieß; und trieb
                 zum Streit;
Und wiegelt' auf das Ungestüm der Schlacht.
Und sieh! Nun wandt' ein Jeglicher den
                 Schritt,
Und widerstand; und der Achäer wich,       145
Und ließ vom Morden ab.   Ihm däucht,
                 es sey
  Vom Sternensaal, aus den Unsterblichen,

Den Troern ein Gehülfe zugeeilt,
Und hab' also gewendet ihre Flucht.

Und nun hub Hektor laut die Stimm'
empor,                         150
Und rief: Wohlauf! Ihr Starken Ilion's!
Wäther gerufne Kriegsgehülfen, auf!
Seyd Männer, Brüder, raschen Helden-
muths!
Bis ich gen Ilion gewesen bin,
Und unsern rathserfahrnen Aeltesten      155
Und Weibern angesagt, daß sie den Himm=
lischen
Für uns Gebeth und Hekatombe weihn.

So rief der schlachterfahrne Held,  und
ging;
An Fers' und Nacken schlug die schwarze
Haut,
Die um den Rand des Nabelschildes hing.  160
Indeß begaben Glaukus, Hippoloch's
Erzeugter,  und  der  Sohn  des  Tydeus
sich,
Voll Streitbegier, hervor in's Mittelfeld;
Und als sie sich zum Kampf genaht, be-
gann
Zum Glaukus Tydeus tapfrer Sohn also:  165

Wer, Kühner, und weß irdischen Ge=
    schlechts
Biſt du? Erblickt' ich doch dich nimmer noch
Zuvor im heldenrühmlichen Gefecht!
Und nun trieb dich dein Trutz ſo Allen vor,
Zu harren mein und meines langen Speers? 170
Nur Unglückskinder trutzen meiner Kraft!
Doch kamſt du, einer der Unſterblichen,
Vom Himmel her, ſo wiſſ', ich kämpfe
    nicht
Entgegen überirdiſcher Gewalt.
Denn Dryas Sohn, der ſtarke Lykoorg, 175
Lebt' auch nicht lang', als er Uranier
Befehdete. Durch Niſſa's Feierhain
Verfolgt' er einſt die Prieſterinnen des
Begeiſterten Lyäus vor ſich her.
Erreicht vom Treiberſtecken Lykoorg's, 180
Des Menſchenwürgers, warf die ganze
    Schar
Die Thyrſen nieder. Bacchus, weg ge=
    ſcheucht,
Glitt unter's Meer; und Thetis Schooß ver=
    barg
Den Zagenden. Durchſchüttert hatt' ihn
    ganz

Der Schrecken vor des Frevlers Mordge-
                          schrei.                      185
Allein die friedlichen Olympier
Entbrannten drob in Zorn; Zeus blendet' ihn;
Auch lebt' er nicht mehr lange; denn er war
Von nun an allen Ewigen verhaßt.
Drum mag' auch ich mit Göttern keinen
                          Kampf.                       190
Bist aber du ein erdgeborner Mann,
Der von des Feldes Früchten ißt, so komm,
Auf daß du schnell gelangest an dein Ziel.
    Hierauf gab Hippoloch's erhabner Sohn
Zurück: Was fragst du, edler Diomed,      195
Nach meinem Stamm? Des Waldes Blät-
                          tern gleicht
Der Sterblichen Geburt.  Die Einen streut
Der Sturm herab; die Andern wieder treibt
Das knospende Gezweig im Lenz hervor.
So auch wird dieß Geschlecht erzeugt, und
                          jens                         200
Erstirbt.  Doch willst du wissen meinen
                          Stamm,
Der weit und breit auf Erden kündlich ist,
So höre! Tief im roßenährenden
Argiverland, zu Ephyra, lebt' einst

Ein Mann aus Aeol's Samen, Sifyphus,  205
Der Weiseste vor seinem Volk.  Der Mann
Zeugt' einen Sohn, so Glaukus hieß, und
der
Den unbescholtenen Bellerophon.
Bellerophon ward von den Himmlischen
Mit Schön' und holder Männlichkeit be-
gabt.  210
Darob sann Prötus, der Gewaltigste
Der Argier, so Zeus ihm unterjocht,
Auf seinen Fall,  und stieß ihn aus dem
Volk.
Denn Prötus Weib, Antäa, jung und schön,
Begehrte zu verhohlnen Lüsten sein.  215
Jedoch mit nichten überredte sie
Den weisen redlichen Bellerophon.
Da rief die Triegerinn dem Prötus zu:
Stirb! oder tödte den Bellerophon,
Der mein, o Fürst, zu schnöder Lust be-
gehrt!  220
Da Prötus das vernahm, ergrimmt' er sehr.
Zwar wagt' er selber nicht, aus Götter-
furcht,
Des Frommen Tod; doch sandt' er ihn hin-
weg

Gen Lycien, mit einem Unglücksbrief,
Worin sein Untergang geschrieben war.          225
Den hieß er reichen seines Schwähers Hand,
Daß dieser ihm bereitete den Fall.
Und er zog fort, mit günstigem Geleit
Der Götter, in das Land der Lycier.
Und als er kam in das bestimmte Land,          230
Am Xanthusstrom, da nahm der Oberherr
Des weiten Lycien's ihn freundlich auf;
Beherbergt' ihn neun Tage lang, und ließ
Neun Farren schlachten auf das Opfermahl.
Doch, als das zehnte Morgenroth erschien,      235
Begehrt' er auch des Eidams Brief zu sehn.
Und als er den Verrätherbrief erschaut,
Da hieß er ihn, die unbezwingliche
Chimära, so aus Götterblut erzeugt,
Ein Löwe vorn, von hinten Drach', und in       240
Der Mitte Ziege war, und einen Strom
Von fürchterlichen Flammen schnob, bestehn.
Und die bestand er, durch Verheissung der
Olympier getrost. Zum zweiten schlug
Er mit den schlachtberühmten Solymern         245
Der Menschenschlachten die gewaltigste,
Der Sage nach. Zum dritten fiel durch ihn
Der manngemuthen Amazonen Schar.

Und als er wieder kam, stellt' ihm der Fürst
Ein neues fein gewebtes Fallnetz auf;                    250
Und kor aus dem geraumen Lycien
Der Tapfersten zwölf Mann, und stellte sie
Zur Lauer aus. Allein von diesen kam
Nicht Einer wieder heim. Denn all' erschlug
Der unbescholtene Bellerophon.                           255
Nun aber, nun verkannt' er weiter nicht
Den glückbegabten Göttersohn in ihm;
Behielt ihn dort bei sich zurück, und gab
Ihm seine Tochter und den halben Theil
Gesammter Königsmacht. Auch theilten ihm 260
Die Lycier des Landes bestes Loos,
Schön, urbar, rebenreich, zum Anbau zu.
Aus jener kamen ihm der Kinder drei:
Isander, Hippoloch, Laodamee.
Laodamee'n schwächte Vater Zeus;                        265
Und sie gebar den erzgepanzerten
Und götterähnlichen Sarpedon ihm.
Als er hierauf verhaßt den Göttern ward,
Durchirrt' er einsam das Alejische
Gefild', zerhärmt' in sich sein Herz, und mied 270
Der Menschen Fährten überall umher.
Isander'n, seinen ersten Sohn, erschlug
Der nimmer haderfatte Mars im Streit

Mit seinen schlachtberühmten Solymern.
Der Tochter gab im Zorn die Lenkerinn          275
Der goldnen Zügel, Artemis, den Tod.
Der letzte, Hippoloch, erzeugte mich,
Und sandte mich hieher vor Ilion,
Und hieß mich oft, allzeit der Tapferste
Vor Andern um mich her zu seyn, und nie 280
Zu schänden das Geschlecht der Edelsten
Im weiten Lycien und Ephyra.
Dieß ist der Stamm, deß ich mich rühmen
          mag!
    So sprach er; und der tapfre Diomed
Stieß freudig in den Rasen seinen Speer,   285
Und rief dem Scharenführer freundlich zu:
    Fürwahr! Du bist mein Gast von Alters her!
Denn bei'm erhabnen Oeneus gastete
Der unbescholtene Bellerophon
Einst zwanzig Tage lang; und Jeder gab     290
Dem Andern ein vortrefflich Gastgeschenk.
Mein Ahnherr einen hellen Purpurgurt,
Und deiner einen goldnen Doppelkelch.
Ich ließ ihn, als ich dannen zog, daheim.
Auf Tydeus Bild besinn' ich mich nicht mehr. 295
Denn Tydeus ließ mich, noch ein Kind, zu-
          rück,

Als der Achäer Macht vor Theben fiel.
Deßhalb bin nun dein Wirth zu Argos ich,
Und meiner du im fernen Lycien.
Drum laß im Sperrgeklirr einander uns       300
Verschonen! Denn es sind der Troer noch,
Und ihrer tapfern Kriegsgenossen viel
Zu tödten da, so deren mir ein Gott
Gewähren will, und sie mein Lauf ereilt.
Auch sind der Griechen noch genug, so du   305
Erwürgen magst. Wohlan! So laß uns
                                    drauf
Die Waffen wechseln, daß auch Andern kund
Die väterliche Gastbefreundung sey!
    Hierauf entschwungen sie den Wagen sich,
Und gaben sich so Schwur als Handschlag
                                    drauf.            310
Und nun erhob Zeus Kronion den Geist
Des Glaukus bei dem Waffentausch, der
                                    Gold
Für Erz, und hekatombenwürdige,
Für Waffen, kaum neun Farren werth, ver-
                                    gab.
    Und Hektor'n, der indeß zur Buche kam, 315
Unfern der Skäerpforte, lief ein Heer
Von Troerinnen an, und fragte viel

Nach Vater, Sohn, und Bruder, und Ge-
        mahl.
Er aber mahnte Jede zu Gebeth;
Denn Vielen stand noch großes Weh bevor. 320
   Drauf naht' er sich der schönen Königs-
        burg,
Die über Kunstgewölben sich erhob.
In funfzig Zimmern, von behaunem Stein,
Erbaut je eins am andern, hauseten
Mit ihren Weibern Priam's Söhne hier.   325
Zwölf Dachgemächer, von behaunem Stein,
Stracks gegen über, innerhalb des Hofs,
Erbaut je eins am andern, nahmen mit
Den keuschen Weibern Priam's Eidam' ein.
Hier traf die sanfte Mutter ihn, die zu   330
Laodice'n, der schönsten Tochter, ging,
Und sank in seine Arme, und begann:
   O Sohn, was ließest du die grause
        Schlacht?
Bedrängen die verruchten Danaer
Doch rings umher so wüthig jetzt die Stadt! 335
Trieb dich vielleicht dein Sinn, auf hoher
        Burg
Zum Zeus die Hände zu erhöhn, hierher,
So harre, bis ich bringe süßen Wein,

Davon dem Zeus erst und den übrigen
Unsterblichen du weihest, und hernach       340
Selbst zur Erquickung trinkest.  Denn die
                     Kraft
Des Müden weckt der Wein; du aber bist
Ermüdet von Gefechten für dein Volk.

  Hierauf der große schlachterfahrne Held:
Mit nichten, theure Mutter, reiche mir       345
Jetzt Honigwein! Entnerven möcht' er mich,
Daß mir entschwände Kraft und Helden-
                     muth.
Auch wag' ich's nicht, mit ungewaschner
                     Hand
Den Göttern dunkeln Rebensaft zu weihn.
Ich, triefend noch von Blut und Eiter, darf  350
Jetzt keinesweges Opfer und Gelübb'
Dem Wolkensammler Kronion begehn.
Doch du versammle der Matronen Schar,
Und steig' voran, mit edler Specerei,
Zu Atheneens Heiligthum empor;              355
Und spreit' ein Festgewand, so deinem Sinn
Das herrlichste, das größte dünkt im Schrein,
Und angenehm vor allen andern ist,
Der blonden Göttinn über'n Schooß! Her-
                     nach

Gelob' ihr von zwölf Farren, jahresalt,     360
So nie das Joch gedrückt, ein Opfermahl;
Wenn dieser Stadt, wenn unsrer Weiber,
                    wenn
Sie unsrer unberathnen Kinder sich
Erbarmt, und vom geweihten Ilion
Weg Tydeus Sohn, den Kriegeswütherich, 365
Den Fluchtverbreiter, fernt. Indeß, daß du
Hinauf in Atheneens Tempel steigst,
Ruf' ich den Paris, wenn er hören will. —
Ha! schläng' ihn nur der Abgrund tief hin-
                    ab!
Ihn, welchen zum Verderben Ilion's,     370
Des hohen Priam's und der Seinigen,
Der Himmelsherrscher nährt! Denn säh' ich
                    ihn
Zur Hölle fahren, so vergäße wohl
Noch einst mein Herz des bittern Unge-
                    machs.

Er sprach's. Sie aber kehrt' in den Pallast; 375
Geboth den Mägden, durch die weite Stadt
Die Frauen zu berufen; stieg empor
In's duftende Gemach, wo, allerlei
An Kunst, Gewänder lagen, das Gewerk
Der Mädchen Sidon's, welche Paris Schiff, 380

Als mit der gotterzeugten Helena
Er den geraumen Ocean durchwallt,
Dem Vaterland entführt, und for eins
aus,
Für Pallas zum Geschenk, das stattlichste
An Größ' und bunter Zier, das hinten lag, 385
Und wie ein Stern hervor den Schimmer
warf.
Drauf ging sie, und viel Frauen folgten
nach.
So bald der Zug hinauf zur hohen Burg,
Vor Atheneens Heiligthum gelangt,
Da schloß das Thor des Rossebändigers 390
Antenor's Weib, die rosenwangige
Theano, auf. Denn die war Priesterinn.
Drauf hub die ganze Schar, bei lautem
Flehn,
Die Händ' empor. Theano spreitete
Das Festgewand der Göttinn über'n Schooß; 395
Und bethete zur Tochter Zeus also:
Erhabne Pallas, Hütherinn der Stadt,
Du Krone der Unsterblichen, vernimm!
Zersplittre Diomed'eus Kriegesspeer,
Und laß ihn stürzen vor dem Skäerthor! 400
Wir bringen dir zwölf Farren, jahresalt,

So nie das Joch gedrückt, zum Opfer dar:
Wenn du der Stadt, und ihrer Weiber
            bald,
Und unsrer zarten Kinder dich erbarmst.

    So flehte sie; so bracht' ihr Weihgeschenk 405
Der Tochter des erhabnen Kronion
Die Schar der edeln Troerinnen dar;
Doch ward ihr Flehn von Pallas nicht er=
            hört.
    Und Hektor kam vor Paris Lustgebäu,
Mit eignem Hof, Gemach und Dach versehn, 410
Das auf der Burg an Priam's Wohnung
            stand,
Und durch die größten Werkverständigen
Im Troerreich er selbst errichten ließ.
Mit hoch gehobnem Speer, elf Ellen lang,
Trat er zum Thor hinein. Voran ihm
            ging      415
Der goldberingten ehrnen Spitze Strahl.
Ihn traf er über'm stolzen Rüstgezeug,
Durchprüfend Panzer, Schild, und Bogen,
            an.
Anordnend ihre Kunstgeschäfte, saß
Helene zwischen ihrer Mägde Schar.      420
Und Hektor hub zu Paris an, und schalt:

Unseliger! Du schmollst zu solcher Frist?
Und deinethalb glüht draußen Krieg und
                    Schlacht?
Und um die hohen Mauern Ilion's
Erliegt das Volk im Streit? — Fürwahr!
                    Du selbst,                    425
Du schältest selbst den Mann, der sich, wie
                    du,
Dem Kampfe wollt' entziehn. Hinaus in's
                    Feld!
Bevor in Kriegesgluth die Stadt verraucht.
    Hierauf der himmelschöne Paris so:
Nicht ohne Fug, mit Recht schalt mich dein
                    Mund.                    430
Doch laß mich reden, Hektor, höre mich!
Nicht Groll noch Rache gegen Troa hielt,
Vielmehr hielt Schmerz mich im Gemach
                    daheim.
Mit süßem Kosen mahnte schon mein Weib
Mich wieder zum Gefecht. Auch dauchte
                    dieß                    435
Mir selber rühmlicher. Denn Heldenglück
Ist wandelbar. Wohlan! Verzeuch allhier,
Bis ich mich rüste! Oder geh' voran!
So folg' ich nach, und hohle gleich dich ein.

So sprach er; doch der edle Hektor
        schwieg;         440
Und Helena in sanftem Ton begann:

O Bruder, mein, der niederträchtigsten,
Mein, der verwünschten Unglücksstifterinn!
O hätte mich zur Stund', in welcher mich
Der Mutter Schooß gebar, ein Unglücks-
        sturm         445
In Felsenwüsten, oder in die Fluth
Des brausenden Oceanus gefegt!
So hätte mich der Strudel eingeschluckt,
Bevor dieß Unheil all erwachsen wär'.
Weil's aber anders der Olymp verhängt,   450
So sollt' ich eines Beßern Weib doch seyn,
Dem fühlbar wär' Verdruß und Schmach
        bei'm Volk.
Doch ihm gebricht's an stetem Sinn, für
        jetzt
Und immerdar! Drum hab' er's auch dahin!
Doch du, mein Bruder, tritt zu mir her-
        ein,         455
Und setze dich auf diesen Sessel her.
Denn deine Kraft griff Heldenarbeit an;
Für mich elendes Weib, und Paris
        Schuld,

Die Zeus zur Schmach auf immerdar ersah,
Ein Gassenlied der Afterwelt zu seyn.          460
   Hierauf der große schlachterfahrne Held:
Nicht sitzen heiß', o Helena, mich heut!
Dein Will' ist gut; doch kann ich if' nicht
       thun.
Mich drängt der Muth, den Troern beizu-
      stehn.
Denn die verlangt's nach meiner Rückkehr
      sehr.                    465
Treib' ihn vielmehr, daß er nicht säum', und
      mich
Noch in der Stadt ereile! Ich will heim
Zu Weib und Kind indessen gehn. Wer weiß,
Darf ich einst wiederkehren? Oder hat
Der Rath Unsterblicher beschlossen, mich      470
Durch Griechenfaust zu überwältigen?
   So sprach der schlachterfahrne Held, und
      ging,
Und langte stracks vor seiner Wohnung an.
Allein er traf Andromache'n hier nicht.
Sie stand, nebst ihrer blankgeschmückten
      Magd,                    475
Zusammt dem Kind, auf Troa's höchstem
      Thurm,

Und weint' und wimmert' in das Feld hin-
aus.
Er, als er nicht die treue Gattinn fand,
Blieb an der Schwell', und rief den Mäg-
den zu:
Hierher, ihr Mägde! Sagt mir an, wo-
hin                                                480
Ging meine reitzende Andromache?
Zu irgend einer trauten Schwägerinn?
Stieg sie zu Pallas mit empor, allwo
Mit aufgelöstem Haar der Frauen Chor
Die fürchterliche Göttinn jetzt versöhnt?       485
    Zur Antwort gab die flinke Schaffnerinn:
Willst du die Wahrheit wissen, Herr, so
horch!
Sie ging zu keiner trauten Schwägerinn;
Stieg nicht zu Pallas mit empor, allwo
Mit aufgelöstem Haar der Frauen Chor         490
Die fürchterliche Göttinn jetzt versöhnt.
Sie stieg empor zum höchsten Thurm der
Stadt,
Als sie den Drang Achäischer Gewalt
Auf unser Heer vernahm. Sie eilt' und lief,
Gleich einer Rasenden, zur Mauer hin.          495
Die Amm' ihr nach trug deinen jungen Sohn.

So sprach die Schaffnerinn. Und Hektor schritt

Zum Thor der Burg hinaus; ging seinen Gang

Die schön gebahnten Gassen rasch zurück.

Als er die weite Stadt durchwandelt war, 500

Hielt hart am Skäerthor; wodurch sein Weg

Zu Felde ging, sein Weib, Andromache,

Die reiche Erbinn des erhabenen

Eetion's, ihn auf. Eetion,

Der sie des erzbewehrten Hektor's Hand 505

Vermählt, bewohnte Theben, und geboth

Als Fürst im waldigen Hypoplakus

Den tapfern Sassen von Cilicien.

Entgegen lief sie ihm; die Magd mit ihr,

Trug an dem Busen Hektor's zarten Sohn, 510

Den einzigen, schön, wie ein Nachtgestirn.

Sein Vater hieß das Kind Skamandrius;

Allein das Volk nannt' ihn Astyanax,

Weil Hektor's Arm die Stadt allein ver=
focht.

Er sah sein Kind mit stummem Lächeln an. 515

Andromache trat weinend zu ihm hin,

Warf sich an seinen Busen, und begann:

Herztrauter Mann, fürwahr! dich fällt
      noch selbst
Dein Wagemuth! — Ach! rührt dich nicht
      dein Sohn,
Und diese arme Gattinn, die nun bald    520
Wird Witwe seyn? — Denn der Achäer
      Schar
Wird bald vereint auf dich und deinen Tod
Den Anfall thun. Wie wohl mir! Führ'
      ich nur,
So dein beraubt, gleich in die Gruft hinab!
Denn fürder wird, so du dem Tode fällst, 525
Nie Wonne, sondern Harm mein Leben seyn.
Mein Vater ist, die Mutter auch ist hin!
Ihn tödtete der Göttersohn Achill,
Als er die hoch gethürmte Königsstadt
Cilicien's, die volle Theben, einst    530
In Trümmer warf. Er tödtet' ihn; jedoch
Voll Ehrfurcht, nahm er ihm die Rüstung
      nicht.
Vielmehr verbrannt' er den erschlagnen Held,
Mit seiner blanken Rüstung angethan;
Und thürmt' ihm einen Ehrenhügel auf; 535
Und schöne Nymphen, Töchter Aegioch's,
Die Oreaden, pflanzten Ulmen drum.

Bürger's Schriften. III. B.       K

Auch hatt' ich sieben Brüder noch daheim;
Die fuhren all' auf Einen Tag hinab
In's Schemenreich.  Denn allzumahl er=
                                schlug      540
Der schenkelrasche Göttersohn Achill
Sie bei den frohen Herden auf der Trift.
Und meine Mutter, die Beherrscherinn
Des walddurchflochtenen Hypoplakus,
Führt' er, sammt aller Habe, mit sich weg. 545
Zwar ließ er sie nach diesem wieder los.,
Für unermeßliches Befreiungsgeld;
Doch beim erschoß die Bogenspannerinn
Diana sie.  Nun, Hektor, nun bist du
Mir Alles! Vater, Mutter, Bruder, du,  550
Der wackerste Gemahl! Ach! so erbarm'
Dich doch, und harr' auf diesem Thurm,
                                und mach'
Zum Waisen nicht dieß Kind, zur Witwe
                                nicht
Dein Weib! Komm, stelle deine Streiter
                                dort
Zum wilden Feigenbaum, allwo die Stadt 555
Ersteiglich ist, die Mehren niedrig sind.
Denn drei Mahl wagten schon die Rüstig-
                                sten,

Die beiden Ajax, der gepriesene
Idomeneus, das Atridenpaar,
Und Tydeus starker Sohn allhier den Sturm. 560
Ein Seher rieth's vielleicht; vielleicht auch
               nur
Ihr eigner Sinn trieb sie an diesen Ort.
    Drauf sprach der große schlachterfahrne
             Mann:
Um Alles das, Geliebte, sorg' ich schon.
Die Troer und die saumnachschleppenden 565
Trojanerinnen scheu' ich nur zu sehr,
Vermeid' ich, wie ein Zage, das Gefecht.
Auch rieth mir solches nimmer noch mein
             Herz.
Denn wiss'! ich lernte tapfer seyn im Streit;
Ging immerdar dem Heer voran, und focht 570
Für Priam's Reich und meinen Heldenruhm.
Zwar ist es mir in Geist und Herzen kund,
Daß noch ein Tag erscheint, da Ilion
Und Priam und sein speergeübtes Volk
Erliegen muß. Doch meine Seele bangt 575
Das Drangsal der Trojaner nicht so sehr,
Nicht Hekuba, so Vater Priam nicht,
Noch meine Brüder allzumahl, wovon
Noch mancher Kriegesheld in Staub dahin

Zu Feindes Füßen stürzen wird, als du! — 580
Wenn Einer jener erzgepanzerten
Achäer dir der Freiheit Leben raubt;
Dich unter Zährengüssen, fort von hier,
In's Elend reißt; und dann zu Argos fern
Der Fremden weben sollst! Wenn Machtge-
                                    both    585
Dich, ob du gleich entgegen strebest, zwingt,
Aus Hyperea's Born des Eimers Last
Zu ziehn; und dich Wer weinen sieht, und
                                    ruft:
Sieh da! Die Gattinn Hektor's, der im
                                    Streit
Die Rossebändiger von Tros Geschlecht,    590
Die Ilion verfochten, allzumahl
Hoch überging! Welch neues Weh für dich!
Das Weh der Sehnsucht nach dem Ehge-
                                    mahl,
Der wenden könnte deine Sklavenzeit.
Doch mich! Der Hügel decke mein Gebein! 595
Bevor dein Raub, dein Angstgeschrei er-
                                    schallt.

Hier hielt der schimmerreiche Hektor ein,
Und langte nach dem Knaben; aber schnell
Bog mit Geschrei der Kleine sich zurück,

Zum Busen seiner schlank umgürteten          600
Verpflegerinn, erschrocken vor der Schau
Des Vaters. Denn ihm graute vor dem
                              Erz,
Und vor dem Roßbusch, den er fürchterlich
Vom hohen Helm herunter winken sah.
Die guten Aeltern lächelten dazu.          605
Und eilig nahm der schimmerreiche Held
Den blanken Helm vom Haupt, und setzt'
                              ihn hin
Zur Erd', und hub, als er das Kind ge-
                              küßt,
Und auf den Armen sanft gewebt, zum Zeus
Und allen Göttern so zu bethen an:          610
   O Zeus, und ihr Unsterblichen, verleiht,
Daß dieser Sohn vor allen Troern groß,
Wie ich, einst sey! Gewährt ihm Muth und
                              Kraft,
Zum obersten Gebiether Ilion's!
Daß einst es heiße, wann vom Streit er
                              kehrt:          615
Der ist viel stärker, als sein Vater war!
Daß er stets blutbesprengten Raub zurück
Von dem Erschlagnen bring', und seiner oft
Die Mutter sich erfreu' in ihrem Sinn!

So bethet' er, und gab das Kind zurück,        620
Den Armen der Gemahlinn, welche fest
Ihr Knäbchen mit bethräntem Lächeln an
Den wohlgerucherfüllten Busen schloß.
Erbarmend blickte der Gemahl sie an,
Und redt' ihr zu, sanft schmeichelnd mit der
      Hand:        625
  Herztrautes Weib, zerhärme dich nicht so
In deinem Sinn! Denn wider das Geschick
Stürzt Keiner mich zur Unterwelt hinab.
Doch seines Schicksals Macht entrann noch
      nie
Ein Sterblicher, so je geboren ward,        630
Er sey ein Feiger, oder sey ein Held.
Geh' du jetzt hin, geh' an dein Kunstge-
      schäft,
An dein Geweb' und deine Spindel heim!
Gebeuth auch dem Gesind' sein Tagewerk!
Der Krieg ist das Geschäft des Manns,
      und meins        635
Zuerst vor allen Männern Ilion's.
  So sprach der schlachterfahrne Held, und
      nahm
Den Roßbuschhelm empor. Sie aber schied,
Und ging, und wandt' ihr Angesicht noch oft

Zurück nach ihm, und floß in Thränen aus. 640
Und als sie zum gemächlichen Pallast
Des heldenwürgenden Gemahls gelangt,
Traf sie versammelt ihrer Mägde Schar,
Und weckt' in allen lauten Jammer auf.
Von den Genossen seines Hauses ward, 645
Vor seinem Fall, Held Hektor schon be-
     weint,

Denn allen ahnt', er würde nimmermehr
Vom Kampfe wiederkehren, und der Faust
Des grimmigen Achäers nicht entgehn.

    Indessen säumte Paris nicht daheim, 650
Und eilt' in voller Rüstung, blank von Erz,
Auf raschen Füßen durch die Stadt dahin.
So reißt der Hengst, der an der Kripp' im
     Stall

In güldnem Haber lang' gepraßt, sich los;
So donnert durch die Flur sein Huf dahin; 655
So rennt er wiehernd zum gewohnten Bad
Im klaren Strom; wirft hoch den Hals
     empor;

Und schüttelt hoch die Mähnen in die Luft;
Und prangt, bewußt der herrlichen Gestalt;
So tragen leicht ihn seine Schenkel fort, 660
Zur Stut', in den bekannten Weidekamp:

Wie Paris hoch von Pergamus herab,
In Wäffen leuchtend, wie die Sonn', einher
Frohlockend auf geschwinden Schenkeln lief.
Er hohlte bald den Bruder ein, der schon  665
Den Ort verließ, wo er vom Weibe schied.

   Verzeih', o Bruder, rief der schöne Prinz,
Hielt mein Verzug zu lang' allhier dich auf;
Denn du entbothst mich früher schon hieher.

   Hierauf der große schlachterfahrne Held:  670
Freund, Niemand, der's versteht und billig
                denkt,
Mag tadeln dich und deine Streitbarkeit.
Du bist ein Held! Nur selber gibst du nach;
Nur selber will der Held nicht, wie er soll!
Und mir vergällt's das Herz, wenn ich von
                dir  675
Das Hohngeschwätz der Troer hören muß.
Doch dulden sie für dich dieß Ungemach! —
Jetzt laß uns fort! Hiervon nach diesem
                mehr,
Wann wir, durch Zeus, die fußgeharnischten
Achäer weggescheucht, und froh den Kelch  680
Der Freiheit ihm in unsern Hütten weihn.

**153**

## 4.

## An einen Freund über die Deutsche Ilias in Jamben *).

Sie haben also für meine jambifirte Ilias gestritten? Gotteslohn dafür! Schade nur, daß Sie mir nichts weiter von dem Disput melden. Denn das Contra Ihres Ungenannten möcht' ich um so lieber wissen, als Sie mir ihn, unter dem Nahmen eines enthusiastischen Bewunderers des Griechischen Homer, als einen nahen Anverwandten meiner Seele schildern. Ueberhaupt hab' ich jetzt gründliches Contra fast lieber, als unbedingtes Lob. Lob ist zwar freilich ein herrlicher Fahrwind in die Segel jedes Bidermanns; aber! aber! — wie oft treibt's nicht auch auf Klippen! Daher sind die Patres Difficultatum öfters, und sonderlich, ehe man sich in die Bahn hinein stürzt, recht ersprießliche Leute.

*) Aus dem Deutschen Merkur vom Jahre 1776. IV. Vierteljahr. 46. S.

Es sind mir schon Mehrere in den Wurf
gekommen, die, wie Ihr Anonymus, gemeint
haben, eine Uebersetzung Homer's in Hexametern
dürfte meiner jambischen vorzuziehen seyn. Mit
diesen bin ich bisher noch so ziemlich, wenn nicht
zu ihrer, doch zu meiner Beruhigung fertig
geworden. Ich möchte daher wohl wissen, ob
Ihr Anonymus neue Gründe hätte. Jedoch, da
alle meine Widersacher, recht als ob sie's unter
einander abgeredet, fast immer einerlei Liedlein
mir vorgeleiert haben, so bin ich, mit Erlaub-
niß Ihres Ungenannten, beinahe keck genug, zu
glauben, daß auch Er in das nähmliche Horn
geblasen habe. Ohne daher die Kabbala zu
Hülfe zu nehmen, getraut' ich mir fast, Ihren
ganzen Wortwechsel von Sylbe zu Sylbe aus-
zupunctiren. Nicht wahr, ging's nicht ungefähr
so? — Sie fingen an:

A. Haben Sie Bürger's Homerische Proben
gelesen?

B Wie sollt' ich nicht? Ist doch davon ein
Aufheben und Posaunen, das seines gleichen
nicht hat.

A. Hm! Das Aufheben und Posaunen laſſen Sie gut für Bürger'n ſeyn! Aber was halten Sie davon? Art und Ausführung haben bis hierher meinen Beifall.

B. Es wäre zu wünſchen, daß Deutſchland gar keiner Verdeutſchung Homer's bedürfte, ſondern jeder Virtuoſe und Dilettant ihn in dem göttlichen Grundtexte ſelbſt ganz verſtehen und fühlen möchte. Da das nun aber nicht iſt, und nie ſeyn wird, ſo ſollte wenigſtens eine Dollmetſchung, an Geiſt, Körper und Bekleidung, dem Originale ſo nahe als möglich kommen.

A. Freilich! Aber gilt denn das von Bürger's Ueberſetzung nicht? Der arme Bürger! Was anders ſoll ihn wegen der abſoluten Unmöglichkeit, das Original ganz zu erreichen, tröſten, als das Urtheil, daß er dem Ziele möglicher Vollkommenheit wenigſtens nahe gekommen? — Und wie hätt' er's denn anders und beſſer machen ſollen?

B. Sein Jambus iſt gar Homer's Vers nicht; Hexameter hätt' er wählen ſollen.

A. Homer's Vers nicht? Freilich! Homer hat in Hexametern gedichtet. Aber auch Griechiſch hat Homer gesungen; und sonach wäre ja wohl Deutsch Homer's Sprache auch nicht?

B. Das war weiter nichts, als ein Seiten= sprung. Ich kann wohl ein Flötenstück auf der Oboe nachspielen, daß es das nähmliche Stück bleibt; nur Melodie und Tact muß ich nicht verändern. Das aber hat Bürger durch die veränderte Versart gethan, und die Täuschung dadurch mächtig gehemmet. Und wenn er sich auch des ganzen Homerischen Geistes bemächtigt hätte, so ist seine Ilias doch Homer's Ilias immer nur halb.

A. So! Sagen Sie mir doch, ob man Ariost's rasenden Roland wohl in's Griechische übersetzen könnte?

B. Warum? Was wollen Sie damit? — O ja! wenn ich ausnehme die Benennungen der Dinge, die die Griechische Welt nicht kannte, mithin auch keine Sprache dafür hatte.

A. Gut! So müßte ja dann wohl der Grieche den rasenden Roland in ottave Rime übersetzen?

B. Hoho! Schon wieder ein lustiger Seiten= sprung! Ich will den Herrn aber schon wieder fassen. Griechische ottave Rime würden frei=

lich sehr närrische Dinger seyn; aber Deutsche
Hexameter, Freund, lassen sich gut und gern
verfertigen.

A. Gut und gern! —

B. O ja! Gut und gern! Und keine andere
Versart, als diese, konnte den tausendfachen Homerischen Wohlklang, einiger Maßen wenigstens,
wiedergeben. Wie gar unendlich viel geht
nicht in dem eintönigen Deutschen Jambus
verloren!

A. Gut und gern soll's also unsere Sprache,
deren Tact sich meist mit ganzen und halben,
und nur sehr wenigen Viertel-Schlägen be-
gnüget, der Griechischen, in ihrem viel theilba-
rern Tacte, mit allen seinen halben, Vier-
tel- Achtel- und Sechzehntel-Schlägen,
nachthun, und die Mensur eines jeden Hexameters solcher Gestalt ausfüllen, daß es weder zu
viel noch zu wenig ist? In dieser Mensur läßt
die Griechische Sprache nicht die kleinste Lücke,
die sie nicht, ohne nur um ein Härchen überzu-
füllen, auf das genaueste ausfüllen könnte. Dieß
Geschick hat sie ihrem so sehr in's Kleine und
Feine getheilten Tacte zu verdanken. Unsere
Sprache hergegen wird meist dem Raume des

Hexameters bald zu wenig, bald zu viel, und eine überragende Füllung geben.

B. Klügeleien! pure Klügeleien! Damit wollen Sie doch wohl nicht gar unserer Sprache die Schicklichkeit zum Hexameter überhaupt abklügeln?

A. Das nun eben nicht. Aber doch wahrhaftig die Schicklichkeit zum Griechischen, Homerischen Hexameter.

B. Ja, da haben Sie freilich Recht. Denn welche Nordische Sprache, mit ihren vielen starkleibigen, ein= oder zweisylbigen Wörtern, hinten und vorn mit rasselnden Consonanten verpanzert, bei deren Niedertritt der Boden dröhnt, wäre wohl im Stande, den leichten flüchtigen Griechischen Hexameter in seinem schwebenden Gange, der kaum die Spitzen des Grases krümmt, nachzubilden? — Aber dessen ungeachtet — —

A. So? Das erkennen Sie doch? Dessen ungeachtet aber wollen Sie, daß eine Sprache, die weit weniger, und ganz andere Gelenke hat, einer Sprache, die ganz und gar Gelenk ist, ihre Zauberkünste nachmache? — Wozu, um's Himmels willen! jene Prostitution für sie selbst? — Wozu die Nichtbefriedigung und das

Mißvergnügen der Zuschauer? — Der Grieche
tanzet Heldentanz; der Deutsche, der das
nicht kann, schreitet dafür Heldenschritt.
Kommt nun Jeder auf seine Weise mit Ehren
an's Ziel, so ist der Zuschauer zufrieden. Aber
wie, wenn der Letzte den Tanz des Ersten plump
nachtanzte? Wie widerwärtig dem Zuschauer!
Wie fatal die Vergleichung für den ungeschick-
ten Tänzer!

B. Mit Gunst! Nicht so despectirlich von
unserer Deutschen Muttersprache! So plump und
unbiegsam ist sie denn doch wahrhaftig nicht.
Ich sollte denken, wir hätten gar herrliche
Deutsche Gedichte in Hexametern und andern
Griechischen Sylbenmaßen, denen an Griechischem Wohlklange nichts abgeht.

A. Ei Lieber, dawider hab' ich ganz und gar
nichts. Doch hören Sie einmahl! Bekanntlich
ist unsere Sprache, schier vor allen ihren Nach-
barinnen, die ärmste an Reimen. Jeder rei-
mende Dichter wird's erfahren haben. Und doch
haben wir sowohl kleinere als größere Gedichte,
die vortrefflich gereimt sind. Bei dem Allen sind
Sie und kein Deutscher, nicht für eine Million,
im Stande, Homer's Ilias in gereimten Ver-

fen . zu verdeutschen. Das müßte freilich nicht
gut seyn, wenn in der großen vollen Schatzkam-
mer unserer Sprache nicht so viel bequemer
Stoff sich finden sollte, um ein oder anderes
Griechisches, willkürliches Versgebäude aufzufüh-
ren. Aber das Homerische Iliadische! Nun und
nimmermehr führen Sie's damit auf. Bei einem willkürlichen Gedichte ist auch der Gang
des Geistes willkürlich. Wo die Sprache rauh
und uneben ist, da geht man nicht hin. Aber
wie, wenn nun dem Dichter das ganze Thema,
bis auf die kleinste Ausdehnung seines Inhalts,
wie dem Uebersetzer der Ilias, vorgezeichnet ist?
Muß sich da die Sprache nicht überall nach der
vorgeschriebenen Marschroute bequemen? Wie
wenn nun, zum Beispiel, der Grieche eine vortreffliche Schilderei in den herrlichsten Hexametern dargestellt hätte, den armen Deutschen aber
verließe völlig seine ganz anders artikulirte
Sprache, diese Schilderei, nach Sinn, Ausdruck und Wohlklang, in Deutschen Hexametern
zu verhomerisiren? Müßt' er da nicht entweder
ganz vom Originale abweichen, oder für die
schönsten Griechischen abscheuliche zermarternde
Deutsche Hexameter geben? —

B. All Ihr Contra, Freund, geb' ich zu. Es sey dem Deutschen oft unmöglich, den Wohl- klang des Griechischen Hexameters, mit allem seinen Inhalte, nachzubilden! Noch mehr, er sey es nirgends im Stande! Aber wird dem Ueber- setzer bei jeder anderen Versart das nicht eben so begegnen?

A. Ich dächte nicht.

B. Fragen Sie nur Bürger'n, ob ihm bei seinen Jamben jene Schwierigkeiten nicht zu Hunderten aufgestoßen sind? Wenn er aufrichtig ist, so wird er Ihnen gestehen, daß sich oft viel eher Sprachstoff zu einem schönen Hexameter, als zu seinem schwer daher schreitenden Jambus finde. Und wenn das wahr ist, so ist auch wahr, daß der Deutsche Hexameter, Trotz allen seinen Un- vollkommenheiten, dennoch wegen seiner mehr abwechselnden Harmonie vorzuziehen gewesen wäre.

A. Schade, daß Bürger auf Ihre an ihn ge- richtete Appellation nicht gleich Bescheid geben kann. Aber ich will einmahl aus seiner Seele antworten, wie ich's ihm zutraue, und bei ihm zu verantworten gedenke.

Angenommen, daß Bürger nicht Knall und
Fall sich hingesetzt, die erste die beste.Versart
ergriffen, und ohne weiteres Bedenken drauf
los gedollmetscht, sondern der Uebersetzungsge-
danke erst lang' in ihm gewoget und gegohren
habe, eh' er noch eine Zeile auf's Papier geworfen; so konnt' es nicht fehlen, es mußten, während dieses Wogens und Gährens, mehrere
mögliche Einkleidungsarten, als da sind Prose,
Hexameter, ganz freie nahmenlose Versart, Ale-
xandriner, Griechischer und Deutscher fünffüßi-
ger Jambus u. w. sich ihm darstellen, und ihre
Dienste anbiethen. Es mußt' ihm einfallen, daß
es nicht gleichgültig sey, welche Art er wähle,
sondern unter allen nur Eine seyn müsse, durch
welche er seinem Zwecke am nächsten kommen
könne. Ich glaube ferner voraus setzen zu dür-
fen (wenn ich anders Bürger'n nicht für den
unbesonnensten Tapp zu halten soll), daß er
mit jeder Art wirkliche Versuche angestellt habe.
Nun hören sie weiter! Dieß also voraus gesetzt,
so hat er bei seinen Versuchen gefunden —
denn er hat's finden müssen — daß sein Jambus, vor allen andern Versarten, dergestalt
mit der Uranlage unserer Heldensprache überein

stimme, daß Homer's Heldengesang in keine an=
dere Versart natürlicher, leichter und unge=
zwungener sich fügen lasse. Ich wette, daß Bür=
ger mit hundert, den wahren echten Sinn des
Originals darstellenden Jamben viel eher, als
nur mit zehn erträglichen Hexametern fertig
geworden ist. Wenn uns nun vollends Bürger
dieß Zeugniß aus seiner Erfahrung gäbe, sollte
man daraus nicht billig als Satz der Wahrheit
abstrahiren, daß sein Jambus das einzige,
wahre, echte, natürliche heroische Me=
trum unserer Sprache sey? Man kann
sagen, daß neun Zehntheile derselben in dieß
Metrum recht bequem sich fügen, hergegen kaum
ein Zehntheil im Stande sey, richtige gute
Hexameter zu bilden.

B. Aber woher haben wir denn so viele He=
xameter, die fast den ganzen Reichthum unserer
Sprache in sich fassen?

A. Leider! Leider! heißt ihr Nahme Legion.
Aber nur einmahl gemustert! Lassen Sie das
Heer aufziehen, und sehen Sie, ob die meisten
nicht mehr jambische oder trochäische Schritte,
als Hexameter=Sprünge machen. Wie oft stolpern
sie bei ihren Sprüngen! Fast nie darf man der

Scanfion vergeffen, wenn fie für das Ohr nur
einiger Maßen als Hexameter fich bilden follen.
Wie gleitet dagegen nicht der Griechifche von
Junge und Lippen hernieder! Wie bildet er fich
nicht ohne alle Mühe, ja wider unfern Willen,
in der Ausfprache von felbft! Man declamire
die Deutfchen, und man muß fich große Mühe
geben, dem Hörer merklich zu machen, daß es
Hexameter find. Man lefe dagegen Homer's
Griechifchen — verfteht fich, mit richtiger Syl-
ben-Quantität! — und faft alle Mühe ift verloren, dem Zuhörer den Hexameter zu verbergen.
So natürlich ift diefer Vers der Griechifchen,
fo unnatürlich der Deutfchen Sprache! Sehen
Sie daher nur auf alle unfere älteren Gedichte
und Verfe, ob Sie irgend wo das Polymetri-
fche eines Hexameters antreffen. Scandiren Sie
das erfte das befte profaifche Buch. Eher fcan-
diren Sie hundert zehnfüßige Jamben oder Trochäen, als nur Einen Hexameter heraus. So
wenig ift unfere Sprache den bunt- und vieltrit-
tigen Griechifchen Versarten angemeffen! Eben
daher kommen denn auch die fatalen zerzerrten
und verfchränkten Wortfügungen, die fo viele
Gedichte in diefen Sylbenmaßen verunftalten.

Nichts als Nachahmungssucht, verdammte Nach=
ahmungssucht! hat uns auch hier wieder von
der Natur abgezogen, und gegen den Genius
der Sprache empöret. Lassen Sie nur einmahl
erst Otaheitische Metra unter uns bekannt
seyn! Was gilts? So werden wir, geliebt's
Gott! auch in diesen Sylbenmaßen bald Ge=
dichte machen. Keine Deutschpoetische Seele
würde je vom Hexameter, oder einer ähnlichen
Versart, sich haben etwas träumen lassen, wenn
nicht Griechen und Römer uns vorgegangen wä=
ren. Und hätt' es nie eine Griechische
Sprache gegeben, so gäb' es auch wahrschein=
lich noch keine Hexameter. Eine andere Spra=
che konnt' ihn eben so wenig erfinden, als er
der Griechischen kaum unerfunden bleiben konnte.
In dieser, als in seinem Urelement, lebt und
webt er, wie der Fisch im Wasser. In der Rö=
mischen mag er schon weit minder, und in den
Nordischen Sprachen am allerwenigsten gedeihen.
Ob nun gleich der Hexameter der vollkommenste
Vers. ist, so je von den Lippen der Musen ge=
gangen, so würd' er doch einer Deutschen Ilias
eben so widernatürlich seyn, als etwa eine bei=
behaltene Wortfügung der Originalsprache, wi=

der den Genius der unsrigen, nur immer seyn
könnte. Ein Jeder red' und singe doch, wie ihm
der Schnabel gewachsen ist! Homer that das
als Grieche, sang Griechisch mit Griechischem
Schnabel, und würde so eben wieder, mit
Deutschem Schnabel, auch Deutsch gesungen
haben. Denn wenn Homer, ein alter Deutscher,
im Zeitalter der Minnesinger, oder Luther's, frei
von classischer Schulfüchserei und poetischer Pe-
danterei, gelebt hätte, so hätt' er auch — und
das red't mir Keiner aus — seine Ilias in
Jamben gesungen. Wenn Sie daher sagen,
nicht der Jambus, sondern der Hexameter sey
Homer's Vers, so ist dieß bloß eine rela-
tive Wahrheit. Unter dem Jonischen Himmel war der Hexameter allerdings Homer's
Vers, und nicht der Jambus; unter dem Nordischen Himmel hergegen ist umgekehrt der Jambus Homer's Vers, und mit nichten der Hexameter. Hat nun Bürger seine Jamben so gut
gemacht, als wahrscheinlich der Deutsche
Homer sie gemacht haben würde, so hat er ge-
leistet, was man von ihm verlangen konnte.

B. Vergessen Sie das Athembohlen nicht, liebster
Freund! Ist's doch nicht anders, als ob Bürger

leibhaftig in Ihnen säße, und heraus perorirte.
Kaum könnt' er sich wohl eifriger seiner selbst
annehmen. Fast weiß ich selbst nicht mehr, was
ich ihnen auf all das antworten soll. Bürger
mag sein Jambisches Metrum immerhin ganz
gut verarbeitet haben, auch dürften ihm Hexameter nicht so von der Faust gegangen seyn.
Dieß könnt' ich allenfalls zugeben. Dagegen
aber müssen Sie mir doch auch wieder einräu-
men, daß, wenn er's möglich gemacht hätte,
eine Uebersetzung in Hexametern zu geben, die
in ihrer Art die Güte seiner jambischen gehabt
hätte, sein Verdienst um so viel höher gestiegen
wäre. Denn bedenken Sie doch nur! Welche
Monotonie! Fast zwanzig tausend Verse hindurch
gar keine Abwechselung!. Ein beständiges Einerlei! Ein ewiges Klipp klapp! Klipp klapp! Dafür hätte denn doch ein obschon mittelmäßiger
Hexameter mehr Wechselklang dem Ohre gegeben.

A. Das sagen sie da nun wohl so bloß a priori
her; und wer mit Ihnen bloß das Ding a priori
beflügelt, der sollte denken, man könne kaum
mehr Recht haben, als Sie. Aber a posteriori, Freund, a posteriori! Das ist, nach
Gefühl des Ohrs, Herzens und deren Erfahrun-

gen! — Ossian, Milton, Young und alle
Britten haben die herrlichsten Gedichte in jam-
bischer oder ähnlicher Versart gesungen, und
ich wüßte nicht, daß Wer über ermüdende Monotonie ihrer langen Gedichte geklagt hätte.
Und warum nicht? Weil dieß Metrum in der
Natur ihrer Sprache lag. Im Deutschen verhält sich's eben so. Wie kann dem Deutschen
Ohre Eintönigkeit zur Last fallen, da es seine
ganze — in Vergleichung mit der Griechischen —
monotonische oder oligotonische Sprache
täglich reden hört, mithin völlig daran gewöhnt
ist? Das sind nur die classischen Schulfüchse,
die so etwas klügeln. Dem Griechischen Ohre
möchte freilich unser Jambus eintönig seyn,
weil das der Polytonie gewohnt ist; aber dem
unsrigen ganz gewiß nicht. Ueber dieß ist der
Deutsche Jambus jener ausgehunzte Klipp Klapp
keineswegs. Prüfen Sie ihn nur einmahl genauer, so werden Sie unendliche Abwechselung,
in Ansehung der Cäsuren und Ruhepuncte, des
männlichen oder weiblichen Ausgangs der Perioden, des ganzen Auf = und Niederschwunges
derselben, der bald jambisch auf = und bald trochäisch niedersteigenden Füße, und endlich des

Zeitmaßes der Sylben selbst finden. Freilich
wechselt nur immer Kurz und Lang, und Lang
und Kurz ab; aber selbst in der kürzeren Kürze
und längeren Länge Einer Sylbe vor der andern ist so viel Verschiedenheit, daß sie kaum
sich ausrechnen läßt. Aengstlich scandiren darf
man freilich nicht, und das darf man nirgends;
sondern man muß declamiren, wie sich's gehört.

B. Wahrhaftig! Bürger hat Ursache, Ihnen
zu danken, daß Sie ihn so verfechten. Aber
zweifelhaft lassen Sie mich doch immer.

A. An Ihren Zweifeln, Freund, ist die Hartnäckigkeit des classischen Vorurtheils Schuld. —
Noch einen politischen Grund will ich hinzu
fügen, wonach Bürger wohl gethan hat, die
jambische Versart zu wählen. Bürger, glaub'
ich, kannte sein Publicum zu gut, um nicht
versichert zu seyn, daß, wenn's zum Stimmen-
sammeln käme, sein Jambus nicht immer die
mehrsten davon getragen haben sollte. Denn,
unter uns! den Hexameter und alle die Griechischen Oden-Sylbenmaße können die Wenigsten im
Deutschen leiden. Besonders den Altfranken —
und derer sind doch die Meisten — sind sie ganz
unausstehlich. Vielleicht hat sich also Bürger

bei dem größeren Theile des Publicums einschmei-
cheln wollen. Hätt' er sogar eine gereimte Ilias
möglich machen können, ganz in Balladen-Ma-
nier, so glaub' ich, er hätt' auch die vorgezogen,
und fürwahr! mit besserem Glücke. Bürger
scheint überhaupt von Denen zu seyn, die es sehr
mißbilligen, und dem Interesse der Poesie, die
nicht für den Gelehrten allein, sondern für's
ganze Volk seyn soll, schnurstracks entgegen halten, gelehrte Sonderheit zu suchen, und zu verlangen, daß das Volk, wider Lust und Belieben, diese Sonderheit, als haut Goût, gern
schmecken und genießen solle. Unstreitig ist seine
Maxime, wenn nicht Allen, dennoch den Meisten — versteht sich, ohne weder sich selbst,
noch der Dichtkunst etwas zu vergeben — zu gleicher Zeit zu gefallen. Und in der That ist dieß
das einzige wahre Ziel poetischer Vollkommenheit. Das Ziel, wo diejenigen Günstlinge allwaltender und umfassender Natur stehen, die
man allein Dichter der Nationen nennen
kann. Sie sind die gewaltigen Herzensbezähmer
und Zauberer, die ihre güldenen Stäbe nie vergebens zucken, und über jedes Zeitalter in immer lebendiger Kraft herrschen. Nie verrauchen

die Opfer auf ihren Altären, und unvergänglich
blühen ihre Kränze, indeſſen die claſſiſchen Schul-
fuchſereien im Staube antiquariſcher Trödelbu-
den vermodern.

B. Dichten Sie Bürger'n nur nicht mehr
Weisheit an, als er wirklich in's Spiel gebracht haben mag.

A. Wollen hören, was er ſagen wird! Mit
nächſter Poſt ſchreib' ich an ihn.

Hab' ich, mein Wertheſter, Ihren Diſput
getroffen? Sie werden über mich und meine
Wahrſagerei lachen. Mögen Sie doch! Wenn
Sie ſich nur nicht ſchämen müſſen. Hab' ich
Ihnen indeſſen etwas Abſurdes in den Mund
gelegt, ſo iſt's Ihre eigene Schuld. Ich wär'
auf den Einfall, Ihren Diſput auszugrübeln,
nicht gekommen, wenn Sie mir ſelbſt ein Biß-
chen mehr davon detaillirt hätten. Dem ſey
nun aber, wie ihm wolle, ſo iſt Alles das, was
ich Sie (in der Perſon des Hrn. A.) habe ſagen
laſſen, meine Meinung, und es bleibt mir nichts
übrig, hinzu zu fügen, als etwa noch ein erläu-
terndes Exempelchen, das Sie unmöglich wiſſen
konnten. Ein Exempelchen, welches die unend-

liche Abwechselung, in Ansehung der Cäsuren und Ruhepuncte, des männlichen oder weiblichen Ausgangs der Perioden, des ganzen Auf= und Niederschwungs derselben, der bald jambisch auf= bald trochäisch niedersteigenden Füße, und endlich des Zeitmaßes der Sylben selbst, hoffentlich noch handgreiflicher machen soll. Ich habe Leuten von seinem Ohre den Anfang der dritten Rhapsodie der Deutschen Ilias vorgelesen:

Als jeglich Heer, sammt seinen Obersten,
Geordnet war, zog mit Gekreisch und Lärm,
Den Vögeln gleich, der Troer Schar einher.
So lärmet durch die Luft ein Kranichflug,
Von Schlackerwetter und Decemberfrost         5
Verscheucht, und lärmet über'n Wogenstrom
Des dunkeln Oceans dahin, und bringt
Herab von oben den Pygmäen Mord
Und Untergang durch schwere Fehd' in's
                                    Land.
Doch die Achäer rückten still heran,        10
Muth schnaubend, und gefaßt in ihrem Sinn,
Für Einen Mann zu stehn. Wie wenn der Süd

Die Wipfel des Gebirgs in Nebel hüllt,
Verhaßt dem Hirten, aber günstiger
Dem Dieb, als Mitternacht; denn rings
                    umher                    15
Kann Steinwurfs Weite kaum das Aug' er-
                    schaun:
So stieg, von ihrem Fußtritt aufgewühlt,
Der Staub in Wirbelwolken in die Luft.
Denn rasch durchwandelten sie das Gefild'.

Ich habe die Leute auf ihr Gewissen ge-
fragt: Lieber, sagt mir, klingt euch das zu eintönig? Könntet Ihr's wohl einige Stunden,
durch ein Paar tausend Verse hindurch, so fort
tönen hören? Und sie haben mir auf ihr Gewissen geantwortet: Ja! Sie könnten's.

Sehen Sie, das ist blanke bare Erfahrung.
Was a posteriori wahr ist, muß es auch a
priori seyn. Woher kommt das aber? Wohl
sonst von nichts, als der großen und für ein
Deutsches Ohr völlig hinreichenden Abwechselung,
die wirklich, Trotz allen Kalumnianten, in diesen Versen liegt. Das werden Sie nun zwar
schon von selbst, wiewohl noch dunkel, sehen,

hören und fühlen. Aber ich will Ihnen das
Ding noch näher rücken. Sie sollen deutlich
sehen, und deutlich hören und fühlen, daß
Ihnen Ohren und Nerven gellen. Ich setze jene
Verse nochmahls, nach ihren verschiedenen Cäsuren und Ruhepuncten, nach dem Auf- und
Niederschwunge ihrer Perioden, kurz, nach ihrer
ganzen fähigen Abwechselung und mit Bemer-
kung des veränderlichen Zeitmaßes der Sylben
selbst her. Das Maß sowohl der langen
als kurzen Sylben theil' ich nur in drei
Grade ab, wiewohl Sie mir am Ende eintäu-
men werden, daß es sich noch viel weiter ab-
stufen lasse.

Die langen Sylben bezeichne ich so:

lang      $\bar{\imath}$

länger     $\bar{\bar{\imath}}$

am längsten   $\bar{\bar{\bar{\imath}}}$

Die kurzen hergegen so:

kurz      $\breve{\imath}$

kürzer     $\breve{\breve{\imath}}$

am kürzesten   $\breve{\breve{\breve{\imath}}}$

Von den Zwittersylben, die kurz und lang gebraucht werden können, bemerk' ich diejenigen, die mehr lang als kurz sind, mit ⌣, und die, welche mehr kurz als lang sind, mit ⌐.

Nun einmahl aufmerksam gelesen, gemessen, gewogen! Dann Buch zu! Unter'n Tisch mit dieser classischen Kleinelei, der ich mich zum ersten und letzten Mahl in meinem Leben hiermit schuldig mache!

Als jeglich Heer,

Sammt seinen Obersten, geordnet war,

Zog mit Gekreisch und Lärm,

Den Vögeln gleich,

Der Troer Schar einher.

So lärmet durch die Luft ein Kranichflug,

Von Schlackerwetter und Decemberfrost ver‑

scheucht,

Und lärmet über'n Wogenstrom

Des dunkeln Oceans dahin,

Und bringt herab von oben den Pygmäen

Mord und Untergang

Durch schwere Fehd' in's Land.

Doch die Achäer rückten still heran,

Muth schnaubend,

Und gefaßt in ihrem Sinn,

Für Einen Mann zu stehn.

Wie wenn der Süd,

Die Wipfel des Gebirgs in Nebel hüllt,

Verhaßt dem Hirten,

Aber günstiger dem Dieb,

Als Mitternacht;

Denn rings umher kann Steinwurfs Weite

Kaum das Aug' erschaun:

So stieg,

Von ihrem Fußtritt aufgewühlt,

Der Staub in Wirbelwolken in die Luft.

Denn rasch durchwandelten sie das Gefild'.

Nun, bitt' ich, sagen Sie mir, ob sich gegen die so frappante Verschiedenheit und Abwechselung noch etwas einwenden lasse? Es müßte denn anders der Einwand gegen meine Zeitwage gelten. Eine Uhr freilich, selbst mit einem Secundenzeiger, läßt sich hier nicht gebrauchen. Aber ich habe doch mit großem Fleiße, und ich möchte sagen, genauer gemessen, als man die Schwere eines Ducatens auf der Fingerspitze zu wägen pflegt. Sie werden an obigem Beispiele überall wahrnehmen, wie fast Alles sich mehr in's Längere zieht, und finden, daß der längsten Sylben, $\frac{1}{2}$, ungleich mehr, als der kürzesten, $\frac{1}{3}$, ferner der längeren, $\frac{1}{2}$, immer noch mehr, als der kürzeren, $\frac{1}{2}$, hergegen der langen, $\frac{1}{1}$, weniger, als der kurzen, $\frac{1}{1}$, sind. Von den Zwittersylben werden sich, wenn nicht in obigem kleinen Exempel, doch in der ganzen Sprache mehr solche, ⌣, als solche, ⌣, finden. Alles dieß beweiset das Volle, das Langtönende unserer Sprache, welches auch eben daher zum Hexameter sich nicht schickt. Denn z. B. der Griechische Dactylus besteht meist aus Sylben, $\frac{1}{2}\overset{\smile\smile}{\frac{2}{3}\frac{2}{3}}$, oder, $\overset{\smile\smile}{\frac{1}{2}\frac{2}{3}\frac{2}{3}}$, und so muß auch der rein und wohl klingende Dactylus beschaffen seyn. Aber wie viele solche Dactylen haben wir für den Deutschen Hexameter? Wenige sind kaum

so, $\frac{1}{3}\frac{1}{1}\frac{1}{2}$, mehrere fallen so aus, $\frac{1}{2}\frac{1}{1}\frac{1}{1}$, und diese
schon wollen nicht recht mehr über die Lippen. Wie
unangenehm sind vollends die, ◡◡◡, über die man
in vielen Deutschen Hexametern so oft hinstol-
pern muß! Wie viel Dactylen haben wir, worin
die beiden kurzen Sylben, jede ein halber Zeitschlag, zusammen genommen der ersten langen,
ein ganzer Zeitschlag ($1\frac{1}{2}\frac{1}{1}$), gleich wären, wie
doch meisten Theils seyn sollte? Der vollkommen
gleichsylbigen Spondäen haben wir ebenfalls so
wenig. Die meisten fallen in Trochäen aus.

Aus diesen Gründen ist's meine ewige, un-
überwindliche Meinung geworden, daß eine
Deutsche Ilias in Hexametern das fatalste Ge-
schleppe, die unangenehmste Ohrenfolter seyn
würde. Deutschheit würde sich nicht hinein
bringen lassen, und Griechheit, daß ich so
sage, noch weniger. Eine von Beiden aber
müßte doch wohl darin seyn. Ich strecke meine
Hand nach jener aus, weil diese mir uner-
reichbar ist. Deutschheit, gedrungene,
markige, nervenstraffe Deutschheit
find' ich auf dem Wege, den ich wandle, und
sonst auf keinem anderen. Sie allein vermag's,

den Geiß Homer's mächtig zu packen, und ihn,
wie Sturmwind, aus Jonien nach Deutschland
zu reissen. Komme mir doch nur einmahl Einer,
und versuch' es an einer Homerischen Helden-
rede mit Hexametern! — Ich will Ihnen doch,
weil ich die dritte Rhapsodie der Ilias sogleich
neben mir liegen habe, die Scheltrede Hektor's
zum Paris, gleich im Anfange der Rhapsodie,
noch hersetzen, und die wenigen Verse zwischen
der oben schon angeführten und dieser Stelle,
des Zusammenhangs wegen, mit abschreiben:


Und als sie bald zum Anfall sich genaht,  20
Da zeigte vorn, im Vorbeer Ilion's,
Held Paris sich in göttlicher Gestalt.
Von seinen Schultern hing ein Pardelvlies,
Sammt Schwert und Bogen, nieder. Jede
                              Faust
Schwung einen Arf *), mit Eisen scharf
                              bespitzt.          25
Und fürchterlich rief er die Tapferßten
Des Griechenheers zum Gegenkampf heraus.


*) Arf, in unserer alten, wie noch heut in der
Engländischen Sprache, Wurfspieß.

Sein nahm der Degen Menelaus wahr,
Als er voran mit weiten Schritten ging.
Wie sich der Leu in seinem Hunger freut,      30
Wenn er einmahl auf vollbeleibten Raub —
Entweder einen hoch gekrönten Hirsch,
D'r *) eine Gemse — trifft; und gierig ihn
                              erpackt,
Und in sich schlingt, ob hart gleich hinter
                              drein

*) D'r, statt oder. Dieß ist ein gewagter Ver-
   such, unsere fatalen langen Bindewörter in's
   Kurze zu ziehen. Sollen uns solche Lumpen-
   wörter, die fast gar keine Bedeutung an und
   für sich haben, noch länger bei unserer Versification cujoniren? In den meisten wohl gebildeten Europäischen Sprachen sind sie einsyl-
   big, und das müssen sie seyn. Mir däucht,
   oder in o'r ist so glimpflich zusammen gezogen, daß es dem Ohre bei der Aussprache
   wenig oder gar nicht auffält. Entweder
   ist auch eins von denen, wofür ich mit guter
   Manier ein kürzeres untergeschoben wünschte.
   Opitz sagt in seiner Schäferey von der
   Nimfen Herzinie statt entweder —
   oder, entw'd — ob's besser hielt' ich, o's —
   o'r zu sagen.

Die Meute rafcher Hunde bellt, und nach   35
Ein Trupp von rüftig jungen Jägern fetzt:
So freut' auch Menelaus fich, als er
Voran den fchönen Paris fchreiten fah;
Und fchwung, der Rach' am Falfchen fchon
gewiß,
Vom Wagen vollgerüftet fich herab.   40
   Dem fchönen Paris aber, als er ihn
Im Vorheer fchimmern fah, erfchrak das
Herz.
Rafch wich er in's Getümmel feines Heers
Voll Todesfcheu zurück. Wie, wenn der
Hirt
Im Waldgebirg' auf einen Drachen trifft,   45
Und graß und graufend durch den ganzen
Leib,
Zufammen fchrickt, fich aufrafft, und ent-
rinnt:
So fuhr der fchöne Paris graufenvoll
In's Heer des ftolzen Ilion's zurück.
   Und Hektor fah's, und fuhr ihn fcheltend
an:   50
Elender Wicht, mit aller Wohlgeftalt!
Nichts, als Verführer! Nichts, als Wei-
bergeck!

Daß du doch nie geboren, oder doch
Nur ehlos wenigstens gestorben wärst!
Das wollt' ich, das! Fürwahr! Weit besser
           wär's,      55
Als aller Welt ein solches Schandmahl
           seyn.
Ha! Welche Lache der Achäer nun
Erheben wird, der ob der Schönheit dich
Für Troa's tapfersten Verfechter hielt!
Dich! dem's doch ganz an Muth und Kraft
           gebricht!      60
He! Warst du der, als du Gefährten
           warbst,
Mit Reiseschiffen durch das Weltmeer
           fuhrst,
Keck unter fremdes Volk dich nisteltest,
Und eine Schöne, eine Heldenbraut,
Hinweg dem Apischen Gefilde stahlst?   65
Zum Unfall deinem Vater, Staat und
           Volk,
Zur Schadenfreude deiner Feind', und
           dir
Zur Schande stahlst? Ha! Solltest du nicht
           nun
Dafür dem tapfern Menelaus stehn?

Du würdest innen werden, du! weß
                    Manns                    70
Jung blühende Gemahlinn du geraubt! —
Nichts frommen möchte dir dein Zitherspiel,
Nichts alle Gaben Cythereens, nichts
Dein Lockenschmuck, nichts deine Wohlge-
                    stalt;
Wenn du hinab in Staub getreten wärst.    75
Dein Glück, daß zu verzagt die Troer
                    sind!
Sonst hätten sie für all das Ungemach,
Das du auf sie geladen hast, dir längst
Ein Kleid von Gassenkieseln angelegt.

Sollt' es wohl möglich seyn, solche Stellen in Hexametern zu verdeutschen? —
So weit ich poetisches Vermögen besitze, oder
nur an höheres Vermögen Anderer hinauf sehen
kann, glaub' ich, daß Einer seine und Homer's
Schande an Hexametern arbeiten werde. Soll
mich das Gegentheil überführen, so muß es a
posteriori geschehen; durch eine Uebersetzung
in Hexametern daneben, welcher die meisten
oder wichtigsten Stimmen den Vorzug zu-
sprechen. Gern will ich mich dann zum Ziele

legen, und meinen ganzen jambiſchen Plunder
in's Feuer werfen.

Sehen Sie, mein Wertheſter, das iſt ungefähr meine Meinung. Bunt durch einander
auf's Papier hingeworfen. Mancher Grund
mag mir entwiſcht ſeyn, weil ich keine ſchrift-
lichen Collectaneen zu halten pflege. Wiſſen
Sie etwas mehr für mich, ſo theilen Sie mir's
hübſch mit. Denn ich bin Willens, wenn meine
Ueberſetzung heraus kommen ſollte, ein ausführ-
liches Räſonnement über dieſen und ähnliche
Puncte voran zu ſchicken. Dieſen Brief indeſſen
können Sie, wenn Sie wollen, in dem Deutſchen Merkur — mit ſo viel Noten, als Sie
zu machen Luſt und Zeit haben — drucken laſſen. Vielleicht iſt's gut dazu, daß Jeder, der
wider mein Unternehmen noch etwas auf Herzen
und Gewiſſen haben möchte, bei Zeiten ſich
damit melde, darnach aber, wenn's heißt: ὃ
γεγραφα γεγραφα! alles Einwendens ſich enthalte. Jetzt! Jetzt! komme, wer's ehrlich
meint, und Dank von mir und dem Publicum
verdienen will! Jetzt kann ich Alles, Rath,
Bedenken, und Einwendung, nutzen. Was

aber hilft hernach mir und dem Publicum die
gründlichste Kritik? Aber geben Sie einmahl
Acht, Freund, so sind unsere Krittler! Jetzt
kommt Keiner mit Rath und That; darnach
aber wird des Krittelns kein Ende seyn. Gott
befohlen!

# II.

# Homer's Ilias.

---

## Proben einer
## Ueberſetzung in Hexametern.

189

## I.

## Vorbericht *).

Auch ich stand, und stehe noch immer vor
dem Ziele, welches ganz noch kein Schütze getroffen hat,

> Ob ich's treffen kann, und Apollon mir Ehre
> verleihet.
>
> Voss'ens Odyssee.

Ein guter Theil des Rumpfes von dem Adler
sitzt wenigstens noch auf der Stange, so viele,
und so vortreffliche Schützen darunter, auch
schon darnach gezielt haben. Allein ich mußte
die Waffen verändern. Meine ersten leisteten
nicht, was sie sollten, und ich mit den verän-
derten konnte. Mag man sich doch verwundern!
Mag man doch lächeln! —

Unverblümt und treuherzig von der Sache
zu reden, so muß ich bekennen, daß ich zwar

---

*) Abgedruckt aus dem Journale von und für
Deutschland. Herausgegeben von Göking.
1. Band. Ellrich, 1784. 48. S.

D. H.

vielleicht, ohne Ruhm zu melden, kein schlech=
tes Gedicht in Jamben würde zu Stande ge=
bracht haben, aber nimmer und nimmer Ho=
mer's Ilias, wenn ich auch unumschränkter Be=
herrscher beider Sprachen gewesen wäre. Die
jambische Verdeutschung war meine erste Ju=
gend=Idee, und ich trieb die Hartnäckigkeit ziem=
lich weit, auch den eigenen bessern Einsichten
des Mannes nicht nachgeben zu wollen. Ich be=
reue indessen die Zeit und Mühe nicht, welche
ich an eine jambisirte Ilias, die wirklich auch
größten Theils fertig geworden ist, aber nie öf=
fentlich erscheinen wird, verwendet habe. Denn
ich fühle, wie mich diese athletische Anstrengung
gestärkt hat. Das lange, beharrliche, und den=
noch oft vergebliche Durchwühlen des ganzen
Sprachschatzes mußte mir nothwendig eine ge=
nauere Kenntniß desselben erwerben, als ich
sonst jemahls erlangt haben würde. Wenn ich
nunmehr wirklich etwas in der Sprache vermag,
und eine größere Geschmeidigkeit der Glieder
mir half, mich näher an mein Original zu
schmiegen, als irgend einer meiner Vorgänger,
so habe ich es vielleicht bloß jener Uebung zu
danken.

Meine neue Arbeit nähert sich nunmehr
ebenfalls ihrer Vollendung. Es möchte scheinen,
als wollte ich damit alle Werke meiner Vorgänger, und so gar auch der Bessern unter ihnen,
ganz nieder gearbeitet haben. Wer mir aber diesen Dünkel beimißt, der beurtheilt mich ganz
falsch. Ich läugne zwar nicht, daß ich es möchte,
wenn ich könnte. Allein sowohl die Stolber-
gische Uebersetzung, als die neue Leipziger des
Ungenannten, haben zu viel eigenthümliche an-
geborne Schönheit und Stärke, daß Niemand,
wär' er auch gleichfalls und noch so reichlich
mit diesen Tugenden ausgerüstet, jene ihres
blühenden Daseyns wird berauben können. Die
Leipziger achte ich keinesweges für so geringe,
oder mittelmäßig, als zwei Kunstrichter — oder
vielleicht nur Einer in zweierlei Larven — im
Deutschen Museum zu thun scheinen, wiewohl
ihr Tadel in den angeführten Stellen größten
Theils gerecht ist. Nur berechtigten diese gerügten einzelnen Stellen nicht allerdings, den Tadel über das Ganze in dem Maße auszugießen,
als dort geschehen ist.

Graf Stolberg würde an der Ilias, wie
Voß an seiner Odyssee, wenig oder nichts zu

thun übrig. gelaſſen haben, wenn der Fleiß ſeinen hohen, mit allzu raſchem Ungeſtüm fortſtre-
benden poetiſchen Genius mehr im Zaume gehalten hätte. Er flog, im Ganzen genommen,
ziemlich die Richtung der Homeriſchen Bahn,
ſah aber nicht immer ſcharf genug vor ſich hin
auf Geleiſe und Fußſtapfen. So ſchweifte er
denn öfters bald hier, bald dort aus dem Geleiſe, nicht ſelten zwar mit ſchönerem Schwunge,
oft aber auch mit Straucheln. Beides ſollte
jedoch nicht ſeyn, wenn man keine andere, als
Homer's Bahn fliegen will. Es iſt alsdann
eines der allererſten Hauptgeſetze, dem Alten
Alles nachzuthun, und ſogar ihm nach zu —
ſtraucheln. Stolberg's hoher und feuriger
Genius iſt zwar eine herrliche Tugend. Aber eine
Homeriſche Ueberſetzung erfordert auch unendliche
Klauberei des Fleißes. Uebrigens verſtand mein
edler Mitbuhler damahls, als er ſein Werk
verfertigte, noch nicht, wie jetzt, Sprache und
Vers unter ſich zu bändigen. Flöge er in ſeiner
jetzigen Kraft noch einmahl die Bahn, ſo ver-
ſagten mir vielleicht die Flügel, wie ſehr ſie ſich
auch fühlten.

Der neue Ungenannte würde mehr gelei-
ſtet haben, wenn er beſſer auf Homer heit Acht
gehabt hätte, und nicht öfters eine ſo phra-
ſeologiſche — oder wie ſoll ich mich deutlich
genug ausdrücken? — nicht eine in ſo wort-
und ſylbenreichen Redensarten ſich ergießende
Sprache führte. Nichts aber iſt dem Homeriſchen, und überhaupt allem poetiſchen Ausdrucke
mehr entgegen, als die aus ſtillſchweigendem
Uebereinkommen entſprungenen ſo genannten
Sprachredensarten. Alles das ſind flatternde
Troddeln an dem goldenen Schwerte Apollon's,
welche den Schwung und den ſchärferen Einhieb
hemmen. Ich lobe mir es rein und blank in
der Fauſt, wenn auch ſonſt die Troddeln noch
ſo ſehr rauſchen und flimmern ſollten. Uebrigens
verſificirt dieſer Ueberſetzer meines Bedünkens
im Ganzen nicht ſo tadelhaft, als die in dem
Deutſchen Muſeum *) angeführten Beiſpiele
beſagen.

Dieſe beiden Ueberſetzungen werden, Troß
der meinigen, wenn dieſe auch noch ſo gut ge-
riethe, durch eigene innere Lebenskraft ſich er-

*) 1783. Januar. 91. 92. S.

halten. Ueber die Bodmerische aber wollen wir,
aus kindlicher Ehrfurcht vor den übrigen großen
Verdiensten des verewigten Greises, rücklings
den Mantel der Liebe werfen. Der muß dem
alten θεῖος ἀοιδός, λαοῖσι τετιμένος, dem göttlichen Sänger, welchen die Völker
verehren, auch nicht einen einzigen Ton richtig abgelauscht haben, welcher sich überreden
kann, ihn in dieser Uebersetzung wieder zu hören. Ich kann wohl irren; aber ich rede mit
Homer,

— wie mir das Herz im Busen gebiethet.

Wer meine Uebersetzung nur mit den beiden
ersten vergleicht, wird mehr, als Eine Stelle
bei dem Einen oder dem Anderen schöner finden,
als bei mir. Ich finde dieses eben so gut selber. Aber alsdann vergleiche auch, wer es
kann, das Original mit uns allen Dreien. Vielleicht bin ich der getreueste. Denn unverwandt
und bis zum Schmerze habe ich die Augen auf
den Punct gerichtet: dem Homer an Geist und
Leib auch das Kleinste nicht zu geben, oder zu
nehmen. Alles was, die Unmöglichkeiten aus-
genommen, darüber, oder darunter ist, rechne

man mir zum Fehler an. Das Verschönern ist
oft eine so große Kunst nicht, als unvermögende
prosaische Schwächlinge sich einbilden möchten.
Man müßte verzweifelt wenig können, wenn
man den Homer nicht auch hier und da zu verschönern im Stande seyn wollte. Denn so sehr
er auch θειος αοιδος, λαοισι τετιμενος, ist, so ist er
doch auch manches Mahl nicht mehr, ja wohl
gar weniger, als Unsereiner.

Gern gebe ich zu, daß man sich an dem
Homer noch auf mancherlei Weise mit Ehre versuchen könne. Sechzig mag seyn der Königinnen,
achtzig der Kebsweiber, und der Jungfrauen
keine Zahl. Aber dennoch muß Eine seyn die
Taube, Eine die Fromme, Eine, welche ist ihrer
Mutter die Liebste, und die Auserwählte ist ihrer Mutter. Schöner vortrefflicher Deutscher
Iliaden, so wie eben auch Griechischer, mag
der Schooß der Möglichkeiten vielleicht noch genug in sich enthalten. Denn wer will, wer
kann dem unausmeßlichen Vermögen des mensch-
lichen Geistes Schranken setzen? Und vielleicht
läßt sich nicht bestimmen, welche von den vielen
möglichen, oder dereinst noch wirklichen, den

übrigen den Vorzug abgewinne. Aber gleich
wie, vermöge metaphysischer Gesetze, Homer's
einzige Griechische Ilias nicht zwei Mahl da seyn
kann, also dächte ich, könnte auch nur ein einziges Mahl die Eine, die höchst getreue, höchst
Homerische Verdeutschung Jener, die gleichsam
auf der Grenze des non plus ultra der Deutsche
Wiederhall des Griechischen Originals wäre,
vorhanden seyn. Diese Einzigkeit wird
mir nun zwar vielleicht in sich wohl zugegeben.
Aber wer bringet sie ganz in seine Gewalt?
Auch die Starken mögen zu Hunderten daran
zupfen und rupfen; mögen immer Einer mehr
davon an sich reissen, als der Andere. Aber das
Ganze, das Ganze! Wer erobert das? — Kein
Mensch in der Welt erstrebt das Alles, was
ihm gleichwohl zu erstreben möglich wäre.
Gleichwohl kann ich nicht läugnen, daß ich den
feurigen, stolzen Wunsch hege, ein so vollende-
tes dauerndes Werk der Treue aufzustellen, welches, wenn es auch nicht überall und bis zum
Kleinsten das Aeußerste, oder wohl gar Unmöglichkeiten, deren doch gewiß nicht wenige sind,
möglich macht, dennoch jedes getreuere, im
Ganzen genommen, so lange ausschließt, als

unsere Sprache diejenige bleibt, die sie jetzt ist.
Diesen Wunsch zu erstreben, both ich mein
ganzes Vermögen auf, und werde es ferner
noch aufbiethen. Weil aber meine Augen die
Augen eines Einzigen, und weder allsehend,
noch auch vielleicht nur vielsehend sind, so will
ich Aller Augen, die sehen können und wollen,
zu Hülfe nehmen, ehe ich meine Arbeit in einer
besonderen Ausgabe der letzten Hand unveränder-
lich in das Publicum sende. Zu dem Ende soll
meine ganze Ilias, Gesang vor Gesang, in dem
Journale von und für Deutschland, wenn das
dem Publicum nicht zuwider ist, als ein Aus-
hang erscheinen, und ich lade alle Sutores ultra
et citra Crepidam hiermit feierlichst ein, ihr Heil
auf alle mögliche Art daran zu versuchen.

Ich verspreche mir von dieser, obwohl bisher noch ziemlich ungewöhnlichen, dennoch sehr
bequemen Art, Urtheile, Erinnerungen und
Rathschläge über ein Werk der Kunst einzusam-
meln, welchem man Vollendung und Dauer zu
geben sucht, fast mehr Vortheil, als ein Odeum
der Alten gewähren konnte. Denn da ich mein
Werk in kleineren Theilen nach und nach schrift-

lich der Musterung unterwerfe, so behalten die
Prüfer Muße und Lust, sich desto tiefer auch in
einzelne Kleinigkeiten des Sprachausdrucks sowohl, als der Rhythmik und Versification, durch
und durch einzulassen, als woran mir haupt-
sächlich gelegen ist. Allgemeine, unbestimmte,
mit keinen Beispielen belegte Aussprüche des
Lobes oder des Tadels, wie sie gewöhnlich aus
unsern Recensionsbuden erschallen, können mir
nichts helfen, wenn sie vielleicht auch richtig
wären. Ich meine damit jene Lob- und Tadel-
Formulare, welche, mutatis Mutandis, wie ein
Gevatterbrief, auf Alles passen, und zu Nuß,
Heil und Frommen des Handwerks wohl in
eine Art von vollständiger Notariats-
Kunst durch irgend einen neuen Markulf,
oder kritischen Beck, zusammen getragen werden
könnten. Wer mit weiter nichts, als einem
solchen Formular-Urthel andienen kann, der bemühe sich lieber ganz und gar nicht. Dagegen
aber werde ich den gründlichen, zergliedernden
Kunstrichter, und vollends gar denjenigen, welcher statt der mit Recht gerügten Stellen wahre
und offenbare Verbesserungen vorschlagen kann,
im Geiste umarmen, herzen und küssen. Sollte

mir es übrigens nicht vergönnt seyn, jeden Ausdruck, jeden Vers irgend eines meiner Vorgänger, den mir entweder Gründe, oder auch das
Wort eines Mannes von bewährtem Ansehn,
als besser werden empfehlen können, künftig in
meinen Text aufzunehmen? Denn da mir wahrlich fast mehr an der glücklichen Ausführung
der Sache, als an der Ehre meines persönlichen
Antheils gelegen ist, so will ich diese gern mit
dem ganzen Publicum theilen. Immerhin sey
es hernach nicht meine, sondern die Uebersetzung der ganzen Nation. Ich denke nicht,
daß Jemand die Umstände und das Aufheben,
welche ich hier mache, übertrieben, abgeschmackt
und lächerlich finden werde: er müßte denn anders die Kunst lebendiger Darstellung, so wie
das edle, nicht Jedermann von Gott verliehene
Seelenvermögen, worauf sie sich gründet, und
eins der wichtigsten Mittel, deren sie sich bedient, die Sprache, die nie göttlich genug zu
verehrende Sprache! Sie, das theuerste, heilig-
ste Werkzeug des wirkenden Menschengeistes,
Sie, welche zu allen andern Wissenschaften
spricht: Ohne mich könnet ihr nichts thun!
Alles das müßte er also für Lumpereien und un-

ter der Würde männlicher Bemühungen halten.
Solcher gibt es nun freilich unter allen Zünften
unserer Gelehrten=Republik, und ihre Schriften
sind auch gemeiniglich Zeugen ihrer Gesinnungen.
Aber dafür kommt auch kein in irgend einer
Wissenschaft geschmackloß, nachlässig und lieder=
lich geschriebenes Werk, Trotz seinem sonst guten
Inhalte, auf den dritten Erben. Enthält es
Gold, so schmelzt es oft schon der Sohn aus;
und wirft die übrige Schlacke unter das Keh=
richt. Nur an dem im Kleinen so wie im
Großen richtig und schön ausgebildeten, überall
rein abgeglätteten Werke kann der Zahn der
Zeit so leicht nicht haften. Dieß sey im Vor=
beigehen ein zwar kurzer, aber doch vielleicht
besonders für das jetzige Zeitalter nützlicher
Commentar über das alte Schul=Brocardicon:
Grammatica est Animal ferocissimum, gravissime
ulciscens Iniuriam sui.

Es soll mir übrigens einerlei seyn, ob ich
die erbethenen Kritiken gedruckt, oder hand=
schriftlich erhalte. Da aber, was die öffent=
lichen und gedruckten betrifft, der literarischen
Märkte jetzt gar zu viele sind, da ich von den

meiſten ziemlich entfernt wohne, manche wenig
oder gar nicht beſuche, und von vielen wohl
nicht einmahl das Daſeyn weiß, ſo ſchlage ich
dazu, außer dem Journale von und für Deutſchland, unſere bekannteſten Zeitſchriften, z. B. das
Deutſche Muſeum, den Deutſchen Merkur, das
Göttingiſche und Herrn Adelung's Magazin, die
Berliniſche Monathsſchrift, auch die Allgemeine
Deutſche Bibliothek vor, voraus geſetzt, daß die
Herausgeber dieſer Schriften die Aufſätze ein-
rücken wollen, als warum ich ſie, wenigſtens
hiermit erſuchen will.

Den Ton der Kritiken überlaſſe ich nach
Zeit und Gelegenheit der eigenen Laune eines
Jeglichen, wie er ihn vor dem Richterſtuhle des
guten Geſchmacks und anſtändiger Sitten zu
verantworten ſich getrauet. Es vermehrt vielleicht die Luſt an dem Geſchäfte, wozu ich er-
muntere, wenn ich ſelbſt allen Zwang erlaſſe.
Auf eine gelehrte Klopffechterei iſt es zwar ganz
und gar nicht angeſehen, und ich mache mich
keinesweges anheiſchig, auch nur auf eine einzige Kritik, wäre ſie auch noch ſo geſchmacklos,
fehlerhaft, ungerecht und beleidigend, ſchlechter-

dings zu antworten. Gleichwohl will ich mir
auch mit dieser Erklärung die Hände nicht gänzlich gebunden haben, nach Gelegenheit und Muße
mich über Eines oder das Andere zu äußern,
wenn mir Gewinn für die Theorie der Kunst
daraus zu entspringen scheinen sollte. Vielleicht
reißt auch wohl einmahl die Ergeneralfeldbumm-
heit — denn die tritt ganz gewiß auch mit auf
die Bühne — die Hohnlache zum Ausbruche,
oder die Unverschämtheit zu einem Geißelhiebe.
Welcher Mensch hat sich immer in seiner Gewalt? Wie du mir, so ich dir! Hanc Veniam
damus, petimusque vicissim. Aber oft wird
das doch nicht kommen. Denn ich bin fast zu
sehr schon an die ernste stille Verachtung dessen
gewöhnt, welches die Hohnlache, oder die
Geißel verdient.

Dixi.

## 2.

# Ilias.

## Erster Gesang *).

Göttinn, singe den Zorn des Peleiden
      Achilleus,
Jenen verderblichen, welcher den Griechen
      unnennbares Weh schuf,
Viele tapfere Seelen der Helden dem Aides
      zustieß,
Ihre Leichnam' aber den Hunden und allem
      Gevögel
Dar zum Raubmahl both. So ward Zeus
      Wille vollendet;     5
Seit der Zeit, da zuerst Agamemnon, Herr=
      scher der Völker,
Und der göttliche Held Achilleus hadernd sich
      trennten.

*) Aus dem Journale von und für Deutschland.
   I. Band. 51. S.
                  D. H.

7. W. Der göttliche — διος. Ich weiß wohl, daß
  das Beiwort des Originals ganz etwas anders, und
  in der That weniger sagen will, als das Deutsche

Welcher der Götter ergab sie der Zwie-
tracht, sich zu befeinden?
Zeus und Leto's Sohn. Denn dieser, dem
Könige zürnend,

Nun fürchte ich bei nahe, daß es unmöglich sey, diesem und andern ähnlichen Prädicaten, welche Homer hier und da Personen und Sachen beilegt,
richtigen Gehalt im Deutschen zuzuwägen. Denn
um zu sagen, was an der Sache ist, so haben sie
bei ihm oft so viel als gar keinen Gehalt. Es sind
Titulaturen des damahligen Zeitalters, und, wie
überhaupt die Titulaturen aller Zeiten, ohne allen
Nachdruck. Da sie uns hergegen ungewöhnlich sind,
so erhalten sie, man mag sich auch drehen und wenden, wie man will, in der Uebersetzung alle Mahl
einen gewissen bedeutungsvollen Nachdruck, welches
nicht seyn sollte. So würde es hinwiederum dem
Homer gehen, wenn er unsere Kaiser- und Königs-
Titulaturen in seine Sprache übersetzen sollte. Da
würden über ihn die allerdurchlauchtigsten,
großmächtigsten, unüberwindlichsten Titulaturen gewiß nicht so gleichgültig, wie über uns,
hinweg gleiten. Unsere Titulatur-Wörter darf man,
um vor dem ästhetisch kritischen Johann Hagel nicht
lächerlich zu werden, wohl nicht unterschieden; sonst
wäre wohl ein διος διογενης u. w. nichts anders, als
ein erlauchter, hochgeborner Herr und

Trieb vergiftende Pest in das Heer. Da
starben die Völker. 10
Denn Agamemnon hatte den Priester Chryses verunglimpft.

man möchte auch lachen, was man wollte, so wäre es doch vielleicht wahrer echter Homerston, so zu übersetzen. Gleiche Bewandtnis hat es auch wohl unter andern mit den Prädikaten ἱππόδαμος, ἱππότα, u. w. Man meint wohl Wunder, wie richtig, wie schön und poetisch man sie durch **Rosse-tummler, Rossebändiger, Rossebezähmer** gegeben habe, Aber auch immer richtig und Homerisch? Ich zweifle sehr; wiewohl ich freilich, in Ermangelung richtigerer Ausdrücke auch größten Theils bei denselben geblieben bin. Jene sind oft weiter nichts, als Benennungen von Standespersonen der damahligen Zeit. So wie aber das Wort **Ritter,** als Bezeichnung des Standes, keinen besondern Nachdruck auf sich hat; so wie wir gemeiniglich an nichts weniger, als an Reiterei dabei denken, und manchen Ritter einen Ritter nennen, der vielleicht nie ein Pferd bestiegen hat: also muß man bei einem Homerischen ἱππόδαμος und ἱππότα oft schlechterdings das Bild von unbändigen Rossen und Wagen, welche der Mann zu bändigen weiß, von sich entfernen, und sich den Mann bloß als Standesperson denken. Denn es scheint gleichsam

Dieser war angelangt bei den schnellen Schiffen der Griechen,
Seine Tochter zu lösen, versehn mit un-
endlicher Spende.

der Vorzug einer höheren Classe gewesen zu seyn,
mit Roß und Wagen in's Feld zu ziehen. Ich habe
daher in der Folge diese Herren, um näher mit
dem Homer zusammen zu stimmen, bisweilen Wagenbetraute genennt. Etwas Aehnliches ist das
car-born, ein Beiwort der Ossianischen Helden.

Andere Beiwörter sind gleichsam als Nomina
propria anzusehen. Sie mochten freilich bei einer
merkwürdigen Gelegenheit entstanden seyn, und Anfangs viel Nachdruck mit sich führen. Allein in der
Folge löschte die große Allgemeinheit und Populari-
tät denselben ganz aus; und sie sanken herab zu
gemeinen gleichgültigen Nahmen. Wie wenig oder
gar keine Bedeutung und Nachdruck erhalten für
den Historiker die Nahmen Harald Horfager,
Henry Hotspur, Friedrich Barbarossa,
Heinrich der Löwe, Albrecht der Bär, und
hundert andere, noch übrig? Dieß sey ein für alle
Mahl genug gesagt, um den des Originals unkun-
digen Leser einiger Maßen wieder in den Homerischen
Ton hinein zu helfen, wenn ihn hier und da die
Uebersetzung unumgänglicher Weise sollte heraus ge-
stimmt haben.

In den Händen hielt er das Stirnband
         Foibos Apollon's,
Rings um den goldenen Stab. So fleht'
         er allen Achaiern;     15
Atreus' Söhnen am meisten, den beiden
         Völkergebiethern:

Atreus Söhn', und ihr, schön fußgehar
         nischte Griechen,
Euch verleihen die Götter, Olympischer Hal-
         len Bewohner,
Priamos Stadt zu vertilgen, und glücklich
         heim zu gelangen!
Aber mein liebes Kind entlaßt mir, und
         nehmet die Spend' an,  20
Scheuend Kronion's Sohn, den Fernhintref-
         fer Apollon!

Günstig hießen hierauf die übrigen Da-
         naer alle.
Foibos Priester verehren, und nehmen die
         herrliche Spende.
Nur nicht Atreus Sohn, Agamemnon, ge-
         fiel es im Herzen.
Schnöde wies dieser ihn ab, und erhob er-
         schütternde Drohung:  25

Daß ich, o Alter, nicht mehr bei den
	hohlen Schiffen dich treffe,
Noch so du heut verweilst, noch wiederkeh=
	rest nach diesem!
Schützen möchten dich dann nicht Stab des
	Gottes, noch Stirnband.
Sie entlaß' ich nicht, bevor sie das Alter
	ergreifen
Wird, in unserer Burg zu Argos. Fern
	von der Heimath,                              30
Schalte sie dort so lang' am Geweb', und
	versehe mein Bette!
Fort dann! Reitze mich nicht! Auf daß du
	harmlos entkommest.

Rief's. Und zusammen schrak der Greis,
	gehorchte der Drohung,
Und ging schweigend am Ufer des hochauf=
	tosenden Meers fort.
Einsam aber hernach hinwandelnd, flehte
	der Alte                                      35
Laut zu Apollon, dem Sohne der lockenlieb=
	lichen Leto:

Höre mich, Silberbogner, o du, der du
	Chryse umschirmest,

Sammt der herrlichen Killa, und Tenedos
    mächtig beherrschest,
Smintheus! Hab' ich dir je den holden
    Tempel bekränzet,
Je dir fette Hüften verbrannt von Farren
    und Ziegen;      40
O so erfülle nun auch mir dieß mein Her-
    zensverlangen!
Räch' an den Danaern meine Zähren mit
    deinen Geschossen!

Also fleht' er; und ihn erhörete Foibos
    Apollon.
Sieh, er entfuhr den Höhn des Olympos,
    zornigen Herzens,
Ueber der Schulter den Bogen und doppelt
    verschlossenen Köcher.    45
Hell erklangen die Pfeil' an der Schulter
    des Innigergrimmten,
Als er daher sich schwang. Er aber zog wie
    die Nacht her;
Hielt unfern der Schiffe, und sendete sein
    Geschoß ab.
Grausenvoller Klang entging dem silbernen
    Bogen.

Erst erlegt' er die Mäuler und hurtigen
        Hunde der Griechen;      50
Aber bald bezielt' er auch Sie mit den To-
        desgeschossen;
Traf, und rastlos flammte die Menge der
        Leichengerüste.
Voll neun Tage beflogen das Heer die Pfeile
        des Gottes;
Aber am zehnten berief Achill das Volk
        zur Versammlung.
Here gab's ihm in's Herz, die lilienarmige
        Göttinn,       55
Denn es jammerte sie, das Volk so sterben
        zu sehen.
Als nun Alles versammelt und dicht zusam-
        men vereint war,
Da erhob sich und sprach der schenkelge-
        schwinde Pelide:


Atreus Sohn, nun fürcht' ich, wir wer-
        den den vorigen Irrweg
Rückwärts müssen ziehn, dafern wir ent-
        rinnen dem Tode.      60
Denn, so Pest, als Krieg, bekämpfen vereint
        die Achaier.

Auf dann, und laß uns Einen der Seher,
  oder der Priester,
Oder der Traumausdeuter, denn Träum'
  auch kommen von Gott her,
Fragen, warum er so hart uns zürne, Föi-
  bos Apollon?
Reizten Gelübde vielleicht ihn auf, vielleicht
  Hekatomben?                                   65
Will er durch Lämmer erst und auserko-
  rener Ziegen
Opferduft versöhnt, uns von der Plage
  befreien?

  Sprach's; und setzte sich hin.   Hierauf
  erhob sich vor ihnen
Kalchas, Thestor's Sohn, der Vogeldeuter
  Bewährtster.
Kundig der Gegenwart, der Vergangenheit,
  und der Zukunft;                              70
Hatt' er gen Ilion schon der Danaer Schiffe
  geleitet,
Durch die Seherkunst, die ihm Apollon
  verliehen.
Weisen Sinnes erhob der unter ihnen die
  Stimme:

O Achill! du gebeuthst, Zeus Liebling,
    ich soll ihn dir deuten,
Diesen Zorn Apollon's, des fernhintreffen-
    den Herrschers.    75
Wohl, ich will reden! Doch du verheisse
    zuvor mir und schwöre,
Daß du mich willig mit Mund und Arm
    dann wollest vertreten.
Denn ich befahre, mir werd' ergrimmen
    ein Mann, der gewaltig
Durch ganz Argos herrscht, dem auch Achaia
    gehorchet.
Kräftiger aber zürnt ja ein Fürst dem gerin-
    geren Manne.    80
So er auch heut vielleicht in sich die Galle
    zurückwürgt,
Nähret er doch nachher so lange den Groll
    in dem Busen,
Bis er vollführet hat. Drum rede, wirst
    du mich schützen?


Drauf antwortet' und sprach der schenkel-
    rasche Pelide:
Sage getrost sie an, die Weißagung, wie
    sie dir kund ist!    85

Denn, bei'm Liebling Zeus, Apollon! zu
dem du, o Kalchas,
Aufſiehſt, wann du den Griechen ein Got-
tesurtheil enthülleſt:
Keiner, ſo lang' ich leb' und dieſes Ir-
diſche ſchaue,
Soll dich mit frevelnder Hand bei den hohlen Schiffen betaſten,
Keiner von allen Achaiern! Und nennteſt du
ſelbſt Agamemnon,                    90
Welcher ſich doch im Heer den Allergewal-
tigſten preiſet.


Jetzo begann getroſt der unbeſcholtene
Seher:
Nicht Gelübde reitzen ihn auf, und nicht
Hekatomben.
Sondern des Prieſters wegen, den jüngſt
Agamemnon entehrte,
Dem er ſein Kind nicht entließ, von dem
er die Spende nicht annahm,  95
Sandte der Fernhintreffer dieß Weh, und
wird es noch ſenden,
Wird den ſchweren Arm nicht eher vom
Würgen zurückziehn,

Bis er dem liebenden Vater das strahlen-
    äugige Mägdlein
Ohne Spend' entläßt, und mit heiliger
    Sühnhekatombe
Wieder gen Chryse führt. Das möchte
    vielleicht ihn versöhnen. 100

Sprach's; und setzte sich hin. Hierauf
    erhob sich vor ihnen
Atreus Sohn, der weitgebiethende Held,
    Agamemnon,
Zornigen Muths. Sein umnachtetes Herz
    floß über von Ingrimm.
Loderndem Feuer glich sein Auge. Schreck-
    liche Blicke
Schoß er vor allen Andern zuerst auf Kal-
    chas, und sagte: 105

Unglücksseher, noch nie sprachst du ein
    behagliches Wort mir!
Immerdar freut es dein Herz, nur Unheil
    mir zu verkünden!
Heil hast du mir noch nie verheissen, nie
    mir gewähret!
Wieder verkündest du heut, als Gottes-
    urthel, den Griechen:

Darum habe dieß Weh der Fernhintreffer
    gesendet,               110
Weil ich die herrliche Spende für Chryses
    Tochter nicht nehmen
Wollen! Freilich behielt' ich sie selbst viel
    lieber im Hause,
Weil sie mir mehr beinah', als Klytaim-
    nestra, behaget,
Mein jungfräuliches Weib. Denn nirgends
    weichet sie dieser,
Weder an Leibesgestalt und Geist, noch
    Wesen und Künsten.     115
Dennoch geb' ich sie gern zurück, so bald es
    uns frommet.
Ich will lieber das Volk erhalten sehen,
    als sterben.
Aber nun schaffet mir stracks einen Dank,
    daß allein von den Griechen
Ich nicht danklos bleibe! Denn das ge-
    ziemte sich nimmer.
Gleichwohl seht ihr ja Alle, wie mein
    Dank anderswo hingeht.     120


Drauf versetzte der hohe, der schenkel-
    rasche Achilleus:

Ueberstolzer Atreide, voll Habbegierde vor
    Allen,
Welchen Dank wohl könnten die edeln
    Achaier dir reichen?
Müßt' ich doch nirgends viel von hinterge=
    legtem Gemeingut.
Was wir aus Städten bisher erbeuteten,
    wurde getheilet.        125
Solches ziemt sich nicht wieder vom Volk
    zusammen zu fordern.
Sende doch sie nur jetzt dem Gotte zurück!
    Wir Achaier
Wollen sie dreifach hernach, ja vierfach er=
    statten, so bald uns
Zeus zur Beute verleiht die festummauerte
    Troia.


Ihm antwortete drauf Agamemnon, der
    Herrscher, und sagte:    130
O mit nichten, so stark du auch bist, gott=
    gleicher Achilleus,
Triege mich so dein Sinn! So überhohlst
    und beschwatzst
Du mich nicht! Selbst willst du den Dank
    behalten, und ich soll

Darbend ſitzen? Zurück ſoll dieſ' ich ge-
   ben? Wohlan, wenn
Einen andern Dank die großgeſinnten
   Achaier,            135
Meinem Herzen gefällig und meiner würdig,
   mir reichen!
Reichen ſie aber ihn nicht, ſo komm' ich
   wahrlich und hohle
Von dir ſelber, oder vom Aias, oder
   Odyſſeus
Mit den Dank; und der mag zürnen, wel-
   chem ich komme!
Aber hiervon läßt ſich demnächſt ein ander-
   mahl reden.         140
Ziehen wir jetzt vielmehr ein ſchwarzes
   Schiff in das Weltmeer!
Wählen tüchtige Schiffer, und laden die
   Sühnhekatomb' ein!
Dieſes beſteig' alsdann die wangenſchöne
   Chryſeis!
Einer der Fürſten ſey Führer! Entweder ſey
   es ein Aias,
Oder Idomeneus! Entweder der hohe Odyſ-
   ſeus,          145

Oder, Pelide, du selbst, Erschrecklichster
     unter den Menschen!
Daß dein Opfer uns den Fernhintreffer ver-
     söhne.

Runzelnd blickt' und rief der schenkel-
     rasche Achilleus:
Wie, du Schamentblößter, du Wuchergie-
     riger, mag wohl
Willig ein einziger Grieche noch deiner
     Stimme gehorchen,    150
Einen Gang zu gehn? Mit Feinden tapfer
     zu kämpfen?
Denn ich zog ja nicht der lanzenkundigen
     Troer
Wegen hierher in den Streit. Sie haben's
     an mir nicht verschuldet.
Nimmer haben sie mir die Stier' entführt
     und die Rosse,
Noch in der ackerreichen und völkernäh-
     renden Phtia    155
Je die Saaten verheert. Mich sondert von
     ihnen die Menge
Waldbeschatteter Berg' und des Meeres
     Wogengetöse.

Dir, Schamloser, zu Lieb' hat Jeder hier-
her dich begleitet,
Für Menelaos und dich, du Hundsaug',
Ruhm zu erstreiten

Von den Troern! Allein das rührt, das
kümmert dich gar nichts. 160
Ja, du drohst sogar, mir meinen Dank
zu entreissen,

Den ich so sauer erwarb, den mir die
Achaier verehrten!
Wird mir ja doch kein Dank, dem dei-
nigen gleich, wann die Griechen

Einst die bevölkerte Stadt der Troer werden erobern.
War es mein Arm gleich, der dieses wüthenden Krieges 165

Schwerstes vollbrachte, so ward dir dennoch, kam es zur Theilung,
Stets der viel grössere Dank. Ich kehrte,
vergnügt mit dem mindern,

Auf mein Schiff zurück, nachdem ich vom
Streit erschlafft war.
Darum scheid' ich nunmehr gen Phtia! Es
frommet ja mehr wohl,

Heim die geschnäbelten Schiffe zu führen.

Doch mein' ich, du werdest 170
Nicht, da du so mich entehrst, hier Güter
sammeln und Schätze.

Ihm antwortete drauf Agamemnon, Herr-
scher der Völker:
Fleuch nur, gebeuth's dir dein Herz! Ich
bitte dich ganz und gar nicht,
Meinethalb zu verziehn. Es bleiben, mir
Ruhm zu erwerben,
Andere noch vorhanden; vornähmlich Zeus,
mein Berather. 175
Bist du ja doch der Verhaßteste mir der
götteraergflegten
Könige! Immer nur Freund von Hader,
Kriegen und Schlachten!
Bist du vor Andern stark, so hat das Gott
dir verliehen.
Kehre dann immer nur heim mit deinen
Gefährten und Schiffen,
Und beherrsche die Myrmidonen! Du küm-
merst mich gar nicht, 180
Gar nichts gilt mir dein Zorn! Vielmehr
noch droh' ich dir dieß an:

Gleichwie Foibos Apollon die Tochter Chry=
             ſes mir wegnimmt,
Die ich ihm wieder will ſenden auf mei=
             nem Schiff durch die Meinen:
Alſo komm' ich und nehme die wangen=
             ſchöne Briſeis,
Deinen Dank, dir ſelbſt aus dem Zelt; auf
             daß du erkenneſt,          185
Was ich mächtiger ſey, als du, und Andre
             ſich ſcheuen,
Mir ſich gleich zu ſtellen, und mir entgegen
             zu ſtreben.

Alſo ſprach er; und Schmerz ergriff den
             Peliden. Sein Herz ſchlug
Unter der zottigen Bruſt angſtzweifelnd hier=
             her und dorthin:
Sollt' er ſein ſcharfes Schwert der Hüft'
             entreiſſen, und vor ſich   190
Alles zur Seite ſchleudern, und niederhaun
             den Atreiden?

189. W.  Unter Στηθεσσιν λασιοισι, der behaarten,
der zottigen Bruſt nicht etwas äußerlich Phyſiſches,
ſondern Moraliſches verſtehen zu wollen, ſcheint
mir nichts, als äſthetiſche Scholiaſterei zu ſeyn.

Oder follt' er ſtillen den Zorn und zähmen
die Rachgier?
Als es noch ſtürmt' in ihm, und er auch
wirklich das große
Schwert der Scheide bereits entzog, da
kam Athenaia
Himmelherab. Sie ſandte die lilienarmige
Here.                                                195
Denn gleich liebend war ihr Herz um Beide
bekümmert.
Hinter ihn tretend, ergriff ſie bei'm gelben
Haar den Peliden,
Sichtbar ihm allein; denn ſonſt erblickte
ſie Niemand.
Grauſen durchfuhr den Peliden. Gar ſchnell
erkannt' er im Umſchaun
Athenaiens Geſtalt. Ihn funkelte ſchrecklich
ihr Aug' an.                                        200
Und er rief ihr entgegen mit ſchnell beflü-
gelter Stimme:

Warum kamſt du, o Tochter des ſchreck-
lich beſchildeten Gottes?
Mich verhöhnt zu ſehn von Atreus Sohn,
Agamemnon?

Aber ich schwör' es dir zu, und sicherlich
  wird es erfüllet,
Dieser Uebermuth soll ihn bald des Lebens
  berauben.   205

Ihm antwortete Zeus blauäugige Toch-
  ter, Athene:
Deine Wuth komm' ich zu besänftigen, so
  du gehorchest,
Himmelherab. Mich sandte die lilienarmige
  Here.
Denn gleich liebend ist ihr Herz um euch
  Beide bekümmert.
Nun, so enthalte dich dann der That, und
  zücke dein Schwert nicht! 210
Aber mit Worten magst du ihn schelten,
  wie sie auch fallen.
Denn ich verkündige dir, und traun! so
  wird es erfüllet;
Biethen soll er dir einst wohl drei Mahl so
  herrliche Gaben,
Wegen dieser Schmach. Drum zwinge dich
  jetzt, und gehorch' uns!

Ihr antwortete drauf der schenkelrasche
  Achilleus:  215

Freilich muß ich, o Göttinn, wohl euern
    Worten gehorchen,
Was mein Herz auch wüthet; da solches
    ersprießlicher seyn wird.
Denn, wer den Göttern gehorcht, wird
    wieder von ihnen erhöret.

Sprach's, und hemmte die schwere Faust
    an dem silbernen Hefte,
Trieb's in die Scheide zurück, das große
    Schwert, und gehorchte 220
Athenaiens Geboth. Doch sie fuhr wieder
    gen Himmel
Auf, zu des donnernden Zeus Pallast und
    den übrigen Göttern.

Aber von neuem begann der Pelide mit
    scheltenden Worten
Gegen Atreus Sohn; denn noch entsank ihm
    der Zorn nicht:
Weinberauschter, von Augen ein Hund,
    ein Hirsch von Gemüthe! 225
Nimmer, dich mit dem Volk zugleich zum
    Kampfe zu rüsten,
Oder die Starken des Heers in den Hin-
    terhalt zu begleiten,

Nimmer wagt' es dein Muth! Denn das
                schon dünkte der Tod dir.
Freilich frommt es wohl mehr, durch's weite
                Lager der Griechen
Jedem sein Gut zu rauben, der dir zuwider
                ein Wort spricht.          230
Volksverschlingender König! Weil du Ge-
                sindel beherrschest,
Wahrlich, Atreide, sonst hättest du heut
                dein Letztes gefrevelt!
Aber ich sag' und schwör' es dir zu mit
                dem heiligsten Eide:
Zeuge dieß Zepter! So wahr das nie mehr
                Blätter und Zweige
Treiben, noch knospen wird, nachdem es
                auf dem Gebirge          235
Seinen Stamm verließ, ihm Laub und
                Rinde das Erz nahm,
Und seitdem hierauf die Richter der Söhne
                Achaia's,
Welchen Zeus den Schutz von seinen Ge-
                setzen vertraut hat,
In den Händen es führen: — dieß sey die
                die höchste Betheurung! —

So wahrhaftig befällt einst Sehnsucht nach
    dem Achilleus        240
Sämmtliche Griechen, und du wirst nicht,
    so sehr du dich härmest,
Retten können, wann viele dem menschen-
    würgenden Hektor
Sterbend erliegen. Dann wird dein Inner-
    stes Unmuth zernagen,
Daß du den Tapfersten aller Achaier so we-
    nig geehrt hast!

Also Peleus Sohn, und warf das Zepter,
    mit goldnen        245
Stiften geziert, zu Boden, und setzte sich.
    Gegen ihm über
Wüthete Atreus Sohn. Nun hob der lieb-
    lich gestimmte
Nestor sich empor, der tönende Redner aus
    Pylos.
Seinen Lippen entflossen die Töne süßer, als
    Honig.
Schon zwei volle Geschlechte vernünftiger
    Menschen, die neben    250
Ihm erwuchsen und lebten im gottgesegneten
    Pylos,

Schieden vor ihm hinweg; und jetzt be-
herrscht' er das dritte.
Weisen Sinnes erhob der unter ihnen, die
Stimme:


Ach! welch großes Leid befällt das Land
der Achaier!
Wohl wird Priamos das, und wohl thun
Priamos Söhnen,       255
Sämmtliche Troer werden sich hoch im Her-
zen erfreuen,
Wann sie das Alles von euch und euerm
Hader vernehmen,
Die ihr die Ersten der Danaer seyd im
Rath und Gefechte!
Darum höret mich! Denn ihr Beide seyd
jünger, als ich bin.
Hatt' ich ja doch wohl eher mit stärkeren
Helden Gemeinschaft,       260
Als ihr seyd, und doch verschmähete deren
mich Keiner.
Nimmer erblickt' ich Männer, noch werd' ich
ihrer erblicken,
Wie Peirithoos war, wie Dryas, der Hirte
der Völker,

Kaineus, Exadios, und der göttliche Held
Polyphemos,
Oder wie Theseus, Aigeus Sohn, den Un-
sterblichen ähnlich.                              265
Sie, zu den Allerstärksten der Erdebewohner
erzogen,
Waren die Allerstärksten, und stritten den
Stärksten entgegen;
Berg-Kentauren entgegen, die sie mit
Schrecken vertilgten.
Seht, mit Solchen hatt' ich Gemeinschaft,
als ich aus Pylos,
Fern im Lande der Apier, kam! Sie berie-
fen mich selber,                              270
Und ich stritt nächst ihnen, nach meinem
Vermögen. Doch Keiner
Jetziger Menschenart vermöchte wohl, Sie
zu bekämpfen.
Dennoch hörten sie mich, wann ich rieth,
und folgten dem Rathe.
Also folget auch ihr! denn Folgen ist euch
ersprießlich.
Du, wie hoch du auch stehest, entreiß' nicht
diesem das Mägdlein,                          275

Sondern laß ihm den Dank, so wie die
    Achaier ihn gaben!
Und du, Peleus Sohn, sollst nicht mit dem
    Könige hadern!
Denn noch nimmer ward ein zepterführen-
    der König
Gleicher Ehre Genoß. Ihn hat Kronion
    verherrlicht,
Bist der Stärkere du, der Sohn von gött-
    licher Mutter;         280
So ist mächtiger Er, weil er den Meisten
    gebiethet.
Stille nun deinen Grimm, Sohn Atreus!
        Auch den Peliden
Bitt' ich, seines Zorns sich abzuthun. Denn
        ein großes
Bollwerk ist er den Griechen in diesem fähr-
    lichen Kriege.

Ihm antwortete drauf Agamemnon, der
    Herrscher, und sagte:   285
Traun! Das Alles, o Greis, hast du sehr
    zutreffend gesprochen!
Aber dieser Mann will allen Andern zuvor
    seyn;

Alle will er beherrschen, will über Alle ge-
    biethen;
Allen Winke geben, die, däucht mir, Kei-
    ner verstehn will.
Wenn sie zum Krieger ihn schufen, die
    ewigwaltenden Götter,   290
Ließen sie darum ihm zu, auch Lästerworte
    zu sprechen?

In die Red' ihm fallend, versetzte der
    hohe Pelide:
Wahrlich, ein feiger Mann, ein Taugenichts
    müßt' ich ja heissen,
Ließ' ich mir Alles gefallen, was du nur ir-
    gend dahersprichst.
Andern gebeuth so viel! Mir aber sollst du
    nicht also   295
Winken! Denn mir däucht, nicht mehr werd'
    ich dir gehorchen.
Eins noch sag' ich dir an, und du bewahr'
    es im Herzen!
Siehe, mit Händen werd' ich nicht das
    Mädchen verfechten,
Gegen dich, noch Andere; da ihr die
    nehmt, was ihr gabet.

Aber von Allem, was sonst mein schwarzes
        hurtiges Schiff hegt,     300
Sollst du das Mindeste nicht mir wider-
        Willen entreissen.
Auf, und wag' es einmahl! Daß Dies' auch
        sehen, wie plötzlich
Dann dein schwarzes Blut um meine Lanze
        soll triefen.

Also haderten Diese mit widerwärtigen
        Worten,
Standen auf, und trennten den Rathskreis
        neben den Schiffen.    305
Peleus Sohn schritt weg zu den tüchtigen
        Schiffen und Zelten,
Sammt dem Menoitiaden und seinen Krie-
        gesgenossen.
Aber Atreides ließ ein schnelles Schiff in
        das Meer ziehn,
Wählete zwanzig Schiffer, und lud die
        Sühnhekatomb' ein.
Endlich führt' und setzt' er die wangenschöne
        Chryseis    310
Auf das Schiff. Als Führer bestieg's der
        weise Odysseus.

Eingeschifft, durchsegelten sie die strömenden
Pfade.

Drauf hieß Atreus Sohn das Volk sich
reinigen. Dieses
Reinigte sich, und warf in die Fluth des
Meeres den Unrath;
Opferte Foibos Apollon vollkommene Sühn-
hekatomben,                                                    315
Rinder und Ziegen am Ufer des unergründ-
lichen Meeres;
Und es wallte der Duft, in Rauch gehüllet,
gen Himmel.

Also geschah im Lager umher. Allein
Agamemnon
Sagte der Kränkung nicht ab, die er dem
Peliden gedrohet;
Sondern rief herzu Talthybios und Eury-
bates,                                                         320
Beide gewärtig sein als Herold' und em-
sige Diener:
Machet euch auf in das Zelt des Peleiden
Achilleus!
Leget Hand an, und holt die wangenschöne
Briseis!

Weigert er fie, fo werd' ich felber kommen
    mit Mehrern,
Und hinweg fie hohlen. Das foll weit här-
    ter, ihm fallen!    325

Alfo fprach er, und fandte fie fort mit
    fchütternder Stimme.
Ungern wanderten fie am unergründlichen
    Meer hin,
Und erreichten die Schiff' und Zelte der
    Myrmidonen.
Ihn erblickten fie zwifchen dem fchwarzen
    Schiff und Gezelte
Sitzend. Achilleus freute fich keineswegs
    des Anblicks.    330
Jene ftanden beftürzt, voll Ehrfurcht gegen
    den König.
Keiner wagte zu reden, und Keiner etwas
    zu fordern.
Aber er merkt' es in feinem Sinn, und re-
    dete fie an:

Freude zuvor, Herold', ihr Bothen Zeus
    und der Menfchen!
Tretet heran! Ihr feyd nicht fchuldig! Das
    ift Agamemnon,    335

Welcher euch wegen des Mädchens, Briseis
    wegen gesandt hat!
Nun wohlan denn, mein edler Patroklos,
    hohle das Mädchen,
Gib's und laß sie's nehmen! Sie aber, sol-
    len nun Zeugen
Vor den seligen Göttern un, vor den sterb-
    lichen Menschen,
Sollen mir Zeugen seyn vor diesem ver-
    dammlichen Fürsten:    340
Wenn man einst meiner bedarf, zu steuern
    dem schmählichsten Unheil
Jener . . . . denn, wahrlich er rast heillosen
    Sinnes! So gar nicht
Weiß er die Gegenwart zu durchschaun, viel
    minder die Zukunft,
Daß bei den Schiffen dereinst gesichert die
    Danaer streiten.

Sprach's. Patroklos gehorchte dem trau-
    ten Freund, und führte    345
Aus dem Gezelt und gab die wangenschöne
    Briseis
Ihnen hin. So kehrten sie um zu der Da-
    naer Schiffen.

Ungern ging mit ihnen das Mägdlein. Aber
    Achilleus
Setzte nun weinend sich, von seinen Freun=
    den gesondert,
An das graue Meer, und schaut' in den däm=
    mernden Abgrund.    350
Brünstig fleht' er zur Mutter mit ausge=
    breiteten Händen:

Mutter, da du mich nur zum kürzesten
    Leben gebarest,
O so sollte darein der hochherdonnernde
    Zeus auch
Ehre verweben! Allein er ehrt mich nicht
    um ein Sandkorn!
Ja, es hat Atreus weitgebiethender Sohn,
    Agamemnon,    355
Gar mich geschändet! Er hat mir den Dank
    geraubt, und besitzt ihn.

354. V. Sandkorn — τυτθον. In der Provinzial=
Sprache würde man noch treffender sagen: Er ehrt
mich kein Splürchen. Oder ist dies Wort schon
irgendwo in die Hochdeutsche Büchersprache aufge=
nommen?

Weinend sprach er's; und ihn vernahm
die erhabene Mutter,
Sitzend in den Tiefen des Meers bei'm al-
ternden Vater.
Jählings fuhr sie empor aus der graulichen
Fluth, wie ein Nebel,
Kam und setzte sich dicht vor den Thränen-
vergießenden nieder,               360
Streichelt' ihn mit der Hand, und redet' ihn
an und sagte:
Kind, was weinest du? Welch Leid beklem-
met das Herz dir?
Rede! Verhehle mir nichts! damit auch ich
es erfahre.

Tiefaufsöhnend versetzte der schenkelrasche
Achilleus:
Weißt es! Was soll ich es dir, der Alles-
wissenden, melden?               365
Wir belagerten Theben, Eetions heilige
Feste,
Und eroberten sie, und zogen hierher mit der
Beute.
Diese theilten Stück vor Stück die Söhne
Achaia's.

Für Agamemnon erkor man die wangen-
    schöne Chryseis.
Aber Chryses, der Priester des Fernhintref-
    fers Apollon,           370
Kam zu den schnellen Schiffen der erzgepan-
    zerten Griechen,
Seine Tochter zu lösen, versehn mit unend-
    licher Spende.
In den Händen hielt er das Stirnband Foi-
    bos Apollon's,
Rings um den goldenen Stab. So fleht'
    er allen Achaiern;
Atreus Söhnen am meisten, den beiden
    Völkergebiethern.      375
Günstig hießen hierauf die übrigen Danaer alle
Foibos Priester verehren, und nehmen die
    herrliche Spende.
Nur nicht Atreus Sohn, Agamemnon, ge-
    fiel es im Herzen.
Schnöde wies dieser ihn ab, und erhob er-
    schütternde Drohung.
Zürnend wich der Greis zurück. Es erhört'
    ihn Apollon,      380
Als er ihn anrief: denn er liebte den Prie-
    ster von Herzen.

Und er schoß auf die Griechen Geschoß des
        Verderbens; und Völker
Starben auf Völker dahin. Denn überall
        flogen in's weite
Lager der Griechen die Todesgeschosse des
        Gottes. Da that ein
Weiser Seher uns des Fernhintreffenden
        Rath kund.         385
Stracks war ich der Erste, der rieth, den
        Gott zu versöhnen.
Drob ergriff Agamemnon der Zorn; und
        jählings erhob er
Sich und drohete mir ein Wort, das jetzo
        erfüllt ist.
Jene führen nunmehr die dunkeläugigen
        Griechen,
Sammt Geschenken, zurück auf schnellem
        Schiffe gen Chryse.     390
Doch mir hohlten so eben die Herold' aus
        dem Gezelte
Brises Tochter, die mir die Söhn' Achaia's
        verehrten.
Nun, dafern du es kannst, nun leiste Hülfe
        dem Sohne!

Steig' empor zum Olymp, und siehe Zeus,
    wenn du jemahls
Dir durch Worte sein Herz erwarbest oder
    mit Thaten.        395
Hab' ich ja doch dich oft daheim in dem
    Hause des Vaters
Rühmen gehört, wie einst von dem Wol-
    kenverdunkler Kronion
Du, die Einzige aller Unsterblichen, schmäh-
    liches Unheil
Abgewendet habest, da andr' Olympier, Here,
Poseidaon und Pallas Athene fesseln ihn
    wollten.        400
Aber du kamst, o Göttinn, und rettetest ihn
    von den Banden,
Riefest den Hundertarm hinauf in den ho-
    hen Olympos,
Briareus von den Göttern genannt, von
    den Menschen Aigaion.
Dieser, vortrefflicher noch, als selbst sein
    Vater an Kräften,
Setzte sich neben Kronion, in triumphiren-
    der Freude.        405
Vor ihm zagten die seligen Götter, und fes-
    selten Zeus nicht.

Dessen erinner' ihn nun! Dich zu ihm setzend,
umfasse
Seine Knie' und bitt' ihn, er wolle den
Troern beistehn,
Wolle schlagen und drängen die Griechen
bis dicht vor die Schiffe,
Daß sie insgesammt genießen ihres Beherr-
schers;                                              410
Und auch Atreus weitgebiethender Sohn,
Agamemnon,
Fühle die Schuld, entehrt den tapfersten
Griechen zu haben.

Ihm antwortete drauf die Göttinn thränenvergießend:
Ach! was mußt' ich dich, Kind, gebären
zum Unglück und aufziehn?
Daß du doch thränenlos und ungekränket
hier säßest,                                          415
Da dir ein Kurzes nur, ganz Kurzes! zu
leben bestimmt ist!
Sterblich bist du so früh, und über Alles
doch elend!
Darum gebar ich dich daheim zur Stunde
des Unglücks.

Doch bald fahr' ich hinan zum hochbeschrei-
    ten Olympos,
Meld' es dem donnerfrohen Kronion, ob es
    ihn rühret.     420
Du bleib' sitzen indeß bei den schnellhinglei-
    tenden Schiffen,
Zürne den Griechen fort, und enthalte des
    Krieges dich gänzlich.
Zeus ging gestern zum Mahl an den Ocean
    hin zu den frommen
Aithiopen, und ihn begleiteten sämmtliche
    Götter.
Nach zwölf Tagen kehrt er wieder zurück
    zum Olympos.     425
Alsdann will ich hinauf in sein erzbegrün-
    detes Haus gehn,
Und sein Knie umschlingen. So hoff' ich
    ihn zu bewegen.

Also sprach sie, und schied. Sie verließ
    ihn, inniglich zürnend,
Wegen des schönumgürteten Weibes, das
    wider sein Wollen
Durch Gewaltthat ihm entrissen war. Aber
    Odysseus     430

Bürger's Schriften. III. B.     Q

Langte zu Chryse an mit der heiligen Sühn-
bekatombe.
Als sie den Eingang nun des tiefen Hafens
gewonnen,
Zogen sie ein und legten in's schwarze Schiff
die Segel,
Senkten geschwind' an Tauen den Mast her-
ab zum Behälter,
Rückten sodann das Schiff mit den Rudern
vollends zur Anfurth,                      435
Warfen die Anker aus, befestigten Seile
zum Halten,
Und beschritten nun selbst den Strand des
Meeres, und luden
Aus die Sühnbekatombe dem Ferntreffer
Apollon.
Auch Chryseis entstieg dem meerdurchwallen-
den Schiffe.
Diese führte sogleich der weise Odysseus zum
Altar,                                     440
Uebergab sie den Armen des liebenden Va-
ters, und sagte:

Chryses, mich sendet hierher Agamemnon,
der Völkerbeherrscher,

Dir die Tochter zu liefern, und Foibos die
    Sühnhekatombe
Für die Achaier zu opfern, auf daß wir den
    Herrscher versöhnen,
Welcher über die Griechen so schmerzliches
    Elend gesandt hat,      445

Sprach's; und führte sie ihm in die Arme.
    Freudig empfing er
Sein geliebtes Kind. Die herrliche Sühn-
    hekatombe
Ward stracks ausgestellt um den schöner-
    baueten Altar.
Hierauf wuschen sie sich die Händ', und grif-
    fen zum Streukorn.
Chryses aber erhob laut betbend vor ihnen
    die Hände:      450

Höre mich, Silberbogner, o du, der du
    Chryse umschirmest,
Sammt der herrlichen Killa, und Tenedos
    mächtig beherrschest!
Wie du mich schon zuvor erhörtest, als ich
    dich anrief,
Wie du mich ehrtest, und hart bestraftest das
    Volk der Achaier,

Also wollest du auch mir dieses Verlangen
erfüllen, 455
Und das schmähliche Weh von den Danaern
wieder entfernen.

Also fleht' er, und ihn erhörete Foibos
Apollon.
Als sie nun ausgebethet, und aufgeworfen
das Streukorn,
Beugten sie hinter die Häls', und schlachte-
ten, zogen die Häut' ab,
Schnitten die Hüften aus, umhüllten sie
doppelt mit Fette, 460
Und beßückelten sie. Das Alles verbrannte
der Alte
Auf gespaltetem Holz und sprengt' es mit
feurigem Wein an.
Jünglinge standen um ihn, fünfzackige Spieß'
in den Händen.
Als sie die Hüften verbrannt, und die Ein-
geweide geprüfet,
Da zerstückten sie auch das Uebrige, bohr-
ten's an Spieße, 465
Brieten mit Vorsicht es gar, und zogen
Alles herunter.

Hierauf feierten sie, und setzten das Mahl
    auf, und schmausten.
Keines Herzen gebrach's an voller Gnüge
    des Mahles.
Als nun aber die Lust nach Trank und
    Speise gestillt war,
Füllten die Knaben den Kump bis oben zum
    Kranze mit Wein an,    470
Und vertheilten ihn Allen umher, in Becher
    geschöpfet.
Bis an den Abend versöhneten sie den Gott
    mit Gesange.
Einen schönen Paian sangen die jungen
    Achaier,
Preisend den Fernhintreffer.  Er hört' ihn
    freudigen Herzens.
Als die Sonne sank und nächtliches Dunkel
    heraufzog,    475
Da entschliefen sie neben den Halteseilen
    des Schiffes.
Als die frühgeborne, die rosenfingrige Eos
Aufging, schifften sie wieder zum großen La-
    ger der Griechen.
Guten Fahrwind sandte der Fernhintreffer
    Apollon.

Als erhoben der Mast und das weiße Se-
         gel gespannt war,      480
Schwellte der Wind die Mitte des Segels.
         Die schwärzliche Woge
Rauschte laut um den Kiel, indem von
         hinnen das Schiff glitt.
Und es eilte dahin durch die Fluth, und voll-
         brachte die Reise.
Als sie erreichet hatten das große Lager der
         Griechen,
Zogen sie wieder hinan das schwarze Schiff
         an das Ufer,      485
Hoch auf den Sand empor, und schoben
         langes Gebälk vor.
Dann zerstreuten sie sich in ihre Schiff' und
         Gezelte.


   Aber noch zürnend saß bei den schnellhin-
         gleitenden Schiffen
Peleus göttlicher Sohn, der schenkelge-
         schwinde Achilleus.
Er betrat nicht mehr den männerehrenden
         Rathskreis,      490
Zog nicht mehr in die Schlacht. Sein
         Herz in sich zerquälend,

Raket' er dort, und sehnte sich doch nach
   Schlacht und Getöse.
Als nun von jener Zeit zwölf Tage waren
   vollendet,
Kehrten in den Olymp die ewigwaltenden
   Götter
Alle zurück, und voran ging Zeus. Geden=
   kend der Bitten   495
Ihres Sohnes, enthob sich Thetis den Flu=
   then des Meeres,
Stieg früh' Morgens hinan zum großen
   Olympos, und fand dort
Sitzen den weithinschauenden Zeus, getrennt
   von den Andern,
Auf dem obersten Gipfel des vielgezackten
   Olympos.
Allda setzte sie sich vor ihm nieder, umfaßte
   mit ihrer   500
Linken seine Kniee, berührte sein Kinn mit
   der Rechten,
Und sprach flehend hierauf zu Zeus Kro=
   nion, dem Herrscher:

Vater Zeus, wenn ich je vor den übrigen
   Göttern mit Worten,

Oder Thaten dir half, so erfülle mir dieses
        Verlangen!
Ehre mir meinen Sohn, der der Frühhin-
        fälligste aller           505
Menschen ist. Denn es hat Agamemnon,
        der Völkerbeherrscher,
Ihn geschändet; er hat ihm den Dank ge-
        raubt und besitzt ihn.
Räche du ihn daher, Olympier, weiser Kro-
        nion!
Gib so lange nun Sieg den Troern, bis
        die Achaier
Gnugthun meinem Sohn, und die Schmach
        mit Ehre vergelten.      510

Also sprach sie, und nichts versetzte der
        Wolkenversammler,
Und saß lange noch schweigend. Doch The-
        tis hielt ihm die Kniee
Nach wie vor umschlungen, und flehte zum
        andern Mahle:

Nun, so verheiß' es entweder gewiß, und
        gib mir den Wink drauf;
Oder weigere mir's! Furcht hegst du ja nicht.
        Daß ich wisse,      515

Ich sey ganz und gar die geringgeschätzteste
Gottheit.

Großen Unmuths voll versetzte der Wol-
kenversammler:
Heillos ist es fürwahr, daß du mich Here'n
zu kränken
Reitzest, damit sie hernach mich errege durch
schmählichen Vorwurf!
Denn sie hadert stets mit mir in der Göt-
terversammlung,                      520
Und beschuldiget mich, ich helf' im Streite
den Troern.
Mache dich also nur fort, daß Here dich
hier nicht erblicke!
Für das Uebrige will ich sorgen, wie ich's
vollende.
Daß du mir aber vertrauest, so wink' ich
dir zu mit dem Haupte.
Denn dieß ist bei den Göttern mein aller-
theuerstes Zeichen.              525
Unwiderruflich bleibt, untrieglich ist jede
Verheissung,
Und wird wahrlich erfüllt, die ich mit dem
Haupte bewinke.

Also Kronion; und winkte herab mit den
schwärzlichen Wimpern,
Und die ambrosischen Locken des Allbeherr-
schers entrollten
Seiner unsterblichen Stirn. Ihm erbebte
der große Olympos.              530
Also pflegten sie Rath, und schieden hierauf
von einander.
Sie entfuhr dem lichten Olymp in die Tiefe
des Meeres.
Zeus ging in sein Haus; und alle Götter
erhoben
Sich von ihren Sitzen, dem Vater entgegen. Nicht Einer
Harrte des Kommenden erst. Entgegen zogen sie Alle.              535
Und er bestieg den Thron. Doch Here wußte
schon Alles.
Denn sie hatt' es gesehn, wie er sich berathschlagt mit der
Silberfüßigen Thetis, der Tochter des alternden Meergotts.
Und straks fuhr sie ihn an mit herzzerschnei-
denden Worten:

Schalk, mit welchem der Götter haſt du
dich heute berathſchlagt? 540
Immer behagt es dir doch, allein und ohne
mein Beiſeyn
Heimliche Schlüſſe zu faſſen. Noch nie ver-
trauteſt du willig
Mir ein einziges Wort von deines Herzens
Gedanken!

Ihr antwortete drauf der Vater der Menſchen und Götter:
Here, hoffe von mir nicht jeglichen Schluß
zu erfahren! 545
Manches würde zu ſchwer dir ſeyn, obſchon
du mein Weib biſt.
Was dir aber zu wiſſen gebührt, ſoll weder
der Götter,
Noch der Menſchen Einer vor dir vernehmen. Nur was ich
Ohne die übrigen Götter in meinem Herzen
beſchließe,
Solches ſollſt du nicht ſtets erfragen, oder
erforſchen! 550

Drauf verſetzte die hohe, die farrenäugige
Here:
Was für ein Wort ſprachſt du, o höchſt-
geſtrenger Kronion?

551. V. Βοωπις — die farrenäugige, wird wahrſchein-
lich ein Brocken für den äſthetiſch kritiſchen Johann
Hagel ſeyn. Wer weiß es nicht, daß Homer eine
groß-, eine erhaben-, eine edeläugige damit hat be-
nennen wollen? Die Sache redet es auch ſchon
ſelbſt, ohne daß man nöthig hat, die Scholiaſten
darüber zu befragen. Das Rinderauge iſt nicht
häßlich, und macht in der That die Eindrücke des
Adels und der Majeſtät. Aber was kann ich denn
dafür, daß er für dieſen Begriff kein anderes Wort
wählte? Wenn er eine Solche βοωπις nennen konnte,
warum könnte ich denn nicht die Nähmliche eine
farrenäugige nennen? Ich will und darf ihm
ja meinen Euphemiſmus nicht zu Hülfe geben. Ich
denke aber, das Wort iſt an und für ſich edel genug,
um es auch im Deutſchen zu ertragen. Ueberhaupt
hat jeder getreue Ueberſetzer zweierlei zu beobachten,
und nicht nur wiederzugeben, was ſein Original,
ſondern auch wie es das Was geſagt hat. Das
iſt daher mein allergeringſter Kummer, den Homer
hier und da in einer Sprache reden zu laſſen, die
heut zu Tage kein Menſch mehr vertragen kann,
ſo bald ich mich nur überzeugt fühle, daß ſie ſeinem

Hab' ich ja doch noch nie sonst in dich ge=
  fragt, noch geforschet.
Ruhig vor mir beschlossest du immer, was
  du nur wolltest.
Aber itzt fürchtet mein Herz gar sehr, dich
  habe verführt die            555
Silberfüßige Thetis, die Tochter des altern=
  den Meergotts.
Heut früh' Morgens saß sie bei dir und um=
  schlang dir die Kniee,
Und mir däucht, du habest ihr's zugewinkt,
  den Achilleus
Hoch zu ehren, und viel Achaier am Meer
  zu vertilgen.


Griechischen Ausdrucke entspricht. Indessen ist kein
Mensch nachgibiger, als ich, so bald ich das Wort
eines Mannes gegen mich höre, vor welchem ich
Ehrfurcht hege. Es wird in dem Falle gar ein
Leichtes seyn, der Farrenäugigen die Edeläu=
gige unterzuschieben. Nur Umschreibungen, etwa
durch das Wörtlein mit, mit großen rollen=
den Augen u. d. muß mir auch kein Mann, vor
welchem ich Ehrfurcht hege, zumuthen wollen, weil
ich mich gar zu sehr überzeugt fühle, daß das ganz
wider Homer's Ton ist.

Ihr antwortend sprach der Wolkenver-
        sammler Kronion:        560

Bübinn, dir däucht es stets, und nie bin
        ich dir verborgen!

Doch nichts wird es dir frommen! du wirst
        nur desto verhaßter

Meinem Herzen seyn. Das soll weit härter
        dir fallen.

Wann das Alles geschieht, so wird es mir
        also gelieben!

Dennoch sitze du still, und gehorche meinem
        Befehle!        565

Schwerlich retten dich sonst die Götter, und
        träten sie alle

Dicht um dich her, wenn dich mein allge-
        waltiger Arm faßt.


Sprach's. Da erschrak die hohe, die far-
        renäugige Here,

Und saß da verstummt, mit tiefbeklomme-
        nem Herzen.

Durch das ganze Haus erseufzten die himm-
        lischen Götter.        570

Endlich aber begann der berühmte Künstler
        Hephaistos,

Schmeichelnd seiner Mutter, der lilienar-
  migen Here:


Heillos wahrlich ist's, und gar nicht mehr
  zu ertragen,
Daß ihr Sterblicher wegen auf die Art un-
  ter euch hadert,
Und Getümmel unter den Göttern erregt.
          Denn hinfort wird,          575
Wenn dieß Unheil siegt, kein liebliches Mahl
  uns erquicken.
Darum mahn' ich die Mutter, wiewohl sie
  es selber erkennet,
Unserm Vater Zeus Gehorsam zu weihen,
  damit er
Nicht von neuem schelt', und unsere Mahle
  zerrütte.
Denn so bald er nur will, der Olympische
      Schwinger des Blitzes,   580
Uns den Thronen entstürzen ... der Aller-
      gewaltigste ist er!
Nun wohlauf dann! Schmeichle dem Vater
      mit lieblichen Worten,
Und gar bald wird er versöhnt uns Allen
      und hold seyn!

Sprach's; und sprang empor, und reichte
den doppeltgehöhlten
Becher in die Hände der lieben Mutter, und
sagte:                                            585

Duld', o Mutter, und trag's, wie sehr
es auch immer dich kränket!
Daß ich niemahls dich, die ich so liebe,
mit diesen
Augen geschlagen seh'. Ich könnte dir, was
mir's auch schmerzte,
Dann nicht helfen. Denn schwer ist's, gegen Kronion zu kämpfen.
Ehmahls schon, als ich dir beizustehn mich
erkühnte,                                          590
Schleudert' er mich, bei'm Fuße gepackt, von
der himmlischen Schwelle.
Ganz den Tag lang flog ich; und erst mit
der sinkenden Sonne
Fiel ich in Lemnos hinab. Kaum schlug
das Leben noch in mir.
Aber freundlich empfing der Sintier Volk
mich Gestürzten.

Sprach's. Ihm lächelte drob die lilienarmige Here,                                       595

Und nahm lächelnd hin von der Hand des
	Sohnes den Becher.
Dieſer reichte nun auch, rechts anbeginnend,
	des ſüßen
Nektars, aus dem Kumpe geſchöpft, den
	übrigen Göttern.
Unauslöſchliche Lache befiel die ſeligen Göt-
	ter,
Als ſie ſahn, wie Hephaiſtos die Halle ſo
	flink durchdiente.			600

Nun durchſchmauſeten ſie den Tag, bis
	die Sonne hinabſank.
Keines Herzen gebrach's an voller Gnüge
	des Mahles.
Foibos Apollon ſchlug die ſchöne Laute.   Die
	Muſen
Sangen Wechſelgeſänge dazu mit lieblichen
	Stimmen.

Als ſie geſunken war, die leuchtende Fackel
	der Sonne,			605
Da ging Jeder zu ruhn hinweg nach ſeinem
	Gemache.
Jeglichem hatte der zwiergelähmte berühmte
	Hephaiſtos

Sein besondres Gemach mit künstlichem
Sinne gezimmert.

Auch zu Bett ging Zeus, der Olympische
Schwinger des Blitzes,
Wo er ruhte, wann ihn der liebliche Schlaf
umwallte.                                      610
Dieses bestieg er, und schlief bei der golden-
thronenden Here.

# 3.

# Ilias.

## Zweiter Gesang *).

Nun durchschliefen die übrigen Götter
und reisigen Männer
Ganz die Nacht. Nur Zeus erlag dem lieb-
lichen Schlaf nicht.
Sondern bekümmert sann sein Herz, wie er
den Peliden
Ehrt', und der Danaer Viele bei ihren
Schiffen vertilgte.
Dieser Entschluß zuletzt schien seinem Her-
zen der beste:                                    5
Einen Unglückstraum zu Atreus Sohne zu
senden.
Und er rief ihn heran, und sprach die ge-
flügelten Worte:

Tummle dich, Unglückstraum, zu den
schnellen Schiffen der Griechen!

*) Aus dem Journale von und für Deutschland.
I. Band. 159. S.

D. H.

Geh' dort in das Gezelt zu Atreus Sohn,
      Agamemnon,
Und verkünd' ihm genau dieß Alles, wie
      ich's gebiethe:                           10
Rüsten sollst du ihn heissen der hauptumlock-
      ten Achaier
Ganzes Heer.  Er würde die gassengeräu-
      mige Troia
Nun erobern.  Es wären die ewigen Him-
      melsbewohner
Nicht mehr zweierlei Sinnes.  Denn alle
      hätte durch Flehen
Here bewegt; und über die Troer schwebte
      Verderben.                                15

Sprach's.  Hin eilte der Traum, so bald
      er die Rede vernommen;
Langt' urplötzlich an bei den schnellen Schif-
      fen der Griechen;
Eilte hinein zu Atreus Sohn, Agamemnon,
      und fand ihn
Schlafend in seinem Gezelt.  Ihn umsloß
      der ambrosische Schlummer.
Und er trat ihm zu Haupt, gleich Nestor,
      Neleus Sohne,                             20

Den Agamemnon am höchſten vor allen
   Greiſen verehrte.
Ihm ſich gleichend, redet' ihn alſo der gött-
   liche Traum an:  •


Schläfſt, Sohn Atreus, Sohn des Krie-
   gers, des Roſſebezähmers?
Nie muß ganz die Nacht ein Rathserfahr-
   ner verſchlafen,
Welchem ſich Völker vertrauten, dem ſo
   viel Sorge zu Theil ward. 25
Merke nun hurtig mir auf! Ich bin dir ein
   Bothe Kronion's,
Der, obſchon entfernt, dein waltet, dein
   ſich erbarmet.
Rüſten heiſſet er dich der hauptumlockten
   Achaier
Ganzes Heer. Du würdeſt die gaſſengeräu-
   mige Troia
Nun erobern. Es wären die ewigen Him-
   melsbewohner 30
Nicht mehr zweierlei Sinnes. Denn alle
   hätte durch Flehen
Here bewegt; und über die Troer ſchwebte
   Verderben

Her von Zeus. Wohlan, bewahr' es im
　　　　　Herzen, und laß dir
Nichts entfallen, wann wieder der süße
　　•　 :　　Schlummer dich losläßt.


Also sprach er, entwich, und verließ da=
　　　　　selbst den Atreiden,　　　　　35
Dem nachsinnend im Geiste, dem nie Er=
　　　　　füllung bevorstand.
Thor! Er wähnte die Stadt noch diesen
　　　　　Tag zu erobern,
Ohne zu wissen, was Zeus für Thatent=
　　　　　würfe noch aussann.
Dieser wollte ja noch viel Jammer erwecken
　　　　　und Seufzer,
Unter Achaiern sowohl, als Troern, in wü=
　　　　　thenden Schlachten.　　　　　40
Nun erwacht' er vom Schlaf, noch umweht
　　　　　von der göttlichen Stimme;
Hob sich empor; zog an den Leibrock, den
　　　　　weichen, den schönen,
Neuen Rock, und warf den großen Mantel
　　　　　darüber;
Band die schönen Sohlen sich unter die
　　　　　stattlichen Füße;

Hängte den Schultern sodann das silberbe-
schlagene Schwert um;          45
Nahm zur Hand das Zepter der Väter,
von ewiger Dauer;
Und ging aus zu den Schiffen der erzgepanzerten Griechen.

Eos, die Göttinn, erstieg bereits den
großen Olympos,
Zeus und den übrigen Göttern das Tages-
licht zu verkünden.
Und nun ließ er durch Kunder, von laut-
erschallenden Stimmen,          50
Zur Versammlung berufen die hauptumlock-
ten Achaier.
Jene beriefen laut, und diese versammelten
schnell sich.
Jetzo setzt' er zuerst die erhabenen Greise zu
Rathe,
Neben Nestor's Schiffe, des Phlosentsprosse-
nen Königs.
Als sie saßen, begann er den weislich er-
sonnenen Vortrag:          55

Freunde, hört, es erschien im Schlaf ein
göttlicher Traum mir,

In der ambrosischen Nacht. Er glich dem
göttlichen Nestor

An Gestalt und Wuchs und Wesen vor Allen
am nächsten.

Dieser trat mir zu Haupt, und sagte mir
folgende Worte:

Schläfst, Sohn Atreus, Sohn des Kriegers,
des Rossebezähmers?     60

Nie muß ganz die Nacht ein Rathserfahr=
ner verschlafen,

Welchem sich Völker vertrauten, dem so
viel Sorge zu Theil ward.

Merke nun hurtig mir auf! Ich bin dir ein
Bothe Kronion's,

Der, obschon entfernt, dein waltet, dein
sich erbarmet;

Rüsten heisset er dich der hauptumlockten
Achaier     65

Ganzes Heer. Du würdest die gassengeräu=
mige Troia

Nun erobern. Es wären die ewigen Him=
melsbewohner

Nicht mehr zweierlei Sinnes. Denn alle
hätte durch Flehen

Here bewegt; und über die Troer schwebte
       Verderben

Her von Zeus. Wohlan, bewahr' es im
       Herzen! So sprach er,    70

Und entflog. Mich aber verließ der liebliche
       Schlummer.

Auf dann, und sinnet, wie wir die Söhn'
       Achaia's nun rüsten!

Aber erst will ich mit Worten sie prüfen, so
       weit es sich thun läßt,

Und zur Flucht ermahnen auf vielberuder=
       ten Schiffen;

Doch ihr haltet sie, Jeder die Seinen, zu=
       rück durch Ermahnung.    75

Also sprach er, und setzte sich nieder. Nach
       ihm erhob sich

Nestor, Neleus Sohn, der sandigen Pylos
       Beherrscher.

Weisen Sinnes begann er vor der Versamm=
       lung und sagte:

O ihr Freunde, Berather und Kriegsan=
       führer der Griechen,

Hätt' uns solchen Traum ein andrer Achaier
       verkündigt,    80

Hielten wir ihn für Lug, und kehrten dem
    Manne den Rücken.
Aber nun sah ihn der Mann, der den Er=
    sten im Heere sich preiset;
Auf dann, und sinnet, wie wir die Söhn'
    Achaia's nun rüsten!

Also sprach er, und ging der Erste aus
    der Versammlung.
Drauf erstanden, und folgten dem Völker=
    hirten die andern
Septerführenden Fürsten. Zusammen strömte
    das Volk nun.
Also ziehen einher dichtwimmelnde Schwärme
    der Bienen,
Immer und hinter einander dem hohlen Fel=
    sen entsumsend;
Traubenweis' umschwirren sie so die Blu=
    men des Lenzes;
Andere schwirren unzählbar hier, und andere
    dort hin:
Wie die Menge der Völker aus Zelten und
    Schiffen bei Scharen
Ueber den unabsehlichen Strand zur Ver=
    sammlung daher zog.

Unter ihnen entloderte Ossa, die Bothinn
        Kronion's,
Reizte sie an, zu eilen; und bald erwuchs
        die Versammlung.
Unter dem regen Gewühl der nieder sich la-
        gernden Völker         95
Stöhnte der Grund. Laut scholl der Scha-
        ren Geschrei durch einander.
Neun laut rufende Kunder gebothen den
        Lärmenden Stille,
Daß sie vernähmen die Worte der gottge-
        pflegten Beherrscher.
Endlich lagerte sich das Volk. Nach ge-
        wonnenen Plätzen,
Ließ es vom Lärmen ab. Nun erstand Aga-
        memnon, der Herrscher,    100
Haltend den Zepterstab, den mühsam He-
        phaistos verfertigt.
Ihn verehrte Hephaistos dem Götterbeherr-
        scher Kronion.
Zeus verehrt' ihn seinem Gesandten, dem
        Argoserwürger;
Hermes, der Herrscher, verehrt' ihn dem
        Rossebändiger Pelops;

Pelops aber verehrt' ihn Atreus, dem Hir-
   ten der Völker;    105
Atreus ließ ihn sterbend dem herdenreichen
   Thyestes;
Wiederum ließ ihn Thyestes der Hand Aga-
   memnon's zu schwingen,
Daß er damit ganz Argos und viele Inseln
   beherrschte.
Hin auf diesen gelehnt, sprach er die geflü-
   gelten Worte:

O ihr Lieben, der Danaer Helden, Ge-
   nossen des Kriegsgotts!  110
Mächtig hat mich Kronion verstrickt in
   drückendes Unheil.
Einst verhieß der Harte mir zwar mit dem
   Winke die Heimkehr;
Wann vertilgt erst wäre die fest ummauerte
   Troia.
Aber er trog mich gar böslich. Denn jetzo
   heißt er mich ruhmlos
Wieder gen Argos kehren, nachdem ich viel
   Völker verloren.  115
Also gefällt es dem Willen des übergewal-
   tigen Gottes,

Welcher bereits die Häupter so vieler Städte
        zerschellt hat,
Und zerschellen noch wird. Denn seiner
        Kraft weicht Alles.
Schänden wird es uns freilich noch vor den
        Ohren der Nachwelt,
Daß umsonst ein solches, so großes Heer
        der Achaier      120
Einen vergeblichen Streit mit mindern Fein-
        den gestritten:
Dennoch erscheint ja nirgends bis jetzt ein
        anderer Ausgang.
Wollten wir beiderseits, die Troer wie die
        Achaier,
Nach geschlossenem Bunde des Friedens,
        zählen uns lassen;
Wollten wir insgesammt die Bürger Ilion's
        kiesen;      125
Drauf in Haufen von zehn und zehn uns
        Achaier vertheilen;
Und dann jeglichen Troer zum Weineinschen-
        ken bestellen:
O so würden der Zehn gar Viele des Schen-
        ken entbehren.

So viel, sag' ich, sind mehr der Söhn'
    Achaia's, als Troer,
Nähmlich Bewohner der Stadt. Allein der
    Bundesgenossen       130
Aus viel Städten umher, und lanzenschwin=
    gender Männer,
Setzen sich Viele mir gar mächtig entgegen,
    und wehren
Ilion's wohlbevölkerte Stadt, wie ich will,
    zu vertilgen.
Uns verstrichen nun schon neun große Jahre
    Kronion's.
Längst schon modern die Planken der Schiff';
    es bersten die Fugen;    135
Unsere Weiber daheim und unberathenen
    Kinder
Sitzen und harren schon längst auf uns.
    Wir aber vollenden
Nun und nimmer das Werk, um dessent=
    willen wir kamen.
Auf dann All', und laßt uns handeln, wie
    ich es rathe!
Fliehn laßt uns mit den Schiffen zum lie=
    ben Vatergefilde!    140

Denn wir erobern ja nie die gassengeräu-
    mige Troia.


Sprach's, und erregte damit in den Bu-
    sen alle Gemüther
Derer, die unter der Menge zuvor den Rath
    nicht vernahmen.
Rege ward die Versammlung, wie hochan-
    schwellende Wogen
Auf dem Ikarischen Meer, die Euros em-
    pören und Notos,    145
Wann sie plötzlich entstürmen den Wolken
    des göttlichen Vaters.
Wie, wann ein weites Saatengefilde Ze-
    phyros aufrührt,
Und in reissendem Fluge die Aehren zu Bo-
    den hinabbeugt:
Also ward die Versammlung erregt. Mit
    lautem Geschreie
Strömte die Menge hinab zu den Schiffen.
    Entwühlt von den Füßen 150
Wallte der Staub empor. Es ermuntert'
    Einer den Andern,
Anzupacken die Schiff', und in's heilige
    Meer sie zu ziehen.

Aufgeräumt wurden die Furten, den Schif=
   fen die Balken entzogen;
Himmel an scholl das Geschrei der heimver=
   langenden Völker;
Und nun wäre den Griechen, auch wider
   das Schicksal, die Rückkehr 155
Angediehen, wofern nicht Here Athenen ge=
   rufen:

Weh, unermüdliche Tochter des schreck=
   lichbeschildeten Gottes!
Sollen denn so die Achaier den breiten
   Rücken des Meeres
Wieder hinüber fliehn, zum lieben Vater=
   gefilde?
So dem Priamos Ruhm, den Troern He=
   lenen lassen? 160
Sie, um derentwillen so viel Achaier vor
   Troia
Fallen mußten, entfernt vom lieben Vater=
   gefilde?
Auf dann! Eeile das Heer der erzgepanzer=
   ten Griechen!
Hindere Mann vor Mann durch Schmeichel=
   worte! Verstatt' es

Nicht, in's Meer zu ziehn die doppeltceru=
   derten Schiffe!   165

Sprach's. Ihr gehorchte Zeus blauäu=
   gige Tochter, Athene.
Und sie entfuhr den Höhn des Olympos
   eilenden Fluges;
Langt' urplötzlich an bei den schnellen Schif=
   fen der Griechen;
Fand Odysseus hier, an Weisheit ähnlich
   Kronion,
Stehn; doch berührt' er das schwarze, das
   wohlberuderte Schiff nicht, 170
Denn voll Kummers war sein Innres. Und
   also begann nun,
Neben ihn tretend, Zeus blauäugige Toch=
   ter, Athene:

Göttlicher Laertiad', erfindungsreicher O=
   dysseus,
Also stürzt ihr euch nun in die vielberuder=
   ten Schiffe,
Wiederum heimzufliehn in's liebe Vaterge=
   filde?   175
Und wollt Priamos Ruhm, den Troern He=
   lenen lassen?

Sie, um derentwillen so viel Achaier vor
    Troia
Fallen mußten, entfernt vom lieben Vater-
    gefilde?
Auf dann! Durcheile das Heer der Achaier!
    Säume nicht lange!
Hindere Mann vor Mann durch Schmeichel-
    worte! Verstatt' es    180
Nicht, in's Meer zu ziehn die doppeltberu-
    derten Schiffe!

Sprach's; und Jener erkannte die Stimme
    der redenden Göttinn;
Schickte zum Lauf sich an, und warf den
    Mantel ab. Diesen
Hob Eurybates, der Herold aus Ithaka, auf,
    der ihm folgte.
Da begegnet' im Lauf ihm Atreus Sohn,
    Agamemnon.    185
Dieser gab ihm das Zepter der Väter, von
    ewiger Dauer.
Hiermit ereilt' er die Schiffe der erzgepan-
    zerten Griechen.

Wo der Fürsten des Heers und Edleren
    Einer ihm aufstieß,

Wandt' er sich zu ihm, und hielt ihn zurück
        mit schmeichelnden Worten:
Mann, dir ziemet es nicht, gleich einem
        Feigen zu zagen.      190
Halte du selbst dich ruhig, und mahne zur
        Ruh' auch die Völker!
Denn noch weißt du den Sinn des Atreiden
        nicht mit Gewißheit.
Jetzo prüft er vielleicht, bald straft er die
        Söhne Achaia's.
Nicht wir alle vernahmen, was er im Ra-
        the gesprochen.
Daß er nur nicht erzürnt die Griechen mit
        Buße belege!      195
Fürchterlich ist der Zorn des gottgepflegten
        Beherrschers;
Seine Ehr' ist von Gott; es liebt der all-
        waltende Zeus ihn.


Dahergegen, wo Einer der Schreier vom
        Pöbel ihm aufstieß,
Schwang er das Zepter auf ihn, und fuhr
        ihn mit drohender Stimm' an:
Mensch! Sey ruhig, und merk' auf Anderer
        Rede, die besser      200

Sind, als du! Du bist nur ein unkriegri-
  scher Schwächling;
Wirst für nichts in der Schlacht, für nichts
  im Rathe gerechnet.
Nimmer und nimmer können wir Griechen
  hier Alle gebiethen.
Vieler Feldherrschaft taugt nie. Nur Einer
  sey Feldherr,
Einer König, welchem der Sohn des ver-
  schlagenen Kronos   205
Zepter und Recht verliehen, damit er die
  Völker beherrsche!

Also vertrat er den Feldherrn im Heer.
  Nun strömten die Scharen
Wieder hinauf zur Versammlung aus ihren
  Zelten und Schiffen,
Lärmend, wie wann die Woge des lautauf-
  rauschenden Meeres
Hoch am Gestade zerscheitert, und schäu-
  mend brauset der Abgrund. 210

Alles saß nun ruhig, nach wiedergewon-
  nenen Plätzen;
Nur Thersites ließ sein zügelloses Gekreisch
  nicht.

Frech, voll gröblicher Wort' und Gedanken,
  pflegt' er beständig,
Auf die gröblichste Art, entgegen zu bellen
  den Feldherrn,
Konnt' er damit nur Gelächter erwecken, bei
  den Achaiern.                                    215
Dennoch war häßlicher Keiner, als er, vor
  Troia gezogen.
Denn er schielt', und hinkte mit einem Fuße.
  Der Schultern
Höcker klemmten ihm vorn die Brust zusam-
  men. Die Scheitel
Lief spitz aus, und war mit dünnlicher Wolle
  bewachsen.
Am verhaßtesten waren Achilleus ihm und
  Odysseus.                                        220
Diese verschrie er gar oft. Lautkreischend
    lästert' er jetzo
Selbst Agamemnon; daher auch rund um
    ihn die Achaier
Mit unwilligen Herzen gewaltig über ihn
    zürnten.
Also schalt er, mit lautem Geschrei, Aga-
    memnon, den König:

O Atreide, was mag dich noch kümmern,
            wonach dir gelüsten?        225
Voll sind deine Gezelte von Erz; und er-
            lesener Weiber
Hegst du die Meng' im Gezelt, die wir
            Achaier aus jeder
Ueberwundenen Stadt dir immer zum vor-
            aus verehren.
Mangelt dir nun noch Gold, das Einer der
            Wagenbetrauten
Ilion's für den Sohn zur Lösesende dir
            bringe,                     230
Den ich, oder ein andrer Achaier in Ban-
            den geliefert?
Oder ein junges Weib, mit ihr der Liebe
            zu pflegen,
Und sie allein für dich zu behalten? — O
            übel geziemt sich's,
Fürst zu seyn, und in Noth die Söhn'
            Achaia's zu stürzen!
Memmen und Schurken! Achaierinnen, nicht
            mehr Achaier!               235
Lasset doch heim uns schiffen, und diesen
            vor Ilion's Mauern

liegen bleiben; und Beute verpraffen! Damit er erfahre,
Ob er auch unferer Hülfe bedürfe, oder
entrathe!
Hat er Achilleus doch, der ungleich stärker,
als er ist,
Schon gekränkt, und des Danks beraubt,
den er nun besitzet.          240
Aber Achilleus hat nicht Gall' im Herzen,
der Träge!
Sonst, Atreide, hättest du heut zum Letzten
gefrevelt.

Also schrie er und schalt Agamemnon, den
Hirten der Völker;
Und urplötzlich stand vor ihm der hohe
Odyffeus,
Sah mit gerunzelter Stirn und fuhr ihn
mit schrecklicher Stimm' an: 245

Schweig', Therfites, du lauter, du un-
befonnener Schreier!
Klaffe den Königen nicht allein beständig
entgegen!
Denn kein schlechterer Mensch, als du, das
darf ich behaupten,

Iſt mit Atreus Söhnen hierher vor Troia
gezogen.

Schreie darum nur nicht, und habe die König' im Munde!                          250

Ungeſchmäht laß ſie, und unerwähnet der
Rückkehr!

Denn wir wiſſen mit nichten, wie dieſe
Sache noch endet:

Ob zu Freud' oder Leid zurück die Griechen
itzt kehrten.

Läſterſt du Atreus Sohn, Agamemnon, den
Hirten der Völker,

Darum, weil die Helden der Danaer viel
ihm verehrten;                          255

Sitzeſt du darum und ſchreieſt ſo herzzer-
ſchneidende Worte:

O ſo ſchwör' ich dir zu, und will's wahrhaftig vollbringen,

Wenn ich nur irgend ſo raſend dich wieder
betrete, wie jetzo,

Siehe, ſo ſtehe nicht mehr Odyſſeus Haupt
auf dem Nacken,

Und man heiſſe mich dann nicht mehr Telemachos Vater,                        260

Wenn ich dich nicht ergreife, nicht aus dir
        ziehe die Kleider,
Mantel und Leibrock und Alles, was deine
        Blöße bedecket,
Und mit kräftigen Hieben vor allem Volke
        zergeißelt,
Unter Heulen hinab zu den schnellen Schif=
        fen dich sende.

Also sprach er, und schlug mit dem Zepter
        ihm Rücken und Schultern.    265
Jener krümmete sich.  Vollauf entquollen
        ihm Zähren.
Eine blutige Schwiel' erhob sich über dem
        Rücken,
Unter dem goldenen Zepter.  Nun saß er da
        und erbebte;
Und entwischte die Thränen dem häßlichen
        Schmerzengesichte.
Herzlich lachten seiner die Andern, wie sehr
        sie bekümmert    270
Waren; und Einer schaute dem Andern in's
        Antlitz, und sagte:

Ha, viel Treffliches hat zwar längst
        Odysseus gestiftet,

In der Versammlung als weiser Berather,
    in Schlachten als Feldherr;
Aber dennoch ist dieses das Herrlichste, was
    er verrichtet,
Daß er einmahl das Geschrei des Läster-
    redners bezähmt hat.        275
Künftig dürfte wohl nimmer des Herzens
    Frechheit ihn reitzen,
Mit so schmähenden Reden den Fürsten
    entgegen zu klaffen.

Also das Volk. Allein der Städtever-
    wüster Odysseus
Trat mit dem Zepter nun auf; und neben
    ihm Pallas Athene,
Wie ein Herold gestaltet, gebot dem Volke
    zu schweigen,        280
Daß die hintersten so, wie die vordersten
    Söhne Achaia's,
Seine Rede vernehmen, den Rath beherzi-
    gen möchten.
Weißen Sinnes hob er an vor ihnen und
    sagte:

Atreus' Sohn, nun wollen, o König,
    dich die Achaier

Ganz zu Schanden machen vor allen ver-
      nünftigen Menschen.    285
Denn sie erfüllen dir nicht die Schwüre,
      welche sie schwuren,
Als sie entzogen mit dir der Rossenährerinn
      Argos:
Nach der befestigten Troia Vertilgung wie-
      derzukehren.
Siehe, wie schwächliche Knaben, und wie
      verwitwete Weiber
Klagen und jammern sie nun unter einander
      um Heimkehr.    290
Aber auch das ist hart, in Herzeleid wie-
      derzukehren.
Freilich trauert ja Einer, wenn einen ein-
      zigen Mond nur
Ihn die Stürme des Winters und tosenden
      Wogen des Meeres
Fern vom Weibe halten, am vielberuderten
      Schiffe:
Und uns rollte nun schon das neunte der
      Jahre an dieser    295
Stelle vorüber! Daher zürn ich auch nicht,
      wenn die Griechen

Bei den geschnäbelten Schiffen sich härmen.
Aber doch schändlich
Wär' es, so lange zu weilen, um leer von
hinnen zu scheiden.
Duldet drum, Freund', und harrt noch ein
Kleines! daß wir erfahren,
Ob uns, oder ob nicht die Wahrheit Kal-
chas verkündigt.                        300
Denn wir wissen's noch wohl, auch seyd ihr
Alle ja Zeugen,
Welche des Todes Schwestern noch nicht
von hinnen gerissen:
Gestern, oder erst neulich, als unsere Schiffe
zu Aulis
Sich versammelten, Priam und Troia Ver-
derben zu bringen,
Opferten wir, umringend den Quell am
prächtigen Aborn,                       305
Wo sein glänzendes Wasser entspringt, auf
geweihten Altären
Volle Hekatomben den Göttern. Und siehe,
ein großes
Wunder geschah! Ein Drache, mit rothge-
sprenkeltem Rücken,

Gräßlich zu schauen, den selbst an's Licht
    der Olympier brachte,
Fuhr vom Altar auf, und schwang sich em‐
    por auf den Ahorn.          310
Auf dem obersten Ast, im Laube zusammen
    sich duckend,
Saß ein Gebrüt von Spatzen, noch unter‐
    zogene Kindlein,
Acht an der Zahl, und neun mit der Mut‐
    ter, die sie gebrütet.
Und der Drache verschlang sie unter klägli‐
    chem Zwitschern.
Wimmernd umflatterte stets die lieben Kind‐
    lein die Mutter,          315
Bis er die Jammernde auch bei'm Flügel
    erwischt', und hinabschlang.
Als er aber zusammen, so Mutter als Kin‐
    der, verschlungen,
Siehe, da stellt' ihn der Gott, der ihn
    sandte, zum kündlichen Mahl dar;
Denn zum Steine verschuf ihn der Sohn
    des verschlagenen Kronos.
Und wir standen umher, voll Staunens ob
    der Erscheinung          320

Dieses grausen Gesichts, daß die Hekatomben begleitet.

Aber Kalchas erhob sogleich weißagend die
Stimme:

Warum steht ihr verstummt, ihr hauptumlockten Achaier?

Uns wies dieses Zeichen der große Berather
Kronion

Spät, zu später Erfüllung und unvertilg-
lichem Denkmahl.                          325

Gleichwie dieser die Spatzen verschlang, so
Mutter als Kinder,

Acht an der Zahl, und neun mit der Mutter,
die sie gebrütet:

Also werden auch wir so viele Jahre dort
kriegen,

Und im zehnten die gassengeräumige Troia
erobern.

Also weißagt' er. Das wird nun Alles erfüllet.                                   330

Darum bleibet zusammen, schönfußgehar-
nischte Griechen,

Bis wir die große Stadt des Dardaniden
gewinnen.

287

Also sprach er, und laut auf schrien die
Griechen. Es krachten
Fürchterlich rund umher die Schiffe vom
Schreien der Völker.
Alle rühmten die Rede des göttergleichen
Odysseus.                                    335
Nun hub Nestor an, der Gerenische Wagen-
betraute:

Gute Götter! Ihr schwatzt fürwahr, wie
kindische Knaben,
Deren Herzen noch nichts um Kriegesge-
schäfte sich kümmern.
Wohin soll es mit unsern Versprechen und
Eiden noch kommen?
Sollen in Rauch aufgehn der Rath und die
Sorgen der Helden,                           340
Und die Gelübde der Hand bei'm Weinguß,
denen wir trauten?
Eitel ist unser Gezänk, und bringt uns nim-
mer Gedeihen,
Wenn wir auch noch so lang' auf dieser
Stelle verweilten.
Du, Sohn Atreus, bist, wie sonst, un-
wankenden Muthes,

Bleib' du also der Führer der Griechen in
   wüthenden Schlachten.    345
Laß zu Grunde gehn den Einen, oder den
   Andern,
Welcher für sich allein beschließt, was doch
   nicht erfüllt wird,
Nähmlich nach Argos zurückzukehren, ehe
   wir wissen,
Ob die Verheissung Zeus wahrhaftig, oder
   nur Lug war.
Ich behaupt', es winkte der allgewaltige
   Zeus uns     350
Jenes Tags, als wir die schnellhingleiten-
   den Schiffe,
Troias Bewohnern Tod und Verderben zu
   bringen, bestiegen.
Denn er blitzte zur Rechten: das war ein
   glückliches Zeichen.
Darum eile nur Keiner, zur Heimath eher
   zu kehren,
Bis er zuvor bei Einem der Troischen Wei-
   ber geschlafen,     355
Bis er Helenens Raub und alle Seufzer
   gerächt hat.

Sehnte sich dennoch Einer so gar unbändig
nach Heimkehr,
Rühre mir der nur das schwarze, das wohl-
beruderte Schiff an,
Daß Verderben und Tod vor allen Andern
ihn treffe!
Rathe du selbst dir wohl, o König, doch
hör' auch auf Andre!      360
Unverwerflich dünkt mir der Rath, den ich
dir ertheile.
Sondere jetzo die Männer nach ihren Stäm-
men und Zünften,
Und laß Zunft der Zunft und Stamm dem
Stamme dann beistehn.
So du ein Solches verordnest, und dir die
Achaier gehorchen,
Wirst du erkennen, so wie den feigen Feld-
herrn und Kriegsknecht, 365
Also den Tapfern; dann wird ein Jeder von
selber schon streiten;
Wirst erkennen, ob Göttergewalt die Ero-
berung hindert,
Oder Feigheit der Männer, und Mangel
an Kunde des Krieges?

Ihm antwortend sprach hierauf Agamemnon, der Herrscher:

Wahrlich, o Greis, im Rath besiegst du
sämmtliche Griechen.          370

Wollten doch Vater Zeus, Apollon und Pallas Athene,

Daß zehn solcher Berather noch unter den
Griechen sich fänden!

O dann sollte gar bald die Feste Priam's,
des Königs,

Unter unsern Händen zu Boden getrümmert,
erliegen!

Aber nun sucht mit Weh mich Kronos
schrecklicher Sohn heim.          375

Denn er riß mich dahin zu schädlichem Hader und Zwiespalt,

Da Achilleus und ich, mit widerspännigen
Reden,

Wegen des Mädchens uns stritten; doch ich
zuerst mich erboßte.

Ach, vereinigten wir uns wieder zusammen,
so sollte

Troia's Untergang nicht lange mehr säumen; nicht lange!          380

Aber nun geht zum Mahl. Nach diesem
            wollen wir streiten.
Jeglicher wetze den Speer, und halte den
            Schild in Bereitschaft,
Jeglicher reich' ihr Futter den schnellgeschen-
            kelten Rossen,
Wohl durchprüf' ein Jeder den Wagen, und
            denk' auf die Feldschlacht!
Ganz der Tag sey nun dem schrecklichen
            Ares geweihet!      385
Denn hernach gilt keine Rast, nicht einer
            Minute,
Bis die sinkende Nacht den Kampf der
            Heere zertheilet.
Schwitzen werden die Riemen des helden-
            bedeckenden Schildes
Ueberall vor den Busen, die Händ' an den
            Lanzen ermüden;
Schwitzen werden die Ross' an den schön-
            geglätteten Wägen.    390
Wo dann außerhalb der Schlacht ich Einen
            erblicke,
Welchem gelüstete, bei dem geschnäbelten
            Schiffe zu rasten,

Der soll nimmermehr entkommen den Hunden und Vögeln.

Also sprach er; und laut auf schrien die
Argeier, wie Fluthen,
Die der drängende Sturm zutreibt des ho-
hen Gestades                                    395
Weit vorragender Klippe, die nimmer die
Wogen verlassen,
Welcherlei Wind' umher, von wannen und
wannen auch stürmen.
Mit Getümmel erhuben, zerstreuten sie sich
in die Schiffe,
Ließen dampfen die Zelt' umher, und nah-
men das Mahl ein.
Jeglicher opfert' Einem der ewigwaltenden
Götter,                                          400
Flehend, daß er dem Tod entrönn' und den
Streichen des Krieges.
Also bracht' auch jetzt Agamemnón, der
Völkerbeherrscher,
Einen Stier, fünfjährig und feist, dem ge-
waltigen Zeus dar,
Und berief dazu die würdigsten Aeltsten der
Völker.

Nestor berief er zuerst, hierauf den König
     der Kreter,     405
Idomeneus, alsdann die Aias, dann den
     Tydiden,
Und zum sechsten Odysseus, an Weisheit
     ähnlich Kronion.
Von sich selber erschien Menelaos, der
     Schlachtenbelobte;
Denn ihm sagt' es sein Herz, wie sehr sein
     Bruder sich mühe.
Und sie stellten sich rund um den Stier, und
     griffen zum Streukorn.   410
Bethend vor ihnen sprach Agamemnon, der
     Völkerbeherrscher:

Zeus, Hochherrlichster, Größter, du Wol-
     kenverdunkler im Aether!
Laß die Sonne nicht eher sich neigen, nicht
     eher die Nacht nahn,
Bis ich die lodernde Burg des Dardaniden
     zertrümmert,
Und mit wüthender Flamme verbrannt erst
     habe die Thore!   415
Bis vor Hektor's Brust mein Erz den kra-
     chenden Panzer

Von einander gespaltet, und Viele seiner
Genossen,
Rund um ihn her zu Staube gestürzt, die
Erde zerknirschen.

Also sprach er; doch nichts von Allem ge-
währte Kronion.
Zwar empfing er das Opfer, doch mehrt' er
unendlich sein Drangsal.  420
Als sie nun ausgebethet, und aufgeworfen
das Streukorn,
Beugten sie hinter die Häls', und schlachte-
ten, zogen die Häut' ab,
Schnitten die Hüften aus, umhüllten sie
doppelt mit Fette,
Und bestückelten sie.  Hierauf verbrannten
sie Alles
Auf entzwei gespelltem und laubentstreifeltem
Holze,  425
Hielten auch angespießt die Eingeweide zum
Feuer.
Als sie die Hüften verbrannt, und die Ein-
geweide geprüfet,
Da zerstückten sie noch das Uebrige, bohrten's
an Spieße,

Brieten mit Vorsicht es gar, und zogen
    —    Alles herunter.
Endlich feierten sie, und setzten das Mahl
    auf, und schmausten.    430
Keints Herzen gebrach's an voller Gnüge
    des Mahles.
Als sie aber die Lust nach Trank und Speise
    gestillet,
Da hub Nestor an, der Gerenische Rosse-
    bezähmer:


Ehrenwürdigster Held, Agamemnon, Völ-
    kerbeherrscher,
Laß nicht länger uns säumen, nicht länger
    das Werk mehr verschieben, 435
Dessen Vollbringung Gott bald unsern Hän-
    den verleihn wird!
Auf, und laß das Volk der erzgepanzerten
    Griechen
Stracks durch Heroldsruf bei den schnellen
    Schiffen versammeln!
Uns laß fleißig durchwandern das große
    Heer der Achaier,
Daß wir desto geschwinder die Flamme des
    Krieges erwecken.    440

Sprach's; und ihm gehorcht' Agamem-
non, der Völkerbeherrscher,
Und ließ schnell durch Kunder von lauter-
schallenden Stimmen
Zum Gefechte berufen die hauptumlockten
Achaier.
Jene beriefen laut, und diese versammelten
schnell sich.
All' um Atreus Sohn, die göttergepflegten
Beherrscher,                                   445
Eilten die Völker zu ordnen. Zu ihnen ge-
sellte sich Pallas,
Angethan mit dem reichen, dem unvergäng-
lichen Schilde,
Welchen hundert Troddeln umflatterten,
lauteren Goldes,
Künstlich geflochten, und jede wohl hundert
Farren am Werthe.
Glanz verbreitend durchlief sie damit das
Heer der Achaier,                              450
Trieb die Völker zu eilen, und facht' in
jegliches Streiters
Busen Muth an und Kraft zu unermüd-
lichem Kampfe.

Nun däucht' ihnen der Krieg bald süßer,
  als in den geschwinden
Schiffen wiederzukehren in's liebe Gefilde
  der Väter.

Wie, wann gierige Flammen des uner-
  meßlichen Bergwalds          455
Oberste Wipfel verzehren, und weit in die
  Ferne der Glanz strahlt:
Also entstrahlt' auch jetzt dem prangenden
  Erze des Heerzugs
Lufterhellender Glanz und strahlt' empor an
  den Himmel.

Wie, wann viele Geschlechte von land-
  durchziehenden Vögeln,
Kraniche, Gäns' und Schwäne, mit hoch-
  aufragenden Hälsen,          460
Ueber die Asischen Auen und rings um Kay-
  strios Fluthen,
Hin und her, frohlockend auf regen Fitti-
  chen, flattern;
Rauschend senken sie sich und erfüllen die
  Au' mit Getöse:
Also strömte die Menge der Völker aus
  Zelten und Schiffen

Auf der Skamandrischen Ebne zusammen.
    Der Boden der Erde  465
Donnerte fürchterlich unter den Tritten der
    Menschen und Rosse.
Und nun standen sie auf Skamandros blu-
    miger Aue
Tausend bei Tausenden da, wie Blätter und
    Blüthen des Frühlings.

Wie, wann Schwarm bei Schwarm dicht-
    wimmelnde Fliegen im Sommer
Durch die ländliche Hütte des Schäfers ir-
    ren und schwirren,  470
Wann die Milch umher von allen Gefäßen
    herabtrieft:
So unzählbar standen die hauptumlockten
    Achaier
Gegen die Troer zu Felde, voll Gier nach
    ihrer Vertilgung.

Gleichwie große Herden von Ziegen die
    Hirten der Ziegen
Leicht von einander sondern, so bald sie auf
    Weiden sich mischen:  475
Also ordneten hier und dort die Obersten
    ihre

Haufen, zum Gang in die Schlacht. Aga-
                    memnon unter den Fürsten
Glich an Augen und Stirn dem donnerfro-
                    hen Kronion,
Ares um den Gurt, und um den Busen
                    Poseidon.

Wie vor Allen der Stier hervorprangt
                    unter der Herde,                    480
Er, der Gatte der Herd', auch vor den
                    übrigen Stieren:
So verherrlichte Zeus an diesem Tag Aga-
                    memnon,
Daß er vor allem Volk und allen Helden
                    hervorschien.

Sagt mir nun, Musen, die ihr die Olym-
                    pischen Hallen bewohnet: —
Göttinnen seyd ihr ja, und waret zugegen.
                    Ihr wisset                    485
Alles; und wir nichts. Wir horchen allein
                    dem Gerüchte. —
Welche waren die Fürsten der Danaer, welche
                    die Feldherrn?
Denn die Nahmen der Menge vermöcht' ich
                    nimmer zu nennen,

Nicht mit zehen Zungen, noch zehen Kehlen.
    Ich müßte
Unerschöpflicher Stimme, mein Busen müßte
    von Erz seyn,                          490
Wenn die Olympischen Musen, des schreck-
    lichbeschildeten Gottes
Töchter, nicht kund mir thäten, wie Viele
    vor Ilion zogen.
Ich nur melde der Schiffe Gebiether und
    sämmtliche Schiffe.


Vor den Boioten stand als Führer Pene-
    leus, neben
Leitos, Klonios, Arkesilaos und Prothoe-
    nor.                                    495
Alle, die Hyrie, sammt der felsigen Aulis,
    die Schoinos,
Skolos, und auf dem Gebirg' Eteonos,
    Graia, Thespeia,
Und die weiten Gefilde von Mykalessos be-
    wohnten;
All' um Harma her, Eileson und um Ery-
    thra;
Ferner, die Eleon's Stadt und Hyle, welche
    Peteon,                                500

Okalea, Medeon, die Schöngebaute, die
Kopai,
Eutresis und Thisbe, die Taubenreiche, be-
saßen;
Die Koronaia, die Haliartos, die Auen-
umringte,
Und Plateia bewohnten, die Glissas Felder
bebauten,
Und besaßen die schöngebauete Stadt Hypo-
thebai,                                       505
Und Onchestos lieblichen Hain, Poseidon
geheiligt;
Alle, die Arne, die Traubenbegabte, die
herrliche Nissa,
Die Mideia, und endlich Anthedon bewohn-
ten, die Grenzstadt,
Hatten funfzig Schiffe gesendet. Hundert
und zwanzig
Junge Bojoten waren in jedes der Schiffe
gestiegen.                                    510

Die aus der Minyer Stadt, Orchomenos, und aus Aspledon
Führten Askalophos an und Jalmenos, Söhne
des Kriegsgotts,

Welch' Astyoche ihm gebar, in Aktor's Pallaste.

Auf dem obersten Söller des Hauses schlich
das verschämte

Mädchen zum starken Ares. Hier löst' er
ihr heimlich den Gürtel. 515

Dreißig hohle Schiff' in Ordnung folgeten
ihnen.

Schedios und mit ihm Epistrophos, Söhne
des edeln

Nauboliden Iphitos, gebothen der Schar der
Phokäer.

Alle, welch' in der Stadt Kyparissos, der
felsigen Python,

In der herrlichen Krissa, in Daulis und
Panopea, 520

Welch' in Anemoreia und rund um Hyam-
polis wohnten;

Ferner, welche die Fluren am heiligen
Strome Kephissos

Und Lilaia behauten, allwo der Kephissos
entspringet,

Waren hierher gefolgt auf vierzig schwärzlichen Schiffen.

Jetzt umwandelten diese Phokäer ihre Ge-
    biether,        525

Reihten und stellten sie auf zur linken Hand
    der Boioten.

Aias, der schnelle Sohn des Oileus, führte
    die Lokrer;

Kleiner, und nicht so groß, als Aias, der
    Telamonide,

Ja viel kleiner; jedoch den leinenverpanzer-
    ten Kleinen

Uebertraf im Lanzenvermögen kein einziger
    Grieche.      530

Alle die Kynos bauten, Kalliaros und O-
    poeis,

Bessa, Skarphe, und die anmuthsvolle Au-
    geiai,

Tarphe, Thronios und die Flur, die Boa-
    grios anspült;

Diese Lokrer, hinter Euboia's heiligem
    Lande

Wohnhaft, folgeten ihm auf vierzig schwärz-
    lichen Schiffen.    535

Die Euboia bewohnten, die muthbeseel-
    ten Abanter,

Die Eiretria, Chalkis, das Rebengebirg'
Histieia,

Ferner Kerinthos Stadt, am nahen Ufer
des Meeres,

Dich, hochragende Dios, Karystos und
Styra besaßen,

Alle die führt' Elephenor an, der Zögling
des Kriegsgotts,                                        540

Chalkodon's Sohn, der Fürst der hochgesinnten Abanter.

Schnell folgt' ihm sein Volk mit rückwärts
fliegendem Haupthaar,

Lanzenschwinger, geübt, mit vorgehaltener
Esche

Um die feindlichen Busen die Panzerröcke
zu spalten.

Sie begleiteten ihn auf vierzig schwärzlichen
Schiffen.                                              545


Die von Athen, der prächtigen Stadt
des erhabnen Erechtheus,

Welcher war ein Sohn der lebenschenkenden
Erde,

Und erzogen ward von der Tochter Zeus,
Athenaia,

Die zu Athen bei sich in dem reichen Tem-
pel ihn aufnahm,
Wo die Attische Jugend mit jedem kreisen-
den Jahre                                              550
Sie durch Opfergeschenke von Farren und
Lämmern versöhnet,
Führte zur Feldschlacht an der Peteide, Me-
nestheus.
Ihm that's Keiner gleich der erdegeborenen
Menschen,
Wie die Reisigen, so die geschildeten Män-
ner zu ordnen.
Nestor allein wetteiferte noch; denn dieser
war älter.                                             555
Ihn begleitet' ein Zug von funfzig schwärz-
lichen Schiffen.

Aias führt' auf zwölf Salaminischen
Schiffen die Seinen,
Und gesellete sie zu den Athenaiischen
Reihen.

Alle Bewohner von Argos, der festum-
mauerten Tiryns,
Hermione, Asine, an tiefen Buchten des
Meeres,                                                560

Bürger's Schriften. III. B.        U

Von Troizen', Eionai, dem Rebengebirg'
    Epidauros,
Sammt der Achaiischen Jugend, die Mase
    gesandt und Aigina,
Führte Tydeus Sohn, Diomedes, der
    Schlachtenbelobte;
Mit ihm Sthenelos, Sohn des hochbe-
    rühmten Kapaneus;
Dritter Führer, ein Mann wie ein Gott,
    Euryalos, war ein    565
Königssohn, erzeugt vom Talaioniden Me-
    kisteus.
Ueber alle geboth Diomedes, der Schlach-
    tenbelobte.
Ihnen folgt' ein Zug von achtzig schwärz-
    lichen Schiffen.


Alle, welche die schöngebaute Mykene be-
    wohnten,
Welche die reiche Korinthos, die schönge-
    baute Kleonai,    570
Ferner Orneia, und Araithyrea, die Holde,
Sikyon's Stadt, zuerst beherrscht vom Kö-
    nig Adrastos,

Hypereſia ferner, dann Gonoeſſa, die Berg-
           ſtadt;
Und Pellene beſaßen, und rund um Aigion
            wohnten;
Endlich die Küſte des Meers und die weite
           Helike bauten,                     575
Führete Atreus Sohn, Agamemnon, der
           Herrſcher, in hundert
Schiffen. Ihm folgten die meiſten; ihm
           folgten die tapferſten Scharen.
Selber ging er einher, mit glänzendem Erze
           gerüſtet,
Triumphirend, und prangte vor allen übri-
           gen Helden;
Weil er der Erſte war, und der größten
           Menge voranſtand.                  580


Die von der übergroßen umhügelten Stadt
           Lakedaimon,
Phare, Sparta, und der taubenumflatterten
            Meſſa,
Von Bryſeiat und Augeiat's lieblichen Flu-
            ten;
Die von Amyklai, und das Volk aus Helos,
           der Seeſtadt,

Alles, was endlich in Laas und rund um
       Oitylos wohnte,     585
Führte sein Bruder an, Menelaos, der –
       Schlachtenbelobte.
Sechzig waren der Schiffe. Besonders stellt'
       er sein Heer auf.
Diesem schritt er voran, vertrauend eigener
       Kühnheit,
Und ermahnte zur Schlacht. Denn er, vor
       Allen am meisten,
Strebete Helenens Raub und alle Seufzer
       zu rächen.     590


Alles, was Pylos baut', und die anmuths-
       volle Arene,
Thryon, Alpheios Furth, und die schönge-
       bauete Aipy,
Was Kyparisseeis und Amphigeneia bewohnte,
Ferner, was Pteleon, Helos und Dorion
       gab, wo die Musen
Thrakiens Thamyris einst der Liederkunde
       beraubten,     595
Der von Oichalia und dem Oichalischen Eu-
       rytos herkam.

Denn stolz prahlt' er, er würde gewinnen,
    wenn auch die Musen
Sängen, sie, die Töchter des schrecklich be=
    schildeten Gottes.
Aber sie zürnten darob, und blendeten ihn,
    und entrissen
Ihm den göttlichen Sang. Da vergaß er,
    die Laute zu schlagen.   600
Allen diesen geboth der Gerenische Wagen=
    betraute,
Nestor, und ein Zug von neunzig Schiffen
    gehorcht' ihm.


Die aus Arkadiens Fluren, am hohen
    Gebirge Kyllene,
Bei'm Aipytischen Mahl, hart leibandrin=
    gende Kämpfer,
Pheneos und des herdenerfüllten Orchomenos
    Völker,     605
Alle von Stratia, Ripe, der windummweh=
    ten Enispe,
Die Tegea bewohnten, und Mantinea, die
    Holde,
Welche von Stymphalos kamen, und in Par=
    rhasia saßen,

Führt' auf sechzig Schiffen Ankaios Sohn,
 Agapenor,
Ihr Beherrscher herbei. Es waren auf jeg-
 lichem Schiffe          610
Viel Arkadier, kundig des Krieges, herü-
 bergekommen.
Sie hatt' Atreus Sohn, Agamemnon, der
 Völkerbeherrscher,
Mit den wohlberuderten Schiffen versehen,
 die schwarze
Tiefe zu überschiffen. Sie selber trieben
 nicht Schiffahrt.

Die Buprasion und die heilige Elis bewohnten,           615
Wie sie Hyrmine hier und Myrsinos äußerste Grenzstadt,
Dort der Olenische Fels bis gegen Aleision
 einschließt,
Hatten der Feldherrn vier. Es folgten jeglichem Feldherrn
Zehn schnellsegelnde Schiffe, bemannt mit
 vielen Epeiern.
Einige führten Amphimachos an und Thal-
 pios; Dieser          620

Eurytos Sohn, des Aktorionen; und Kteatos Jener.

Andere führt' Amarynkos Sohn, der starke Diores.

Vierter Gebiether war Polyreinos, göttlich an Bildung,

Welchen Augias Sohn, der König Agasthenes, zeugte.

Die von Dulichion und den Echinaischen heiligen                                625
Inseln, gegen über der Küste von Elis im Meere,

Führete Phyleus Sohn, Held Meges, ähnlich dem Kriegsgott.

Phyleus, der Wagenbetraute, sein Vater, Kronides Liebling,

War nach Dulichion einst, dem Vater zürnend, gezogen.

Ihm gehorcht' ein Zug von vierzig schwärzlichen Schiffen.                     630

Aber Odysseus führte die muthigen Kephallener,

Die auf Ithaka und am waldigen Neritos wohnten,

Und Krokyleia und das felsige Aigilips
    bauten.
So auch die von Zakynthos, und Alle, die
    Samos umwohnten,
Und die Epeirische Küst' und die Gegenör-
    ter besaßen,         635
Führt' Odysseus an, Kronion ähnlich an
    Weisheit.
Ihn begleitet' ein Zug zwölf rothgeschnäbel-
    ter Schiffe.


Thoas, Andraimon's Sohn, führt' an das
    Volk der Aitoler,
Welches in Pleuron wohnt', und Olenos,
    und in Pylene,
Und in Chalkis am Meer und Kalydon's
    felsiger Gegend.        640
Denn erloschen war das Geschlecht des er-
    habenen Oineus,
Auch er selbst schon dahin, und todt Me-
    leagros, der Blonde.
Also war Thoas ersehn, zu beherrschen das
    Volk der Aitoler.
Diesem folgt' ein Zug von vierzig schwärz-
    lichen Schiffen.

Idomeneus, dem Lanzenberühmten, ge-
horchten die Kreter.            645
Alles Volk aus Gnossos, der festummauer-
ten Gortyn,
Lyktos, Miletos, der weißherschimmernden
Feste Lykastos,
Faistos, Rhytion, zwei vollauf bevölkerten
Städten,
Und was sonst noch gesandt die hundert
Städte von Kreta,
Führete Idomeneus, der Lanzenberühmte,
und mit ihm            650
Meriones, gleich dem menschenvertilgenden
Ares.
Beiden folgt' ein Zug von achtzig schwärz-
lichen Schiffen.


Auf neun Schiffen kam Herakles starker
und großer
Sohn, Tlepolemos, mit hochtrotzenden
Streitern aus Rhodos.
Dies', in drei Gemeinen vertheilt, bewohn-
ten Jalyssos,            655
Lindos, und die weißherschimmernde Feste
Kameiros.

Ihren Gebiether, den lanzenberühmten Tle-
      polemos, hatte

Astyocheia der Kraft des großen Herakles
      geboren.

Dies' entführt' er aus Ephyra einst, am
      Strome Selleeis,

Wo er viel Städte der gottgesegneten Für-
      sten verheerte.       660

Aber Tlepolemos, der im prächtigerbauten
      Pallaste

Kaum erwachsen war, erschlug den Likym-
      nios, seines

Vaters geliebten Ohm, den alternden Spros-
      sen des Kriegsgotts.

Hurtig schlug er nun Schiffe zusammen,
      warb sich viel Mannschaft,

Und floh eilend zu Meer. Denn ihm ward
      Rache gedrohet       665

Von den übrigen Söhnen und Enkeln der
      Kraft des Herakles.

Irrend gelangt' er gen Rhodos, nach vie-
      lem erduldeten Dranasal;

Und in drei Gemeinen vertheilte sein Volk
      sich auf Rhodos.

Zeus, der Götter und Menschen Beherr-
    scher, welcher sie liebte,
Ueberschüttete sie mit unermeßlichem Reich-
    thum.           670

Nireus führte von Syma drei gleichge-
    zimmerte Schiffe.
Nireus, Charopos Sohn, des Königs, er-
    zeugt mit Aglaia,
Nireus war der Schönste der übrigen Da-
    naer, die vor
Ilion zogen, nach dem tadellosen Peliden;
Aber er selber schwach, und sein Gefolge ge-
    ringe.          675

Aller Völkerschar von Nisyros, Krapa-
    thos, Kasos,
Koos, Eurypylos Stadt und von den Ka-
    lydnischen Inseln,
Standen Pheidippos voran und Antiphos,
    leibliche Brüder,
Aus Herakles Stamme, des Königes Thes-
    salos Söhne.
Ihnen folgt' ein Zug von dreißig geräumi-
    gen Schiffen.       680

Aber die Völkerschaft des ganzen Pelas-
gischen Argos;
Alle Bewohner von Alos, von Alope und
von Trachine;
Alle von Phtia und aus der schönbeweibten
Hellas,
Theils Myrmidonen genannt, Hellenen Theils
und Achaier,
Führt' auf funfzig Schiffen ihr Feldherr,
Achilleus, herüber.                     685
Jetzo gedachten sie nicht des schrecklichen Waf-
fengetöses.
Keiner war vorhanden, sie aufzustellen in
Schlachtreihn.
Denn bei den Schiffen ruhte der schenkel-
rasche Achilleus,
Zürnend wegen des Mädchens, der schön-
umlockten Briseis,
Die er mit schwerer Müh' einst aus Lyr-
nessos erbeutet,                         690
Als er Lyrnessos Stadt zerstört' und die
Mauern von Theben,
Und ihm Mynes erlag und Epistrophos,
lanzengeübte

Krieger, und Söhne des Königs Evenos,
    des Selepiaden.
Zürnend ruht' er; allein bald sollt' er sich
    wieder erheben.


Alle die Phylake bauten, und Parrhasos
    blühende Fluren,       695
Heilig der Göttinn Demeter, die schafege-
    bärende Iton,
Antron, am Ufer des Meers, und Pteleon's
    Kräutergefilde,
Führte, so lang' er lebte, der kriegrische
    Protesilaos.
Doch jetzt hielt ihn schon die schwarze Erde
    umfangen.
Heim zu Phylake saß nun im verwitweten
    Hause,      700
Beide Wangen zerfurchend, sein Weib. Ihn
    tödtet' ein Troer,
Als er dem Schiff entsprang, der Erste von
    allen Achaiern.
Immer noch ward er ersehnt, ob's gleich
    am Führer nicht fehlte.
Denn es führte sein Volk der Zögling Ares,
    Podarkes,

Sohn des herdenreichen Iphiklos, Phyla-
   kos Enkel,      705
Und vom erhabenen Protesilaos ein jünge-
   rer Bruder.
Aelter und stärker war der Kriegsheld Pro-
   tesilaos.
Also gebrach es zwar an keinem Führer dem
   Volke,
Aber es sehnte sich doch nach jenem Gewal-
   tigen immer.
Ihm gehorcht' ein Zug von vierzig schwärz-
   lichen Schiffen.    710

Alle, die Pherai bewohnten, am Boibeidi-
   schen Landsee,
Boibe, Glaphyra, und die schönerbaute
   Jaolkos,
Führt' Eumelos herüber, der liebste Sohn
   des Admetos,
Auf elf Schiffen. Dem König Admetos ge-
   bar ihn Alkestis,
Sie, die Krone der Frauen und Schönste
   von Pelias Töchtern.   715

Alle, welche Methone, Thaumakia, und
   Meliboia,

Und die rauhe Olizon bebauten; führte auf
   sieben

Schiffen Philoktetes, der Bogengeübte; herüber.

Funfzig Ruderer waren in jedes des Schiffe
   gestiegen;

Alle tapfere Streiter, geübt, den Bogen zu
   spannen.    720

Aber er selbst lag jetzt auf der Insel in wüthenden Schmerzen,

Auf der heiligen Lemnos, wo ihn die Achaier
   verließen,

Krankend an der fährlichen Wunde vom
   Gifte der Schlange.

Jammernd lag er da. Allein es sollten die
   Griechen

Philoktetes, des Königs, sich bald bei den
   Schiffen erinnern.   725

Stets vermißt' ihn sein Volk, ob's gleich
   am Führer nicht fehlte.

Denn ein Nebensohn vom Oileus, Medon,
   geboth ihm.

Diesen gebar einst Rhena dem Städtezer-
   trümmerer Oileus.

Alle Bewohner von Trikka, Ithome, auf
dem Gebirge,
Und Oichalia, die des Oichalischen Eurytos
Stadt war,                              730
Führten Asklepios Söhne, die unvergleich-
lichen Aerzte,
Podaleirios und Machaon herüber vor
Troia.
Ihnen folgt' ein Zug von dreißig geräumi-
gen Schiffen.

Die zu Ormenion wohnten, und rings um
den Quell Hypereia;
Die von Asterion kamen, und Titanos weiß-
lichen Gipfeln,                         735
Führt' Eurypylos an, der herrliche Sohn
des Evaimon,
Und ihm folgt' ein Zug von vierzig schwärzlichen Schiffen.

Allen von Argissa, Gyrtone, und von
Elone,
Orthe, und der weißherschimmernden Stadt
Oloosson,
Stand als Führer voran der muthige Held
Polypoites,                             740

Er, Peirithoos Sohn, den Zeus, der Unsterb-
liche, zeugte. —
Seinem Vater gebar die berühmte Hippo-
dameia
Ihn des Tages, da er die wildbehaarten
Kentauren
Straft', aus Pelion schlug, und bis gen
Aithika scheuchte. —
Er nicht allein; mit ihm stand Ares Zög-
ling, Leonteus,                                    745
Sohn des hochgesinnten Kainiden, Koronos,
dem Volk vor.
Ihnen folgt' ein Zug von vierzig schwärz-
lichen Schiffen.

Zwei und zwanzig Schiff' aus Kyphos
führete Guneus,
Alle voll Eniener und schlachtenkühner Pe-
raiber,
Völker, welche den frostigen Hain Dodona
umwohnten,                                         750
Und die holden Gefild' am Titaresos bau-
ten,
Welcher sein schönhinfluthendes Wasser zum
Peneus hinabschickt,

Aber sich nie vermischt mit dem silberstru-
    delnden Peneus;
Sondern nur obenhin auf Peneus Fluthen,
    wie Oehl, schwimmt;
Denn er entspringt vom Styx, dem Strome
    des furchtbaren Eidschwurs. 755

Prothoos endlich, der Sohn Tendredon's,
    geboth den Magnetern.
Was um den Peneus her und die waldum-
    rauschten Gebirge
Pelion's wohnte, gehorchte des schnellen Pro-
    thoos Stimme.
Ihn begleitet' ein Zug von vierzig schwärz-
    lichen Schiffen.

Diese waren die Führer der Danaer, diese
    die Feldherrn.    760
Jetzo sage mir, welche die Trefflichsten wa-
    ren, o Muse,
So von Männern, als Rossen, die Atreus
    Söhne begleitet.
Die vortrefflichsten waren die Pheretiadischen
    Rosse,
Welch' Eumelos trieb; sie, schenkelgeschwind',
    wie die Vögel,

Einerlei Haars, und einerlei Alters, an
Höhe sich schnurgleich.       765
In Pieria zog sie der Silberbogner Apollon,
Beide Stuten, gerüstet mit allen Schrecken
des Krieges.
Weitvortrefflichster unter den Männern war
Telamon's Aias,
Während Achilleus zürnte. Denn der war
der Stärkste von Allen.
So auch waren die Rosse, die ihn, den
Untadligen, zogen.       770
Aber itzt lag er im krummen, im meer-
durchwallenden Schiffe,
Zürnend Atreus Söhn, Agamemnon, dem
Hirten der Völker.
Seine Völker ergetzten am Meerstrand sich
mit der Scheibe,
Mit dem Wurfpfeil, welchen sie warfen,
und Künsten des Bogens.
Müßig standen indeß bei ihren Wagen die
Rosse,       775
Zupften den Lotos auf und sumpfentsprosse-
nen Eppich.
Aber die Wagen standen in ihrer Führer
Gezelten

Wohlverhüllt. Sie selbst, vermissend den
    kriegrischen Feldherrn,
Streiften auf und ab im Lager, ohne zu
    streiten.

Jene zogen, als würd' ein ganzes Gefilde
    von Flammen        780
Abgeweidet. Es seufzte der Boden, als
    wenn der ergrimmte
Donnergerüstete Zeus rund um Typhoios
    die Landschaft
Arime geißelt; denn hier liegt nach der
    Sage Typhoios;
Eben so laut erseufzt' itzt unter der Schrei-
    tenden Fußtritt
Rund umher der Boden; denn schnell ging's
    über das Feld hin.    785

Zu den Troern kam die windschnellfüßige
    Iris
Her vom schrecklichbeschildeten Zeus mit
    trauriger Bothschaft.
Diese insgesammt, so Greis' als Jünglinge,
    saßen
Jetzt versammelt zu Rath in König Pria-
    mos Halle.

Mitten unter ſie trat die ſchnellgeſchenkelte
       Iris,            790
Und nahm an die Stimme des Priamiden
       Polites,
Welcher, der Schnelle der Füſſe vertrauend,
       als Wächter der Troer,
Auf der oberſten Zinne des Aiſyetiſchen
       Mahls ſaß,
Wahrzunehmen, ſo bald die Griechen den
       Schiffen entſtürmten.
Dieſem ſich gleichend, ſprach die ſchnellge-
       ſchenkelte Iris:     795

Wird dir immer, o Greis, Geſchwätz
       ohn' Ende behagen,
Gleich, als wär' es noch Friede, da unver-
       meidlicher Krieg naht?
Oft zwar bin ich nun ſchon in Menſchen-
       ſchlachten geweſen,
Doch noch ſah ich kein ſolches, kein ſo ge-
       waltiges Heer ziehn.
Zahllos, wie die Blätter des Walds, und
       der Sand am Geſtade,  800
Zieht es im Felde daher, ringsum die
       Stadt zu beſtreiten.

Hektor, dich mahn' ich vor Allen, zu han-
             deln, wie ich itzt rathe:
Priamos große Stadt ist voll von Bundes-
             genossen,
Vielen von vielerlei Sprachen der weitzer-
             streueten Menschen.
Viethe nun jegliches Volk der Fürst von jeg-
             lichem Volk auf;      805
Stell' und ordn' es in Reihen, und geb' ihm
             voran in das Schlachtfeld!

Sprach's; und Hektor verkannte sie nicht,
             die Stimme der Göttinn.
Eilig entließ er nunmehr die Versammlung.
             Man griff zu den Waffen.
Alle Thore wurden geöffnet. Den Thoren
             entstürzten
Scharen zu Fuß und zu Wagen, mit lau-
             tem rasselnden Lärme.    810

Vor den Thoren der Stadt hebt einsam
             in dem Gefilde
Sich ein Hügel empor, umgehbar hierum
             und dortum.
Dieser heißt in der Sprache des Menschen-
             geschlechts Batieia;

Bei den Unsterblichen aber das Mahl der
    behenden Myrinne.
Allda wurden die Troer von ihren Genossen
    gesondert.                            815

Jene führte der große, der helmbusch-
    schüttelnde Hektor,
Priamos Sohn. Es hatte das meiste, das
    trefflichste Kriegsvolk
Unter ihm sich gerüstet, begierig zum Lan-
    zengefechte.

Die Dardanier führte der mächtige Krie-
    ger, Aineias,
Er, Anchises Sohn, von Aphroditen gebo-
    ren,                                  820
Als auf Ida's Höhen die Göttinn dem
    Sterblichen beilag;
Doch nicht er allein; mit ihm die Anteno-
    riden
Akamas und Archiloch, geübt zu jeglichem
    Kampfe.

Aber das reiche Volk Zeleia's, Troischer
    Abkunft,
Welches an Ida's Fuß Aisepos schwärzlichen
    Strom trank,                         825

Führte Pandaros an, der herrliche Sohn
   Lykaon's,
Er, dem Foibos Apollon den Bogen selber
   verliehen.

Alle, die Adresteia gesandt, und Apaisos
   Gemeine,
Von Pityeia das Volk, und dem hohen
   Gebirge Tereia,
Führten Adrestos und Amphios an, im lei-
   nenen Panzer,      830
Beide von Merops erzeugt, dem Perkoser.
   Kundig vor Allen,
Künftige Dinge zu spähn, hatt' er den
   Söhnen verbothen,
In den menschenvertilgenden Krieg zu zie-
   hen. Allein sie
Folgten ihm nicht. Es trieb sie des schwar-
   zen Todes Verhängniß.

Was Perkote bewohnt, und die Fluren
   um Praktios baute,   835
Sestos und Abydos Volk, und das aus
   der schönen Arisba,
Führete Astos, Hyrtakos Sohn, der Völkergebiether;

Aſios, Hyrtakos Sohn, von großen glän-
    zenden Roſſen
Her von Arisba gezogen, am Ufer des Stro-
    mes Selleeis.

Aber Hippothoos führte der ſpeergeübten
    Pelasger              840
Stämme, welche bauten die ackerreiche La-
    riſſa.
Neben Hippothoos ſtand der Zögling Ares,
    Pylaios.
Beide waren Söhne von Lethos, und Teu-
    tamis Enkel.

Peiroos aber, der Held, und Akamas führ-
    ten die Scharen
Trakiſcher Völker, hoch vom Hellespontos
    umfluthet.            845

Troizenoios Sohn, Euphemos, des göt-
    tergepflegten
Keas Enkel, führte die lanzengeübten Ki-
    konen.

Unter Pyraichmes kamen Paionen, Wer-
    fer des Schnurpfeils,
Fern von Amydon her, wo breit der Axios
    hinſtrömt,

Axios, der mit dem schönsten Gewässer die
    Felder bedecket.       850

Held Pylaimenes führte die Paphlagoni-
    schen Scharen,
Aus der Eneter Lande, voll wildaufwachsen-
    der Mäuler;
Auch die, welch' in Kytoros, und rund um
    Sesamos wohnten,
Und an Parthenios Strom in den weitge-
    priesenen Städten,
Kromna, Aigialos und der hohen Stadt
    Erithynoi.      855

Hodios und Epistrophos führten ein Heer
    Halizonen,
Fern aus Alybe her, von wannen das Sil-
    ber entspringet.

Chromis führte die Myser, und Enno-
    mos, kundig der Vögel.
Aber die Kunde der Vögel entriß ihn dem
    schwarzen Geschick nicht.
Ihn bezwang die Hand des schenkelraschen
    Peliden      860
In dem Strome, wo er noch sonst viel
    Troer erwürgte.

Phorkys, und neben ihm Askanios, göttlicher Bildung,
Führten die Phryger, fern von Askania,
schlachtenbegierig.

Mesthles aber und Antiphos, Söhne Py-
laimenes, führten
Nebst den Meonischen Scharen, erzeugt am
Gygaiischen Landsee,                    865
Auch die Meonischen Völker, geboren unter
dem Tmolos.

Nastes führte das Volk der wildfremd-
sprechenden Karer.
Alle, welche Miletos, die waldigen Berge
der Phteirer,
Und die Maiandrischen Fluthen, und Myka-
le’ns Höhen umwohnten,
Führt' Amphimachos an, und mit ihm Na-
stes, sein Bruder,                    870
Nastes und Amphimachos, Nomion's treff-
liche Söhne.
Einer von ihnen zog in die Schlacht, wie
ein Mädchen, in Goldschmuck.
Thor! der konnt' ihn ja nicht vom grausen
Verderben erretten.

Ihn bezwang die Hand des schenkelraschen
Peliden
In dem Strome. Sein Gold ward nun
die Beute des Starken. 875

Neben Sarpedon führte die Lykier Glau-
kos, der Edle,
Fern aus Lykia her, am wirbeldrehenden
Xanthos.

# 4.

# Ilias.

## Dritter Gesang *).

Als nun jegliches Heer sammt seinen
    Obern bereit war,
Zogen mit Lärm und Geschrei die Troer
    einher, wie die Vögel.
Also lärmet ein Zug von Kranichen unter
    dem Himmel,
Welcher dem Winter entfloh und unaus-
    sprechlichem Regen;
Schwebt mit solchem Gelärm hoch über
    des Oceans Fluthen,    5
Mord und Untergang Pygmaiischen Völkern
    zu bringen.
Luftber überziehen sie diese mit fährlicher
    Fehde.
Aber Kühnheit athmend und schweigend zo-
    gen die Griechen,

*) Aus dem Journale von und für Deutschland.
I. Band. 361. S.
                  D. s.

All' entschlossenen Muths, zu vertreten Einer den Andern.

Wie, wann Notos die Höhn des Gebirgs
 mit Nebel umwälzet,     10
Hirten zwar nicht lieb, doch Dieben bequemer, als Nachtzeit;
Denn man schauet sodann nicht weiter, als
 man den Stein wirft:
Solch ein wirbelnder Staub, erregt von
 der Wandelnden Tritten,
Wallt' empor; denn geschwind' durchwander-
 ten sie das Gefilde.

Also nahten sie sich zum Angriff. Unter
 den Troern      15
Schritt zum Streite voran der göttlichge-
 bildete Paris.
Seinen Schultern enthing ein Pardelvließ,
 der gekrümmte
Bogen und das Schwert. Zwei erzbeschla-
 gene Lanzen
Schwingend, rief er hervor die Tapfersten
 aller Achaier,
Gegen ihn anzugehn den hochgefährlichen
 Zweikampf.      20

Ihn erblickte gar bald der Kriegesheld,
Menelaos,
Als er im Vordergetümmel mit mächtigem
Schritte dahertrat.

21. V. Kriegesheld. — Ich muß hier eine Anmerkung nachhohlen, die ich schon früher hätte
machen sollen. Insolenzen, wie Kriegesheld,
αρηίφιλος, Silberbogner, αργυροτοξος, der
Helmbuschschüttelnde, κορυθαιολος, der
Schlachtenbelobte, βοην αγαθος; ingleichen
alte Wörter, wie Kunder für Herold, Dank,
γερας, in unserer alten Ritter - und Heldensprache
der Ehrenlohn für Tapferkeit und Sieg, u. w.
müssen wohl dem Uebersetzer Homer's, aber vielleicht auch ihm nur allein erlaubt seyn. Wollten
etwa die Kunstjünger dieses ohne Ueberlegung nach-
ahmen, so mögen sie es lediglich auf ihre eigene
Gefahr thun. Man kann diesem höchst fatalen Ser-
vum Pecus das: heiß! heiß! nicht oft genug zu-
rufen. Meine Absicht ist nie, mich durch gewalt-
same Insolenzen und Grimassen auszuzeichnen; keinesweges, ausgestorbene Wörter wieder aufzuwecken
und in Umlauf zu bringen; eben so wenig, als
ein Mahler, der einen alten Römer in seiner Tracht
mahlt, damit das Sagum oder die Toga wieder
Mode machen will. Es ist recht zum Jammer,
Gräuel und Ekel, wie ohne alle Ueberlegung man

336

Wie der Löwe sich freut, indem ein größe-
res Raubstück,
Etwa ein Hirsch mit Geweih ihm aufstößt,
oder die Waldgeiß;
Gierig verschlingt er den Raub in seinem
Hunger, wiewohl ihn                    25
Hurtige Hunde verfolgen, und junge rüstige
Jäger:
Also freute sich Jener, den göttlichgebilde-
ten Paris
Vor sich zu sehn. Denn nun, nun hofft' er
den Frevler zu strafen.
Hurtig entsprang er dem Wagen in voller
Rüstung zur Erde.

zuweilen nachgeahmt wird. Selten oder nie be-
denkt das Wölkchen, daß ein Wort, ein Ausdruck,
eine Wendung, die an Einem Orte erlaubt, ja sogar nothwendig ist, an dem andern ganz tadelhaft
und verwerflich seyn könne.

Descriptas servare vices operumque colores :c.
O goldene Regel! wie oft wirst du mit Füßen getreten! Alle Dichtergaben, auch in ihrem höchsten
Maße, reichen nicht hin, einen guten Dichter zu
machen, wenn sie nicht von Scharfsinn und Beurtheilungskraft unterstützt und geleitet werden.

Aber so bald sah nicht der göttlichgebil-
    dete Paris          30
Unter den Vorderſten ihn herſchimmern, als
    Schreck ihm in's Herz ſchlug;
Und er entwich dem Tode zurück in's Ge-
    tümmel der Seinen.

Wie vor erblicktem Drachen im Berg-
    thal Einer zurückzuckt;
Grauſen fährt ihm von unten empor durch
    Mark und Gebeine,
Und nun rafft er ſich auf, und entflieht mit
    verblichenen Wangen:    35
Alſo entſchlüpft auch jetzt der göttlichgebil-
    dete Paris,
Zagend vor Atreus Sohn, in's Gewühl
    hochtrotzender Troer.

Aber Hektor erblickt', und ſtraft' ihn mit
    ſcheltenden Worten:
Unhold, ſchönſter Geſtalt! Nur Weibergeck
    und Verführer!
Wärſt du doch nimmer geboren; zum min-
    deſten ehlos geſtorben!    40
Wahrlich, das wollt' ich viel lieber! denn
    ſicherlich wär' es ja beſſer,

Als so dazustehn vor Aller Augen ein Schandmahl.

Laut auf lachen werden die hauptumlockten
Achaier,

Welch' einst unsern ersten Verfechter wegen
der schönen

Bildung dich wähnten! Allein dir fehlt's an
Muth, wie an Stärke.      45

Durftest denn du, ein Solcher! in meerdurchwallenden Schiffen

Ueber den Ocean segeln, mit treuvereinten
Gefährten,

Unter Fremde dich mischen, und Apion's Fluren ein schönes

Weib entführen, verwandt mit lanzenkundigen Männern?

Und das ganz zum Verderb des Vaters,
der Stadt und des Volkes,      50

Das zur Freude den Feinden, und dir zur
eigenen Schande?

Mußtest du nicht jetzt stehn dem Kriegesbold
Menelaos?

Hättest erkannt den Mann, deß blühende
Gattinn du raubtest.

Keine Gab' Aphroditens, nicht Laute, noch
   Locken, noch Liebreiz
Hätten dich dann geschützt vor deiner Ver-
   mählung mit Staube.    55
Zagten die Troer nur nicht; so wärst du
   mit steinernem Rocke
Längst bekleidet, für alle das Unheil, so du
   gestiftet!

 Ihm antwortete drauf der göttlichgebil-
   dete Paris:
Hektor, meine Schuld rügst du nicht über
   Verschulden.
Immer ist doch dein Herz der unverwüst-
   lichen Art gleich;     60
Tief durchfährt sie das Holz, indem der
   Zimmrer den Schiffskiel
Künstlich ausbaut, und vermehrt des Hauen-
   den Schwungkraft:
Unzertrümmerlich hält so auch das Herz dir
   im Busen.
Rüge nur nicht die lieblichen Gaben der
   goldenen Göttinn.
Unverwerflich sind der Götter Ehrenge-
   schenke,       65

Welche nur sie verleihn, nicht Jedermanns
  eigene Wahl nimmt.
Willst du aber nun auch mich kriegen sehen
  und kämpfen,
So berubige erst die übrigen Troer und
  Griechen.
Mitten darein stellt mich dem Kriegesbold,
  Menelaos,
Dar, um Helena und um sämmtliche Schätze
  zu kämpfen.                              70
Welcher von Beiden nun siegt und oben
  bleibet, der nehme
Weib und sämmtliche Schätze, und führe
  Beides zur Heimath.
Aber ihr Uebrigen schwört sodann euch Frie-
  den und Freundschaft,
Und baut Troia's Flur; zur rossenährenden
  Argos
Kehren Jene zurück und zum schönbeweibten
  Achaia.                                  75

Also sprach er; und hoch erfreute sich
  Hektor der Rede;
Trat in die Mitte hervor, und hemmte die
  Reihen der Troer,

Quer vorhaltend den Speer; und ruhig
    standen sie alle.
Sein begehrten nun zwar die hauptumlock=
    ten Achaier
Mit geschleuderten Steinen und scharfge=
    zielten Geschossen.        80
Aber laut auf schrie Agamemnon, der Völ=
    kerbeherrscher:

Haltet an, Argeier! und werft nicht,
    Söhne der Griechen!
Denn zu reden begehrt der helmbuschschüt=
    telnde Hektor.

Rief's. Da ließen sie ab vom Streite;
    hielten geschwind' sich
Ruhig; und Hektor sprach drauf zwischen
    beiderlei Heeren:        85

Höret, ihr Troer, und ihr, schönfußge=
    harnischte Griechen,
Paris Rede von mir, durch welchen die
    Fehde sich anspann!
Er begehrt von Troern und sämmtlichen
    Griechen, die schönen
Waffen niederzustrecken zur allernährenden
    Erde.

In der Mitte will er dem Kriegesholb,
  Menelaos,       90
Stehn, um Helena und um sämmtliche
  Schätze zu kämpfen.
Welcher von Beiden nun siegt und oben
  bleibet, der nehme
Weib und sämmtliche Schätze, und führe
  Beides zur Heimath.
Aber wir Uebrigen schwören sodann uns
  Frieden und Freundschaft.

Sprach's; und rund umher schwieg Alles
  in tiefer Stille.      95
Endlich aber begann Menelaos, der Schlachtenbelobte:

Nun vernehmet auch mich! denn der
  größte Schmerz belastet
Meinen Busen. Nun werden ja, hoff' ich,
  Griechen und Troer
Friedlich sich scheiden. Genug des Bösen
  habt ihr erlitten,
Wegen meines Zwists, den Alexandros ver-
  schuldet.        100
Welchem das Schicksal nun den Tod be-
  schieden, der sterbe!

343

Aber ihr Uebrigen trennt euch friedlich, je
eher je lieber!
Schafft denn Lämmer herbei, ein weißes und
schwarzes, der Erde
Und der Sonne! Wir selbst besorgen Kronion ein drittes.
Ruft auch Priamos Macht, damit er selber
den Bundseid                                    105
Leiste! denn er hat falsche, hat schwurver-
gessene Söhne!
Daß kein Ueberschritt den Bund Kronion's
entweihe.
Insgemein auch flattern der jüngern Männer Gemüther.
Ist jedoch ein Greis dazwischen, der hinter
und vor sich
Schauet, so ist alsdann am besten Beiden
gerathen.                                       110

Also sprach er; und hoch erfreuten sich
Griechen und Troer,
Hoffend, nun auszuruhn von dem unglück-
seligen Kriege;
Drängten die Rosse zurück in die Glieder;
entstiegen den Wagen;

Zogen die Waffen aus, und legten sie nieder zur Erde,
Dicht an einander. Nur schmal blieb noch
dazwischen der Feldraum. 115

Zwei Herolde beschied indessen Hektor nach
Troia,
Eilig die Lämmer herbei zu bringen, und
Priam zu rufen.
Auch den Thaltybios sandt' Agamemnon,
der Herrscher, hinunter
Zu den hohlen Schiffen, herauf das Lämm-
chen zu hohlen.
Und Thaltybios that, wie ihm Agamemnon
gebothen. 120

Zur weißarmigen Helena aber kam Iris,
als Bothinn,
Ihrer Schwiegerinn ähnlich, der Gattinn
des Antenoriden,
Nahmens Laodike, der Schönsten von Pria-
mos Töchtern,
Die Antenor's Sohn, der Fürst Helikaon
umarmte.
Iris traf sie daheim. Sie webt' ein großes
Gewebe, 125

345

Glänzend und doppelt gerecht. Drein wirkte
     sie viele Beschwerden
Rossebezähmender Troer und erzgepanzerter
     Griechen,
Unter Ares Händen um ihretwillen erdul-
     det.
Dicht ihr nahend, begann die schnellgeschen-
     kelte Iris:


Komm doch, Liebchen, zu schaun das
     wundersame Beginnen    130
Rossebezähmender Troer und erzgepanzerter
     Griechen.
Diese trugen noch kaum einander die Schmer-
     zen des Krieges
Ueber das Feld entgegen, entbrannt zu ver-
     tilgenden Schlachten;
Und schon ruhet der Streit. Geruhig ste-
     hen sie, auf die
Schilde gelehnt, und daneben die langen
     Speere gepflanzet.    135
Alexandros allein und der Kriegeshold, Me-
     nelaos,
Werden sich deinethalben mit langen Spee-
     ren bekämpfen;

Und der Sieger wird sein trautes Weibchen
dich grüßen.


Also die Göttinn, und flößt' ihr in's Herz
ein süßes Sehnen
Nach dem ersten Gemahle, den Aeltern und
ihrer Geburtsstadt.                          140
Stracks verhüllte sie sich in den silberblin-
kenden Schleier,
Und entsprang dem Gemach, ein zartes
Thränchen vergießend;
Nicht sie allein, es begleiteten sie zwei die-
nende Jungfraun,
Aithra, Pittheus Tochter, und Klymena,
edel von Augen;
Und bald langten sie an in der Gegend des
Skaiischen Thores.                           145
Dort um Priamos saßen itzt Panthoos und
Thymoites,
Lampos, Klytios und Hiketaon, der Sprosse
des Kriegsgotts,
Saßen Ukalegon und Antenor, Beide voll
Weisheit,
Alle die Aeltsten des Volks, auf dem Söl-
ler des Skaiischen Thores.

Alters halber ruhten sie zwar vom Kriege; doch galten      150
Sie als treffliche Redner.  Den Grillen ähn-
      lich im Haine,
Deren Silbergesang herab von den Bäumen
      ertönet,
Saßen die Fürsten der Troer itzt auf dem
      Thurme des Thores.
Als sie Helenen nun, die dem Thurme sich
      nahte, gewahrten,
Da raunt' Einer dem Andern die fliegenden
      Worte zu Ohren:      155

Scheltenswerth ist's nicht, wenn Troer
      sowohl, als Achaier,
Um ein solches Weib so langes Drangsal
      erdulden.
Denn, fürwahr! sie gleicht Unsterblichen sel-
      ber an Ansehn.
Aber, wie sie auch sey, so schiffe sie den-
      noch von hinnen,
Und erspare so uns als den Unsrigen ferne-
      res Unheil!      160

Also sprachen diese.  Doch Priamos rufte
      Helenen:

Komm doch, trautes Kind, komm her und
    setze dich zu mir,
Deinen ersten Gemahl, Verwandt' und
    Freunde zu schauen!
Keineswegs bist du mir Schuld; die Götter
    sind Schuld dran!
Diese bestürmeten mich mit dem traurigen
    Kriege der Griechen.    165
Nenne mir doch einmahl den wundergewal-
    tigen Mann dort!
Sprich, wer ist er wohl, der große, starke
    Achaier?
Zwar ihn überragen noch andere Griechen
    am Haupte;
Aber weder so schön sah ich noch Einen mit
    Augen,
Noch so erhaben, als ihn. Er hat ein
    herrschendes Ansehn.    170


Ihm gab Helena drauf, die Krone der
    Frauen, zur Antwort:
Theurer Schwäher, mit Scham und Furcht
    erfüllt mich dein Anblick.
Wär' ich doch lieber gestorben des bittersten
    Todes, als hierher

Deinem Sohne gefolgt, verlaſſend Brüder
und Ehbett,
Und mein einziges Kind, und meine holde
Geſpielſchaft. 175
Doch es geſchah ſo nicht! Drum muß ich
ſchwinden vor Jammer.
Aber nun will ich dir ſagen, wonach du
frageſt und forſcheſt.
Jener iſt Atreus weitgebiethender Sohn,
Agamemnon,
Beides ein löblicher König und mächtiger
Schwinger der Lanze.
Ehmahls war er auch mein, der Schänd-
lichen, Schwager — er war es! 180

Alſo ſprach ſie. Da rief der Greis, Aga-
memnon bewundernd:
O glückſeliggeborner und ſegenbeglückter
Atreide,
Welch ein unzähliges Heer der jungen
Achaier gehorcht dir!
Zwar ich zog vor Zeiten in Phrygiens Re-
bengefilde,
Und erblickte dort Viele der roſſekundigen
Phryger, 185

Alles Atreus Volk und des götterähnlichen
Mygdon's,
Welches Sangarios Ufer entlang gelagert
sich hatte;
Unter sie ward auch ich als Hülfsgenosse ge-
rechnet,
Als gleich Männern ein Heer Amazonen ge-
gen uns anzog:
Doch war minder die Zahl, als hier, schwarz-
äugiger Griechen.                    190


Und zum zweiten erblickte der Greis O-
dysseus, und fragte:
Nenne mir doch auch diesen, geliebte Toch-
ter! Wer ist er,
Kürzer zwar an Wuchs, als Atreus Sohn,
Agamemnon,
Aber doch breiter, als er, um Brust und
Schultern von Ansehn?
Siehe, sein Rüstzeug liegt auf der allernäh-
renden Erde;                         195
Aber er selbst durchstreift, wie ein Widder,
die Reihen der Männer.
Ich vergleich' ihn dem Widder, von dich-
tem wolligen Vliesse,

Welcher die große Herde der weißen Schafe
durchschweifet.

Ihm gab Helena drauf, die Tochter Kro-
nion's, zur Antwort:
Der ist Laertes Sohn, der weisheitsvolle
Odysseus.                                    200
Er, zwar nur erzogen auf Ithaka's Ber-
gen, versteht sich
Dennoch auf jegliche List und schlauerson-
nenen Anschlag.

Gegen Helenen wandte sich hier Antenor,
der Weise:
Frau, da hast du gewiß ein wahres Wort
geredet.
Denn auch hierher kam einmahl der hohe
Odysseus,                                   205
Deinetwegen gesandt, mit dem Kriegeshold,
Menelaos.
Ich bewirthete sie in meinem Hause mit
Pflege.
Da erkundet' ich Beider Natur und kluges
Benehmen.
Wann sie unter dem Volke versammelter
Troer aufrecht

Standen, so ragt' hervor Menelaos mit
    breiteren Schultern.    210

Saßen sie aber Beide, so schien Odysseus
    erhabner.

Wann sie hernach mit Red' und Weisheit
    Alles umstrickten,

Dann vernahm man klar: Menelaos redete
    rundweg,

Sparsam, doch sehr stark. Denn er war
    gemeiniglich karglaut,

Nicht in Worten verloren, obgleich viel
    jünger an Jahren.    215

Aber erhob sich nun der weisheitsvolle O-
    dysseus,

Stand er und sah vor sich hin, zur Erde
    die Augen geheftet,

Und bewegte das Zepter so wenig hinter,
    als vor sich;

Sondern wanklos hielt er's, dem unerfah-
    rensten Mann gleich:

Hättest ihn leicht für tückisch gehalten, oder
    für geistlos. -    220

Aber entließ er hierauf dem Busen die
    mächtige Stimme

Und die Worte, gleich dem Hagelgeraffel
des Winters:
Traun! dann hätte mit ihm kein Sterblicher Wette gestritten;
Und wir schauten nicht bloß verwundert auf
seine Geberde.

Nun zum dritten erblickte der Greis den
Aias, und fragte:                    225
Wer ist jener Achaiische Mann, der große,
der starke,
Höher, als alles Volk, an Haupt und
Breite der Schultern?

Drauf die langumhüllte Helene, die Krone
der Frauen:
Aias, der wundergewaltige, ist's, der Schirm
der Achaier.
Auch steht Idomeneus, wie ein Gott, dort
unter den Kretern,                   230
Und es stehen um ihn die Kretischen Fürsten versammelt.
Oft bewirthete diesen der Kriegeshold, Menelaos,
Wann er von Kreta kam, daheim in unserm Pallaste.

Nun erblick' ich sie alle, die schwarzbraun-
    äugigen Griechen,
Welche bekannt mir sind; leicht nenn' ich
    jeden mit Nahmen:   235
Nur zwei Völkergebiether, den Rossebändi-
    ger Kastor
Seh' ich nirgends, und nirgends den faust-
    gewaltigen Pollux;
Leibliche Brüder, mit mir von Einer Mut-
    ter geboren.
Folgten sie nicht mit her aus der lieblichen
    Stadt Lakedaimon?
Oder, wenn sie auch folgten auf meerdurch-
    wallenden Schiffen,   240
Wollten sie nicht zur Schlacht die übrigen
    Helden begleiten,
Schamvoll wegen der Schmach und des Ta-
    dels, so ich verdiene?

Sprach's. Doch Jen' umfing die Lebener-
    halterinn, Erde,
Zu Lakedaimon längst, im holden Gefilde
    der Heimath.

Jetzo trugen die Bothen des Bundes
    Opfer die Stadt durch;   245

Lämmer und herzerfreuenden Wein, die
Frucht des Gefildes,
In geißledernem Schlauch. Auch trug der
Herold, Idaios,
Einen glänzenden Kump und kleine goldene
Becher.
Also nahet' er sich dem Greis', und erweckt'
ihn mit Zuruf:

Auf, Laomedon's Sohn! Dich rufen jetzo
die Fürsten                                          250
Rossebezähmender Troer und erzgepanzerter
Griechen
In das Feld hinaus, den Friedensbund zu
beschwören.
Alexandros nur und der Kriegesheld, Me-
nelaos,
Wollen mit langen Speeren allein um He-
lena kämpfen;
Und den Sieger sollen so Weib als Schätze
begleiten.                                          255
Aber wir Uebrigen schwören sodann uns
Frieden und Freundschaft,
Und baun Troia's Flur. Zur rossenähren-
den Argos

Kehren Jene zurück und zum schönbeweibten
 Achaia.

Sprach's. Aufschaudernd geboth der Greis
 den Seinen, die Rosse
Anzujochen; und diese gehorchten ihm ohne
 Verweilen. 260
Drauf stieg Priamos ein, und zog die Zügel
 zurücke.
Auch Antenor bestieg den schönen Wagen.
 Sie trieben
Durch das Skaiische Thor die hurtigen
 Rosse zu Felde.

Als sie dort die Scharen der Troer und
 Griechen erreichet,
Stiegen sie ab vom Wagen zur allernäh-
 renden Erde, 265
Und erschritten die Mitte der Troer und der
 Achaier.
Auf sprang unverweilt Agamemnon, der
 Völkerbeherrscher,
Sammt dem weisheitsvollen Odysseus. Die
 stattlichen Kunder
Trieben die Bundesopfer zusammen; misch-
 ten im Kumpe

Wein, und begoſſen hierauf mit Waſſer der
Könige Hände.                                                     270
Aber Atreides zog ein Meſſer hervor mit
der Rechten,
Welches die große Scheide des Schwerts
beſtändig umſchwebte;
Schor damit von den Häuptern der Lämmer
die Woll' ab; und dieſe
Theilten die Herold' aus an die Fürſten der
Troer und Griechen.
Aber Atreides erhob lautbethend vor ihnen
die Hände:                                                       275

Vater, der du vom Ida gebeutſt, Hoch-
herrlichſter, Größter!
Sonne, die Alles ſchauſt und Alles höreſt!
Ihr Flüſſe!
Du, o Erde! und ihr, die ihr dort unten
die todten
Menſchen noch beſtraft, die falſche Eide ge-
ſchworen!
Seyd uns Zeugen allhier, und ſtärkt die
Treue des Bundſchwurs! 280
Fällt Menelaos jetzt durch Alexandros, ſo
bleib' ihm

Helena mit den sämmtlichen Schätzen! Wir
Uebrigen wollen
Dann von hinnen kehren auf meerdurch-
wallenden Schiffen.
Aber erliegt Alexandros dem goldgelockten
Atreiden,
So erstatten die Troer das Weib mit sämmt-
lichen Schätzen,                                      285
Und erlegen den Griechen noch eine gebüh-
rende Buße,
Deren man noch bei Kind und Kindeskinde
gedenke.
Wollten Priamos aber und Priamos Söhne
die Buße
Nicht erlegen, auch nicht, wenn Paris ge-
fallen, so streit' ich
Dennoch weiter fort, der Buße halber, und
bleibe                                                  290
Hier so lange, bis ich das Ziel des Krieges
erstrebe.


Sprach's, und zerschnitt die Kehlen der
Lämmer mit mörderischem Erz;
Legte sie dann zur Erde noch zuckend, aber
des Lebens

Mangelnd. Denn sie waren durch's Erz der
Kräfte beraubet.
Drauf entschöpften sie Wein dem Kumpe
mit Bechern, und gossen  295
Unter Gebeth ihn aus den ewigwaltenden
Göttern.
Also bethete Mancher der Griechen, Mancher
der Troer:

Zeus, Hochherrlichster, Größter! und ihr
Unsterblichen alle!
Welcher von Beiden zuerst dieß heilige
Bündniß entweihet,
Dem entfließe das Hirn zur Erde, wie die-
ser Wein hier!  300
Ihm und seinen Kindern! Ein Andrer be-
schlafe sein Ehweib!
Also bethete Mancher; doch noch erfüllete
Zeus nichts.

Zu den Versammelten sprach jetzt Priam,
Dardanos Enkel:
Hört mich, ihr Troer, und ihr, schönfuß-
gebarnischte Griechen!
Jetzo will ich zurück zur umstürmten Ilion
kehren.  305

Denn. ich ertrag' es nicht, mit Augen zu
        sehen den Zweikampf
Meines geliebten Sohns mit dem Krieges-
        hold, Menelaos.
Zeus nur ist es kund und den andern ewi-
        gen Göttern,
Welchem von Beiden das Ziel des Todes
        vom Schicksal bestimmt sey.

Also der götterähnliche Mann, und legte
        die Lämmer                        310
Auf den Wagen; bestieg ihn dann selbst,
        und griff nach den Zügeln.
Neben ihm bestieg den schönen Wagen An-
        tenor;
Und so kehrten sie um, und fuhren wieder
        gen Troia.

Hektor, Priamos Sohn, und mit ihm der
        hohe Odysseus
Zeichneten nun zuerst den Kampfraum ab.
        Nach diesem                       315
Nahmen und schüttelten sie zwei Loos' in
        ehernem Helme,
Welcher den ersten Wurf der ehernen Lanze
        gewönne.

Hierbei flehte das Volk und erhob zu den
Göttern die Hände.
Also bethete Mancher der Griechen, Mancher
der Troer:

Vater, der du vom Ida gebeuthst, Hoch-
herrlichster, Größter!                    320
Welcher von Beiden zuerst dieß Unheil zwi-
schen uns anspann,
Den laß hingewürgt versinken  in Aides
Wohnung;
Aber uns übriges Volk laß Frieden erneuen
und Freundschaft!

So sprach Mancher.   Der große,  der
helmbuschschüttelnde Hektor
Schwenkte nun rückwärts schauend, und hui!
sprang Paris Gewinn hin. 325
Scharweis' lagerten sich die Uebrigen, jeder
bei seinen
Schnellgeschenkelten Rossen, wo bunt das
Waffengezeug lag.
Aber der hohe Gemahl der schöngelockten
Helene,
Paris, bekleidete nun mit schöner Rüstung
die Glieder.

Schöne Harnische legt' er zuerst um die
      zierlichen Schenkel,      330
Ueberall wohl zusammengefugt durch silberne
      Spangen.
Hierauf barg er die Brust in seines Bru-
      ders, Lykaon,
Panzerrock, der ihm gerecht war. Ueber die
      Schultern
Hängt' er das eherne Schwert, mit silber-
      nen Buckeln beschlagen,
Sammt dem großen und dicht gehämmer-
      ten Schilde. Das starke 335
Haupt beschirmt' er mit künstlichem Roßch-
      buschhelme, von welchem
Fürchterlich der Toß herunter winkte. Zum
      letzten
Nahm er den stämmigen Speer, der seinen
      Händen gerecht war.
Also bewehrte sich auch der Kriegeshold,
      Menelaos.


Als sie sich solcher Gestalt auf beiden Sei-
      ten gerüstet,      340
Da schritt Jeder hervor in die Mitte zwi-
      schen die Heere,

Grimmiglich blickend. Entsetzen ergriff bei'm
        Anblick die Scharen
Rossebezähmender Troer und fußgeharnisch-
        ter Griechen.
Jetzt betraten sie gegen einander die Gren-
        zen des Kampfraums,
Hochaufschwingend die Speere, voll In-
        grimms gegen einander. 345
Paris warf zuerst die weithinschattende
        `Lanze.
Und er traf den überall schlichten Schild
        des Atreiden;
Aber das Erz durchdrang er nicht. Denn
        die Spitze verbog sich
Auf dem derben Schilde. Nun aber er-
        hob auch sein Erz
Atreus Sohn, Menelaos, und flehte zum
        Vater Kronion: 350

Nun, allwaltender Zeus, verleih' an Pa-
        ris mir Rache,
Der mich zuerst gekränkt! Laß meinen Arm
        ihn bezähmen!
Daß sich Jeglicher scheue der spätgeborensten
        Menschen,

Gegen den Gaßfreund, der ihm Liebe be-
    wiesen, zu freveln!

Sprach's; und schwang und warf die weit-
    hinschattende Lanze;                        355
Traf dem Priamiden auf seinen überall
    schlichten
Schild; den glänzenden Schild durchfuhr die
    stürmende Lanze,
Und drang weiter hinein in den wunder-
    künstlichen Panzer.
Ueber der Weiche der Scham zerriß die
    Lanze den Leibrock.
In sich hineingekrümmt entging er dem
    schwarzen Verhängniß.                       360
Aber nun zog der Atreide sein silberbeschla-
    genes Schwert aus,
Schwang es, und hieb's auf den Kegel des
    Helms; doch dreifach und vierfach
Ueber dem Helme zersplittert, entstob es der
    Hand in die Lüfte.
Und lautheulend schaut' er empor in's Weite
    des Himmels:

Vater Zeus, wie bist du vor allen Göt-
    tern mir unhold!                            365

Hofft' ich doch ganz gewiß, den Frevel an
 Paris zu rächen;
Aber da muß mir das Schwert in der Faust
 zerbrechen! Vergebens
Muß die Lanze der Faust entfliegen, ohne
 Verletzung!

Rief's; setzt' an; und ergriff ihn am Roß-
 haartoste des Helmes;
Riß, sich wendend, ihn fort, zu den fuß-
 geharnischten Griechen.    370
Da bedämpft' ihm der buntgestickte Riemen
 die Kehle,
Welcher ihm unter dem Kinne den Helm
 hielt. Sicherlich hätt' er
Ihn hinübergeschleift, und unendlichen Ruhm
 sich erworben;
Hätte nicht schnell Aphrodite, die Tochter
 Zeus, es gemerket,
Und den Riemen zersprengt vom gesundge-
 schlachteten Farren.    375
Hauptleer folgte daher der Helm der nervi-
 gen Faust nach.
Aber ihn warf der Held den schenkelgehar-
 nischten Griechen

Rollend entgegen. Daselbst erhoben ihn
    seine Genossen.
Und nun stürmt' er von neuem daher mit
    eherner Lanze,
Voller Begierde, zu tödten. Doch Jenen
    entrückt' Aphrodite    380
Leicht, als Göttinn. Sie hüllt' ihn dicht in
    Nebel; versetzt' ihn
In sein Zimmer, süß mit Würzegerüchen
    durchduftet;
Und enteilte, die Gattinn zu rufen. He-
    lena stand noch
Hoch auf dem Thurme, dicht von Troe-
    rinnen umgeben.
Und sie ergriff und rüttelte sie am würzigen
    Schleier,    385
Und begann zu ihr, der Wollespinnerinn
    ähnlich,
Einer betagten Frau, die einst in der Stadt
    Lakedaimon,
Schöne Woll' ihr spann, und ihr vor Al-
    len geneigt war;
Dieser ähnlich, begann die Tochter Zeus,
    Aphrodite:

Auf, und folge mir nach! dich rufet Pa-
   ris nach Hause.   390
Dort im Schlafgemach, auf rundgetriebe-
   nem Bette,
Glänzt er an Schönheit, wie an Kleidung.
   Würdest nicht glauben,
Daß er vom Zweikampf komme; vielmehr
   er wolle zum Reigen,
Oder sitze nur da, vom Reigen ein wenig
   zu ruhen.

Also sagte sie, und erregt' ihr das Herz
   in dem Busen.   395
Doch sie gewahrte kaum den schönen Nacken
   der Göttinn,
Und den lieblichen Busen, und ihre strah-
   lenden Augen,
So entsetzte sie sich; doch nahm sie das Wort
   auf und sagte:

Leidige, warum begehrst du, mich mit diesem zu täuschen?
Willst du mich weiter in eine der wohlbe-
   völkerten Städte   400
Phrygiens, oder des anmuthsvollen Mäo-
   niens führen?

Wohnet auch dort von dir noch ein Günſt-
  ling unter den Menſchen?
Kommſt du vielleicht, weil nun Menelaos
  den ſtattlichen Paris
Ueberwunden hat, und mich Verhaßte zur
  Heimath
Führen will, kommſt du nur darum alſo
  voll Argliſt?     405
Geh' doch, und ſetze dich zu ihm! Entſage
  dem Leben der Götter!
Wende nimmer den Schritt zurück zum ho-
  hen Olympos!
Stets ſey um ihn her, erdulde Beſchwer-
  den, und pflege
Seiner, bis er zum Weibe dich aufnimmt,
  oder zur Dienſtmagd!
Nie kehr' ich zurück! Denn Tadel würd' es
  verdienen,     410
Ihm das Bette zu ſchmücken. Drob müß-
  ten ja künftig mich alle
Troerinnen verſchmähen. Mein Schmerz iſt
  ſo ſchon unendlich.

Zürnend erwiederte drauf die Tochter
  Zeus, Aphrodite:

Reiß', Elende, mich nicht! daß ich nicht
zornig mich wende,
Und so heftig dich hasse, als ich einst hef-
tig dich liebte;                    415
Daß ich nicht Beider, der Griechen und
Troer, Herzen mit bitterm
Haß erfülle, und dich in hartem Drangsal
vertilge!

Sprach's. Ob diesem erschrak Zeus Toch-
ter, Helena. Schweigend
Folgte sie nun, verhüllt im silberglänzenden
Schleier,
Unbemerkt den Troischen Frauen, der füh-
renden Göttinn.                    420
Kaum gelangeten sie zu Paris schönem Pal-
laste,
Siehe, so wandten sich schnell die Mägde
zu ihrem Gewerbe.
Aber ihr hohes Gemach erstieg die Krone
der Frauen.
Einen Sessel ergriff Aphrodite, die Huldinn
des Lächelns;
Diesen trug und stellte die Göttinn gegen
dem Paris.                    425

Drauf saß Helena nieder, des schrecklichbeschildeten Gottes

Tochter, und schalt den Gemahl mit ab-
gewendeten Blicken:

Kommst vom Kampfe zurück? O wärst
du darin nur gefallen,

Von dem stärkeren Manne besiegt, der mein
erster Gemahl war!

Ha, du prahltest ja sonst, den Kriegesbold,
Menelaos,                                    430

Uebertreffest du weit an Kraft und Kunde
der Lanze.

Ei, so geb' doch, und rufe den Kriegesbold,
Menelaos,

Wieder zum Gegenkampf heraus! Doch rath'
ich dir, lieber

Ruhig zu seyn, und nie dem goldgelockten
Atreiden

Solchen thörichten Kampf noch einmahl entgegen zu kämpfen.                             435

Denn es möchte zuletzt sein Speer dich dennoch bezähmen.

Ihr gab Paris drauf mit diesen Worten
die Antwort:

Weib, verwunde mein Herz nicht mit so
    bitterer Schmähung!
Hat mich jetzt Menelaos durch Pallas besie-
    get, so werd' ich
Auf ein ander Mahl ihn. Auch unser wal-
    ten die Götter.        440
Aber wohlan, laß uns versöhnen in Liebes-
    umarmung!
Denn noch nie war so mein Herz von Liebe
    befangen,
Selbst nicht da, als ich der holden Stadt
    Lakedaimon,
Dich entführend, auf meerdurchwallenden
    Schiffen enteilte,
Und auf Kranae uns das Lager der Liebe
    vereinte:        445
Als ich jetzo dich liebe, und süßes Verlan-
    gen mich hinreißt.

Sprach's; und stieg voran in's Bett; ihm
    folgte die Gattinn;
Und so ruheten sie im schöndurchbrochenen
    Bette.

Aber Atreus Sohn durchschweifte das
    Heer, wie ein Raubthier,

Irgend wo auszuspähn den göttlichgebildeten
    Paris.                      450
Aber Keiner der Troer, noch ihrer berühm-
    ten Genossen,
Konnte dem Kriegeshold, Menelaos, Paris
    entdecken.
Keiner hätt' ihn aus Liebe, mit Wissen und
    Willen, verborgen;
Denn er war Allen verhaßt, wie das schwarze
    Todesverhängniß.
Aber nunmehr begann Agamemnon, der
    Völkerbeherrscher:         455
Hört nun, Troer und Dardaner! hört
    ihr Bundesgenossen!
Augenscheinlich siegte der Kriegeshold, Me-
    nelaos.
Darum gebet uns nun die Argeiische He-
    lena, sammt den
Schätzen zurück, und zahlt uns auch die
    gebührende Buße,
Deren man noch bei Kind und Kindeskinde
    gedenke!               460
So sprach Atreus Sohn. Deß lobten
    ihn alle Achaier.

# 5.

## Jlias.

### Vierter Gesang *).

Bei Kronion saßen indeß auf goldener
Fußflur
Alle Götter zu Rath. Hier schenkte die
züchtige Hebe
Nektar ihnen ein. Sie reichten die golde-
nen Becher
Einer dem Andern dar, und schauten hin-
unter auf Troia.
Stracks versuchte Zeus, durch herzzerschnei-
dende Worte                                     5
Heren aufzureitzen, und bildete diese Ver-
gleichung:

Ja, zwei Göttinnen sind Menelaos hülfe-
gewogen:
Here von Argos, und die Alalkomenaische
Pallas.

*) Aus dem Journale von und für Deutschland.
1. Band. 592. S.
                                    D. H.

Aber da ſitzen ſie fern, und ergetzen bloß ſich
am Anſchaun.

Paris hergegen iſt Aphrodite, die Huldinn
des Lächelns,                                         10

Immer nah', und fernt von ihm das To-
desverhängniß.

Jetzt ſchon wieder erhielt ſie ihn, da der
Tod ihm gewiß ſchien.

Aber geſiegt hat doch der Kriegeshold, Menelaos.

Laßt uns nun erwägen, wohin die Sache
gedeihn ſoll!

Ob wir fährlichen Krieg und wüthende
Schlachten von neuem                                  15

Wollen erregen? oder zu Freundſchaft Beide
vereinen?

Dünkt' es euch Allen recht und lieb, ſo
möchte des Königs

Priamos Stadt noch ferner bewohnt ſtehn,
und Menelaos

Wieder mit ſich zurück die Argeiiſche Helena
führen.

Sprach's. Da nagten ſich Here und Pal-
las Athene die Lippen.                                20

Diese saßen beisammen, und dachten der
Troer Verderben.
Athenaia schwieg und redete nichts, vor Er-
bittrung
Gegen den Vater Zeus.   Wild übernahm
sie der Ingrimm.
Here nur konnte den Zorn im Herzen nicht
bergen, und sagte:

Welch ein Wort, heilloser Kronide, haft
du gesprochen?                                          25
Eitel soll also die Müh', und fruchtlos alle
der Schweiß seyn,
Den ich strebend vergoß? Ermüdet' ich darum
die Rosse,
Völker zu werben für Priam's und seiner
Söhne Verderben?
Wohl! Doch dürften dazu nicht alle wir
Uebrigen stimmen.

Großen Unmuths voll versetzte der Wol-
kenversammler:                                          30
Weib, was haben wohl Priam und Pria-
mos Söhne so Großes
Gegen dich verbrochen, daß dir, die präch-
tiggebaute.

Ilion niederzuſtürzen, ſo unerſättlich gelüſtet?
Könnteſt du doch durchbrechen die hohen
    Mauern und Thore,
Und ihn roh verſchlingen, den Priam und
    Priamos Söhne,       35
Und das ganze Volk! Das ſättigte freilich
    die Wuth dir!
Handle nur, wie du willſt! daß dieſer Ha-
    der nicht künftig
Zwiſchen mir und dir zu größerem Zwiſte
    gedeihe.
Eins doch ſag' ich dir an; du aber nimm
    es zu Herzen:
So auch ich einmahl, entrüſtet, eine der
    Städte,         40
Deren Bewohner du liebſt, daniederzuſtür-
    zen begehre,
Dann laß zu und hemme nicht meinen Zorn!
    Denn in Güte
Geb' ich dir dieſe dahin, obſchon unwilligen
    Herzens.
Denn vor allen Städten, die irgend unter
    der Sonne
Und dem geſtirnten Himmel von irdiſchen
    Menſchen bewohnt ſind,    45

War stets meinem Herzen die heilige Ilios,
war stets
Priam mir werth, und das Volk des lanzenkundigen Königs.
Meinem Altare gebrach's hier nie an Gnüge
des Mahles;
Nie an Wein und Fett, den Gaben, die wir
uns koren.

Drauf versetzte die hohe, die farrenäugige Here:                                  50
Drei vor allen Städten auf Erden sind mir
die liebsten:
Argos, Sparta und die gassenbreite Mykene.
Diese vertilge, dafern sie deinem Herzen
verhaßt sind!
Deren will ich Keine vertreten, Keiner mich
kümmern.
Wollt' ich auch scheel dir sehn, und hindern
ihre Vertilgung,                            55
So gewönn' ich ja doch wohl nichts, da
der Stärkere du bist.
Doch drum mußt auch du nicht meine Mühe
vereiteln.

Gottheit bin auch ich, des nähmlichen
    Stammes, deß du bist.
Zur Erhabensten zeugt' auch mich der ver-
    schlagene Kronos
Zwiefach, durch sein Blut, und weil ich
    deine Gemahlinn    60
Heisse; hergegen du die Unsterblichen alle be-
    herrschest.
Nun, wohlan, so laß hierin einander uns
    weichen,
Wie ich dir, so du mir! Die andern un-
    sterblichen Götter
Folgen alsdann uns auch. Jetzt sende ge-
    schwind' Athenaien
Zu den Troern und Griechen hinab in die
    wüthende Feldschlacht,    65
Zum Versuch, ob die Troer die siegfroh-
    lockenden Griechen,
Gegen den Bundeseid, zuerst beleidigen
    möchten.

Sprach's. Nicht länger entstand ihr der
    Vater der Götter und Menschen.
Stracks berief er Athenen, und sprach die
    geflügelten Worte:

Risch du, mache dich auf zu den Heeren
  der Griechen und Troer, 70
Und versuch', ob die Troer die siegfroblocken-
  den Griechen,
Gegen den Bundeseid, zuerst beleidigen
  möchten!


Sprach's; und spornte noch mehr die
  längstfortstrebende Pallas;
Und sie entfuhr den Höhn des Olympos
  eiligen Schwunges.
Wie ein helles Gestirn, von dem Sohne des
  listigen Kronos 75
Schiffern, oder einer weitausgebreiteten Heer-
  schar
Auf zum Zeichen gestellt, unzählige Funken
  umhersprüht:
So fuhr Pallas Athene zur Erd', und sprang
  in's Getümmel
Mitten hinein. Entsetzen ergriff bei'm An-
  blick die Scharen
Rossebezähmender Troer und erzgepanzerter
  Griechen. 80
Mancher schaute dabei dem Nachbar in's
  Antlitz, und sagte:

Traun, nun steht verderblicher Krieg und
müthende Schlacht uns
Wieder bevor, wofern nicht beiderlei Völker zu Freundschaft
Zeus bewegt. Denn er ist Obmann menschlicher Kriege.

Also sagte Mancher der Troer und der
Achaier.                                              85
Pallas aber schlüpft' in's Gewühl, gleich
Einem der Troer,
Laodokos, dem Sohn Antenor's, mächtig
im Speerkampf;
Forscht' umher, wo sie den göttlichen Pan-
daros fände;
Fand Lykaon's Sohn, den Tadellosen, den
Tapfern,
Stehen, zwischen den Reihen der starken
beschildeten Krieger,                       90
Welche mit ihm hierher Aisepos Fluthen ent-
zogen;
Trat dicht zu ihm hin, und sprach die ge-
flügelten Worte:

Folgtest du mir wohl, o Sohn des krieg-
rischgesinnten Lykaon?

Küßlich ein rasches Geschoß nach Menelaos
    zu senden?
Ruhm und Dank erwürbe dir das bei sämmt=
    lichen Troern,        95
Und gewiß vor allen am meisten bei'm Kö=
    nige Paris.
Sicherlich lohnt' er's dir vorzüglich mit herr=
    lichen Gaben,
Säh' er Atreus Sohn, den Kriegeshold,
    Menelaos,
Deinem Geschoß erliegend, zur traurigen
    Flamme getragen.
Auf dann, und richte den Pfeil auf den
    siegfrohlockenden König!    100
Aber gelob' auch dem bogenberühmten Ly=
    kischen Foibos
Eine Dankhekatombe von Erstlingslämmern
    zur Weihe,
Wann du die heilige Stadt Zeleia wieder
    erreichest!

So sprach Pallas Athene, und lenkte das
    Herz des Bethörten.
Stracks entblößt' er den glatten Bogen vom
    üppigen Steinbock,    105

Welchem er selber einst von unten empor in
das Herz traf.

Denn er lauert' ihm auf, da jener vom
Felsen herabsprang,

Und durchschoß ihm das Herz. Kopfüber
entstürzt' er der Klippe.

Sechszehn Hand hoch waren dem Haupte
die Hörner entwachsen.

Hieraus hatte der Hornbereiter den Bogen
verfertigt,                                    110

Ueberall wohl geblänkt und mit goldenem
Knaufe beschlagen.

Schicklich richtet' und spannt' er diesen, zur
Erde sich beugend,

Während mit ihren Schilden die tapfern
Genossen ihn deckten,

Daß ihn nicht eher die kriegrischen Söhne
der Griechen bestürmten,

Bis getroffen wär' ihr kriegrischer Fürst,
Menelaos.                                       115

Ferner zog er den Deckel vom Köcher, und
wählte den Pfeil aus,

Einen neuen, beflügelten Stifter der gräß-
lichsten Qualen;

Richtete stracks den herben Pfeil vor der
Sehne des Bogens,
Und gelobte dem bogenberühmten Lykischen
Foibos
Eine Dankhekatombe von Erstlingslämmern
zur Weihe, 120
Wann er die heilige Stadt Zeleia wieder
erreichte.
Und nun zog er die Giffel, zugleich mit der
Sehne des Rindes,
Bis vor die Brust die Sehne, das Eisen
zurück an den Bogen.
Da nun also der große, gerundete Bogen
gespannt war,
Hallte der Bügel, ertönte die Schnur, und
entsprang der geschärfte 125
Pfeil, geschwind' in den Schwarm hinüber
zu fliegen, begierig.


Noch vergaßen nicht dein, Menelaos, die
seligen Götter,
Dein besonders nicht die Beutespenderinn
Pallas.
Siehe, sie trat vor dich hin, und wandte
den tödtlichen Pfeil ab.

Sie entscheucht' ihn dem Leibe, wie etwa
        die Mutter dem Säugling 130
Eine Flieg' entscheucht, wenn jener in lieb-
        lichem Schlaf liegt.
Dahin lenkte sie ihn, wo den Gurt die gol-
        denen Spangen
Schlossen, und den Leib zwiefache Verpan-
        zerung deckte.
Und nun traf auf den wohlanschließenden
        Gürtel der herbe
Pfeil; und sogleich durchglitt die Spitze den
        künstlichen Gürtel;      135
Bohrte sich weiter hinein in den wunder-
        künstlichen Panzer;
Auch das Blech, das er trug zum Leibes-
        schutze, zur Pfeilwehr,
Und worauf er am meisten vertraut', auch
        dieses durchfuhr sie;
Und zerschrammte zuletzt die oberste Haut
        noch dem Helden;
Und sogleich entquoll das schwärzliche Blut
        der Wunde.      140


Wie ein Mеonisches, oder ein Karisches
        Weib mit Purpur

Elfenbein bemahlt, zum Wangenschmucke
  des Rosses;
In der Kammer liegt's; und der Reißgen
  Viele begehren
Sein; sie aber hegt für einen König das
  Kleinod;
Beides, dem Rosse zum Schmuck und sei=
  nem Führer zur Ehre: 145
So troff dir, Menelaos, die schöngewachse=
  nen Hüften
Und die Waden das Blut hinab zu den
  zierlichen Knöcheln.


Seinethalben erschrak Agamemnon, der
  Völkerbeherrscher,
Als er das schwarze Blut, der Wund' ent=
  quellend, erblickte.
Auch erschrak er selbst, der Kriegesheld,
  Menelaos. 150
Aber kaum erblickt' er Schnur und Haken
  noch auswärts,
Als rückwallend der Muth die Brust ihm
  wieder erfüllte.
Jetzt ergriff Agamemnon, der Herrscher, die
  Hand Menelaos,

Sagte tiefaufſeufzend; und mit erſeufzten
die Freunde:


Theurer Bruder, ſo ſchloß ich dir zum
Tode das Bündniß?          155
Stellt' allein für uns dich gegen die Troer
zum Kampf dar?
Daß ſie zertreten den heiligen Bund, und
verletzen dich mußten?
Aber umſonſt war nicht der Eid und das
Blut der Lämmer,
Noch die Gelübbe der Hand bei'm Wein-
guß, denen wir trauten.
Wenn der Olympier auch ſogleich nicht Alles
erfüllet,          160
O ſo wird er's doch endlich erfüllen. Sie
werden es ſchrecklich
Büßen an ihren eigenen Köpfen, an Wei-
bern und Kindern.
Denn fürwahr, es iſt mir kund in Herzen
und Sinnen:
Kommen wird ein Tag, der die heilige Ilios
hintilgt,
Hintilgt Priamos und das Volk des Lan-
zengeübten.          165

Zeus Kronion, der Hocherhabne, des Ae-
  thers Bewohner,
Zornig auf diesen Betrug, wird seines
  Schildes Entsetzen
Allen entgegenschütteln! Das wird er wahr-
  lich erfüllen!
Aber hart bleibt doch mein Schmerz um
  dich, Menelaos,
Wenn du dahinstirbst und das Maß des Le-
  bens erfüllest.                              170
Ach! der Verächtlichste kehr' ich alsdann zur
  ersehnten Argos!
Denn bald werden die Griechen des Vater-
  landes gedenken.
Aller Ruhm bleibt dann, und die Griechi-
  sche Helena bleibet
Priam und seinem Volk! Auf Troischem
  Boden vermodert
Dein gesunknes Gebein, am unvollendeten
  Werke!                                       175
Tanzend spricht vielleicht der übermüthigen
  Troer
Einer über der Gruft Menelaos, des Eh-
  regekrönten:

Glückt' Agamemnon doch so gegen Jeden
    die Rache,
Wie er umsonst hierher die Scharen der
    Griechen geführt hat! –
Denn er kehrete heim in seiner Väter Ge-
    filde,                180
Mit geleerten Schiffen, und ohne den treff-
    lichen Bruder.
Also spricht er! O möchte dann weit mir
    die Erde sich aufthun!

Tröstend sprach hierauf Menelaos, der
    Goldengelockte:
Sey getrost, und schrecke nicht so das Volk
    der Achaier!
Denn nicht tödtlich traf der scharfe Pfeil
    mich. Es schützte      185
Mich der bewegliche Gurt und unter diesem
    der Leibbund,
Sammt dem Bleche, geschmiedet vom erz-
    bereitenden Künstler.

Ihm antwortete drauf Agamemnon, der
    Herrscher, und sagte:
Möcht' es doch also seyn, Menelaos, du
    mein Geliebter!

Deine Wunde durchprüfe nunmehr der Arzt,
    und träufle                                190
Salben hinein, wonach die gräßlichen
        Schmerzen sich stillen..

Sprach's; und rief Thaltybios auf, den
        göttlichen Herold:
Eile, Thaltybios, schnell, und rufe mir her
        den Machaon,
Ihn, Asklepios Sohn, des unvergleichlichen
        Arztes,
Nach Menelaos zu sehn, dem kriegrischen
        Fürsten der Griechen!         195
Einer der Troer oder der Lykier, kundig
        des Bogens,
Traf mit dem Pfeil ihn, sich zum Ruhm,
        uns aber zur Trauer.

Sprach's; und ihm gehorchte, so bald
        er's vernommen, der Herold;
Und durcheilte das Heer der erzgepanzerten
        Griechen.
Ueberall forscht' er umher, und fand den
        Helden Machaon                200
Stehn in den mächtigen Reihen des schild-
        bewaffneten Volkes,

Welches gefolgt ihm war aus der roſſenäh-
 renden Trikka.
Und er nahte ſich ihm, und ſprach die ge-
 flügelten Worte:

Auf, Aſklepios Sohn! dich ruft Agamem-
 non, der Herrſcher,
Nach Menelaos zu ſehn, dem kriegriſchen
 Führer der Griechen.    205
Einer der Troer oder der Lykier, kundig
 des Bogens,
Traf mit dem Pfeil ihn, ſich zum Ruhm,
 uns aber zur Trauer.

Alſo ſprach er zu ihm, und erregt' ihm
 das Herz in dem Buſen;
Und ſie durcheilten die Haufen des großen
 Heres. So bald ſie
Hingelangten, allwo Menelaos, der Gol-
 dengelockte,    210
Seine Wund' empfing, und alle verſam-
 melten Fürſten
Ihn umkreißten, in deren Mitte der gött-
 liche Mann ſtand;
Da entzog er den Pfeil dem wohlanſchließen-
 den Gürtel;

Krumm verbogen sich die spitzigen Haken
    im Ausziehn;
Löste darauf den beweglichen Gurt, und
    darunter den Leibbund,   215
Und das Blech, geschmiedet vom erzberei-
    tenden Künstler.
Als er die Wunde geprüft, die der herbe
    Pfeil ihm gebohret,
Sog er das Blut heraus, und legte lin-
    dernde Salb' auf,
Welche Cheiron's Gunst einst seinem Vater
    verehrte.

Diese beschäftigte noch Menelaos, der
    Schlachtenbelobte,
Und schon naheten sich der Troer beschildete
    Schlachtreihn.   220
Alles rüstete sich nun wieder, getrieben von
    Streitlust.
Jetzo hättest du nicht Agamemnon, den
    Edeln, verdrossen,
Zagen nicht gesehn, noch sich dem Kampfe
    verweigern,
Also rafft' er sich auf zur heldenehrenden
    Feldschlacht.   225

Er verließ die Roß' und den erzbeschlage-
    nen Wagen.
Seitwärts hielt indessen die schnaubenden
    Rosse sein Diener,
Ptolemaios Sohn, Eurymedon. Denn gar
    ernstlich
Hatt' er diesem gebothen, den Wagen nahe
    zu halten,
Wenn der lange Feldherrngang die Glieder
    ihm schwächte.        230
Aber er selbst durchging zu Fuß die Reihen
    der Männer.
Wo er nun rührig erblickte die Führer der
    hurtigen Rosse,
Allda trat er hinzu, mit mutherhebendem
    Zuruf:

Nun, ihr Danaer, nun erschlaff' eur
    strebender Muth nicht!
Vater Zeus wird nicht ein Helfer seyn des
    Betruges.        235
Geier werden das zarte Fleisch von denen
    verschlingen,
Welche, dem Bund entgegen, zuerst belei-
    digt uns haben.

Doch wir werden ihre geliebten Weiber und
    Kinder
Aus der eroberten Stadt auf unsern Schif-
    fen entführen.

Andere, die er verdroſſen zum sauern
    Treffen erblickte,    240
Fuhr er heftig an, und schalt sie mit zor-
    nigen Worten:

Schämt ihr euch nicht, ihr schändlichen
    Griechen, ihr Ziele für Pfeile?
Ha! was steht ihr nun so betäubt, wie die
    Jungen der Hindinn,
Welche, von ihrem Lauf durch weite Flu-
    ren ermüdet,
Ihrer ganzen Kraft von außen und innen
    beraubt stehn!    245
Also stehet auch ihr erstarrend da, und kämpft
    nicht.
Wollet ihr etwa erst näher und da die Troer
    erwarten,
Wo an's Ufer des schäumenden Meeres die
    Schiffe gerückt stehn;
Um zu erfahren, ob euch die Hand Kro-
    nion's beschütze?

Also ging er die Reihen der Männer,
        als waltender Feldherr,  250
Schar bei Schar hindurch, und kam zu den
        Völkern von Kreta.
Diese rüsteten sich um ihren kriegrischen
        König,
Idomeneus. Er stand voran in der Stärke
        des Ebers.
Meriones entflammte die hintersten Glieder
        zum Streite.
Freudig blickt' auf sie Agamemnon, der
        Völkerbeherrscher,  255
Und sprach hurtig zu Idomeneus mit schmei-
        chelnden Worten:

Idomeneus, dich ehr' ich vor allen Wa-
        genbetrauten,
Nicht im Krieg allein, noch wann es an-
        derswo That gilt;
Sondern auch am Fest im Kreis' Achaiischer
        Fürsten,
Wann der feurige Wein der Ehren im
        Kumpe gemischt wird.  260
Alsdann trinken die übrigen hauptumlockten
        Achaier

Nur ihr Maß. Allein vor dir steht immer
ein voller
Becher, wie vor mir, nach Herzensverlan-
gen zu trinken.
Risch daher in die Schlacht! Nun sey, der
du vormahls dich rühmtest!

Ihm gab Idomeneus, der Führer der
Kreter, zur Antwort:                                265
Ja, Atreides, ich bleibe dein treugesinnter
Gehülfe,
Wie ich es vormahls dir verheißen hab'
und betheuert.
Aber nun treib' auch die übrigen hauptum-
lockten Achaier,
Daß wir auf's schleunigste kämpfen. Die
Troer brachen den Bundseid.
Aber Jammer und Tod wird sie von nun
an verfolgen;                                       270
Denn sie frevelten ja am ersten wider das
Bündniß.

Sprach's; und Atreus Sohn ging freu-
digen Herzens vorüber,
Und kam zu den Aianten, die Scharen der
Männer durchwandelnd.

Rüstig rückten die an; nach zog die Wolke
des Fußvolks.

So steht hoch von der Warte die Donner-
wolke der Geißhirt                              275

Ueber des Oceans Fluth vor Zephyros Hauche
daherziehn;

Ihm, auf seinem Stand in der Ferne, scheint
sie, wie Pech, schwarz

Herzuziehen vom Meer, mit Regengüssen
beladen;

Schauernd erblickt er sie, und treibt die
Herde zur Felskluft:

Also wälzten die jungen und streitbehenden
Gesellen                                        280

Mit den Aianten sich, gedrängt in schwarze
Geschwader,

Starrend von Schilden und Lanzen, heran
zur grimmigen Feldschlacht.

Ihrer freuete sich Agamemnon, der Völkerbeherrscher,

Rufte die Führer an, und sprach die geflü-
gelten Worte:


O Aianten, ihr Führer der erzgepanzer-
ten Griechen,                                   285

Euch; geziemet mir nicht, das Volk ermun-
    tern zu heissen,
Denn ihr treibt es von selbst genug zum
    tapferen Kampf an.
Hegt', o Vater Zeus, Athene und Foibos
    Apollon,
Hegte doch solchen Muth das ganze Volk in
    dem Busen!
O dann sollte gewiß die Feste Priam's, des
    Königs,        290
Bald von unsern Händen erschüttert, ge-
    stürzt und vertilgt seyn!

Also sprach er; verließ sie daselbst; und
    eilte zu Andern;
Und gelangte zu Nestor, dem tönenden Red-
    ner aus Pylos.
Dieser stellte so eben sein Volk, und mahnt'
    es zum Streit an.
Ihn umstanden Alastor, und Chromios,
    sammt dem großen    295
Pelagon, Haimon dem Herrscher, und Bias,
    dem Hirten der Völker.
Siehe, die Reisigen stellt' er voran mit
    Rossen und Wagen,

Hinten aber im Rücken das meiste, das
 tapferste Fußvolk,
Als die Schanze der Schlacht. Die Feigen
 drängt' er dazwischen,
Daß auch wider Willen die Noth sie zwänge
 zu streiten.     300
Nun ermahnt' er zuerst die Wagenbetrau-
 ten, die Rosse
Wohl zu bezähmen, und nicht wild durch
 einander zu tummeln:


Keinem gelüst', im Troß auf Stärk' und
 Kunde des Wagens,
Ganz vor den Andern voraus den Troern
 entgegen zu kämpfen!
Also bleib' auch Keiner dahinten! Ihr
 schwächt euch durch Beides. 305
Wenn von dem seinigen Einer herab auf
 den Wagen des Andern
Steigt, der führe daselbst die Lanze! Denn
 Solches ist besser.
Solchen Sinn und Muth vereinten die Al-
 ten im Herzen;
Und auf solche Art zerstörten sie Mauern
 und Städte.

So ermahnte der Greis, voll alter Krie-
geserfahrung.                    310
Also erblickt' ihn jetzt Agamemnon, der
Herrscher, voll Freuden,
Rief ihm laut entgegen und sprach die ge-
flügelten Worte:

Wollte doch Gott, o Greis, daß deinem
muthigen Herzen
Noch die Kniee gehorchten, und deine Kräfte
nicht schwankten!
Aber dich drückt das Alter, das Keines
schonet. O drückt' es    315
Andere Männer, und du gehörtest unter die
Jüngern!

Nestor erwiederte drauf, der Gerenische
Wagenberäute:
O Atreide, wie gern möcht' ich wohl selber
noch der seyn,
Der ich vor Zeiten den göttlichen Ereutha-
lion fällte!
Doch nie Alles zugleich gewährten die Göt-
ter den Menschen.      320
War ich damahls Jüngling, so muß ich
jetzo auch Greis seyn.

Aber als solcher auch will ich noch mit
    Rath und Ermahnung
Unter den Reißgen seyn. Denn Solches lie-
    get dem Greis ob.
Mögen die Jüngeren nun die Lanzen schwin-
    gen, die später
Sind geboren, als ich, und ihren Kräften
    vertrauen!        325

Sprach's; und Atreus Sohn ging freudi-
    gen Herzens vorüber;
Und fand Peteus Sohn, den Rossetummler
    Menestheus,
Stehn, umringt von der Schar der treffen-
    erfahrnen Athener.
Neben ihm stand auch noch der weisheits-
    volle Odysseus,
Von den mächtigen Reihen der Kephallener
    umgeben.        330
Beider Schaaren war noch nicht erschollen
    der Schlachtruf.
Denn nur eben erregt, bewegten sich jetzo
    die Reihen
Troischer Reißigen gegen die Griechen. Drum
    standen sie harrend,

Ob vielleicht nicht erst ein anderer Haufen
der Griechen
Vorwärts rückt', auf die Troer stürmt', und
das Treffen begönne.            335
Dies', erblickend, schalt Agamemnon, der
Völkerbeherrscher,
Ruste sie an, und sprach die schnellbeflügel-
ten Worte:


O Sohn Peteus, Sohn des gottgesegne-
ten Königs!
Und du, Ausbund argen Betruges, listig-
gesinnter!
Warum steht ihr so bebend zurück, und har-
ret erst Andrer?            340
Sieh, euch Beiden hätt' es gebührt, mit
unter den Ersten
Dazustehn, und der flammenden Schlacht
entgegen zu stürmen!
Werdet doch ihr zuerst von mir zum Mahle
geladen,
Wann wir Achaier ein Mahl den Auser-
wählten bereiten.
Dann behagt es euch wohl, des gebratenen
Fleisches zu schmausen,            345

Und zu trinken die Becher voll süßen Weins,
nach Gelüsten.
Doch jetzt säht ihr ja wohl mit Freuden
zehen Geschwader
Anderer Griechen voran mit wüthendem Erz
in die Schlacht ziehn!

Runzelnd blickt' auf ihn und sprach der
weise Odysseus:
Welch ein Wort, o Atreide, durchbrach dir
die Schranken der Zähne?
Warum schiltst du uns säumig zur Schlacht?
So bald wir Achaier
Gegen die Reisigen Troia's das scharfe Tref-
fen beginnen,
Wirst du sehn, so du willst, und solcher
Dinge dann achtest,
Wie Telemachos Vater sich mitten in's
Vordergetümmel
Troischer Reisigen stürzt. Jetzt schwatzest du
flatternde Worte.

Aber lächelnd versetzte hierauf Agamemnon, der Herrscher,
Als er ihn zürnen sah, und wendete also
die Rede:

Edler Laertiad', erfindungsreicher Odysseus,
Nein, ich wollte dich nicht in Bösem schelten, noch mahnen.
Denn ich weiß ja wohl, du begest ein Herz
in dem Busen,            360
Sanfter Gesinnungen voll. Gesinnt biß du,
wie auch ich bin.
Nun dann! Wollen demnächst es schlichten,
wenn etwa zu bitter
Irgend ein Wort hier fiel. Zu nichte machen's die Götter!


Also sprach er; verließ sie daselbst; ging
weiter zu Andern,
Und fand Tydeus Sohn, Diomedes, den
Ueberbeherzten,           365
Stehen zwischen den Rossen und wohlgezim-
merten Wagen.
Seitwärts neben ihm stand Sthenelos, Ka-
paneus Sohn, auch.
Dieß erblickend, schalt Agamemnon, der
Völkerbeherrscher,
Rufte sie an, und sprach die schnell beflü-
gelten Worte:

Ach, Sohn Tydeus, Sohn des Kriegers,
    des Rossebezähmers!       370
Warum zitterst du so, und schaust dem Gange
    der Schlacht nach?
Also zu zittern, war einst nicht die Weise
    des Tydeus;
Sondern weit vor den Seinigen her in die
    Feinde zu dringen.
Also melden uns die, so ihn kämpfen sahen.
    Ich selbst war
Nie zugegen und sah's. Der Sage nach
    wichen ihm Alle.       375
Ohne Gefolg' und fremd erschienen einst in
    Mykene
Er und der göttliche Held Polyneikes, Völ-
    ker zu werben.
Denn sie wollten bestreiten die heiligen
    Mauern von Theben;
Darum flehten sie gar sehr um berühmte
    Gehülfen.
Jene billigten auch ihr Begehren, und woll-
    ten sie geben;       380
Zeus nur wendet' es anders, denn der wies
    fährliche Zeichen.

Als sie von dannen nun weg -und fürbaß
    waren gegangen,
Und erreichet hatten den grünbeschilften
    Asopos,
Da schickt' ihn sein Volk als Abgesandten
    gen Theben.
Und er wanderte hin; und fand die Kad-
    meier in Menge     385
Schmausend in der Burg der Heldenkraft
    Eteokles.
War er nun gleich dort fremd, der Rosse-
    bändiger Tydeus,
So verzagt' er doch nicht allein bei so vie-
    len Kadmeiern;
Rief zu Kämpferspielen sie auf; und besiegte
    sie Alle,
Sonder Mühe, mit Hülfe der Göttinn Pal-
    las Athene.     390
Aber ihm zürnten darob die Kadmeier,
    Sporner der Rosse.
Fährlich seiner am Heimweg aufzulauern,
    ersahn sie
Funfzig junge Gesellen. Zwei Häupter führ-
    ten den Haufen;

333

406

Maion, Haimon's Sohn, ein Held, den Un-
sterblichen ähnlich,
Und Autophonos Sohn, Lykophontes, der
muthigste Krieger.                    395
Aber Tydeus weihete sie dem schmählichsten
Tode.
All' erschlug er, und heim ließ er nur Ei-
nen entrinnen;
Maion ließ er entrinnen, der Götter Zeichen
gehorchend.
Solcher war der Ätolische Tydeus! Aber
sein Sohn ist
Größer in Worten zwar, allein weit kleiner
in Thaten.                    400

Also sprach er. Ihm schwieg der starke
Tydeides; und hörte
Ehrfurchtsvoll den Verweis des hocherhabe-
nen Königs.
Aber zur Antwort gab des berühmten Kapa-
neus Sohn ihm:

Leug nicht, Atreus Sohn, da du weißt,
wahrhafter zu sprechen!
Denn weit tapferer rühmen wir uns, als
unsere Väter.                    405

Wir eroberten auch die siebenthorige Theben,
Rückten wir minder gleich an Zahl vor die
trotzende Mauer,
Voll Vertrauns auf die Zeichen der Götter,
und Kronides Beistand.
Jene kamen um durch ihren eigenen Frevel.
Darum rühme mir nicht die Väter über die
Söhne!                                           410

Runzelnd blickt' auf ihn und sprach der
starke Tydeide:
Lieber, halte dich still, und folge meiner Er-
mahnung!
Zürne ja ich doch nicht Agamemnon, dem
Hirten der Völker,
Wenn er zum Streit erweckt die fußgehar-
nischten Griechen.
Denn ihm folget dereinst der Ruhm nach,
wann die Achaier                                415
Niederstreiten die Troer, und stürzen die hei-
lige Troia.
Aber sein auch ist der unendliche Gram, so
wir fallen.
Hui dann! übe sie nun mit mir, die stre-
bende Stärke!

Sprach's; und sprang von dem Wagen in
    voller Rüstung zu Boden.
Graunvoll klirrte das Erz um die Brust des
    Königs im Sprunge.     420
Schrecken hätte darob den Allerkühnsten er-
    griffen.


Wie zu dem weithinhallenden Ufer des
    Oceans Strömung
Wogend und wogend sich wälzt, wann Ze-
    phyros hinterher schnaubt;
Draußen im Meer erhebt sie sich erst; nach
    diesem zerscheitert
Sie mit lautem Getös' an der Küste, thür-
    met sich brandend     425
Rund um das Vorgebirg' auf, und speiet
    salzigen Schaum aus:
Also wälzten sich, eins auf das andre, der
    Griechen Geschwader
Unaufhörlich zur Schlacht. Es geboth den
    Seinigen jeder
Feldherr. Schweigend zog das Volk. Du
    hättest gewähnet,
Alle die Scharen hätten nicht Einen Laut
    in dem Busen:     430

Also ehrten sie ihre Gebiether mit Schwei-
gen. Um Jede
Glänzten die mancherlei Waffen, womit sie
gerüstet einherzog.
Aber die Troer, wie Schafe des reichen
Manns in der Hürde
Zahllos stehen, zur Zeit, da die weiße Milch
gemelkt wird,
Und mit unendlichem Blöken das Rufen
der Lämmer erwiedern:  435
Solch ein Geschrei entscholl dem weiten
Heere der Troer.
Denn es war nicht einerlei Rufen, nicht
einerlei Stimme,
Sondern vermischtes Gekreisch der hierher
und dorther Berufnen.
Dieß ermunterte Ares, und Jene, nebst
Pallas Athenen,
Schrecken und Flucht und die unersättlich
wüthende Zwietracht,  440
Sie, die Gefährtinn und Schwester des
menschenwürgenden Ares,
Welche Anfangs klein sich erhebt, doch her-
nach in den Wolken

Ihre Scheitel verbirgt, indem fie auf Erben einhergeht.

Diese streut' itzt links und rechts verderbliche Muth aus,
Mitten die Heere durchwandelnd, und mehrte
die Seufzer der Männer. 445

Kaum erreichten die Heer' einander auf
einerlei Feldraum,
Als zusammen schon trafen die Tartschen,
die Spieß' und die Kräfte
Erzgepanzerter Männer. Die rundgenabel-
ten Schilde
Prallten gegen einander; es erhub sich ein
lautes Getöse;
Durch einander erscholl das Geheul und das
Jauchzen der Männer, 450
Würgender und Erwürgter; und Blut be-
strömte die Erde.
Wie zwei Ströme, geschwellt von Winter-
regen, gebirgab
Großen Wassergewölben durch Felsenspalten
entstürzend,
Ungestüm ihr Gewässer im Sammelthal
vermischen;

Fern auf Bergen vernimmt der Hirt ihr
     Donnergetöse:     455
Also erscholl das Geschrei des Muths und
    der Schrecken des Angriffs.

Unter den Ersten erschlug Antilochos Ei-
    nen der Stärksten
Troischer Kriegeshelden, Thalysios Sohn,
    Echepolos.
Diesem traf er den mähnenumflatterten Ke-
    gel des Helmes,
Und durchbohrt' ihm die Stirn. Die eherne
    Spitze der Lanze    460
Drang den Schädel hindurch, und Nacht
    umhüllt' ihm die Augen.
Sieh, er stürzte dahin, wie ein Thurm, in
    der wüthenden Feldschlacht.
Nun ergriff den Gestürzten bei'm Fuß Ele-
    phenor, der Herrscher,
Chalkodon's Sohn, der Fürst der hochge-
    sinnten Abanter,
Gierig, dem Pfeilschuß ihn zu entreißen, und
    schnell ihm die Rüstung   465
Auszuziehn. Doch kurz war sein Streben.
    Indem er den Leichnam

Nach sich zog, erblickte der hochbeherzte
        Agenor,
Wie im Niederbücken die Seite vom Schilde
        sich bloß gab,
Traf ihn mit erzbeschlagenem Schaft, und
        löst' ihm die Glieder.
Also verließ ihn der Geist. Nun erhob sich
        ein grimmiges Treffen    470
Seinetwegen zwischen Achaiern und Troern.
        Wie Wölfe
Sprangen sie gegen einander; und Männer
        sanken auf Männer.


Aias, der Telamonid', erschlug Anthe-
        mion's jungen,
Blühenden Sohn, Simoeisios. Diesen hatte
        die Mutter,
Als sie vom Ida herab, die Herden zu
        schauen, den Aeltern    475
Nachgefolget war, an Simois Ufer ge-
        boren.
Darum nannten sie ihn Simoeisios. Aber
        die Pflege
Konnt' er den Aeltern nicht vergelten. Er
        lebt' ein zu kurzes

Leben, als ihn der Speer des muthigen
          Aias erlegte.
Aias traf, da jener voranschritt, ihm in
          des Busens                              480
Rechte Brust. Es fuhr der eherne Speer
          an der Schulter
Wieder heraus. Er stürzt' in des Bodens
          Staub, wie die Pappel,
Welch' auf feuchter Marsch an großen
          Sümpfen emporwuchs,
Schlank und glatt am Stamme, nur oben
          umsproßt vom Gezweige.
Nieder haut sie der Wagner mit seinem
          blinkenden Eisen,                        485
Daß er zum Kranze des Rades am schönen
          Wagen sie rúnde;
Und nun liegt sie da am Ufer des Sumpfes,
          und dorret:
So erlag Simoeisios von dem erhabenen
          Aias.
Aber Antiphos, Priam's geschmeidigumpan=
          zerter Sohn, warf
Seinen gewetzten Speer nach Aias durch das
          Getümmel,                               490

Fehl zwar, aber traf Odyſſeus tapfern Ge-
ſährten,

Leukos, in die Scham, indem der einen
Erſchlagnen

Fortzog. Aber er ſtürzt', und der Leichnam
glitt aus der Hand ihm.

Ueber ſeinen Fall ergrimmt' im Herzen O-
dyſſeus;

Schritt durch's Vordergetümmel, mit blin-
kendem Erze gerüſtet; 495

Stand, da er nah' genug war, mit rings-
umſchauenden Augen;

Und warf aus den blinkenden Speer. Dem
werfenden Helden

Wichen die Troer zwar aus; doch flog das
Geſchoß nicht vergebens.

Priamos Nebenſohn, Demokoon, wurde getroffen,

Welcher von Abydos kam, dem Geſüte
hurtiger Roſſe. 500

In den Schlaf traf ihn Odyſſeus, wegen
des Freundes

Zürnend; und durch und durch, bis gegen
über zum Schlafe,

Fuhr die eherne Spitze. Sein Aug' um-
schattete Dämmrung.
Hallend stürzt' er dahin, und über ihm
klirrte die Rüstung.
Rückwärts wichen die Ersten, und selbst der
glänzende Hektor.          505
Aber hochauf jauchzten die Griechen, und
schleppten die Todten.
Heftiger drangen sie nun hervor. Deß zür-
net' Apollon,
Hoch von Pergamos schauend, und rief, die
Troer ermunternd:

Hui da, ihr Reißgen Troia's! Verliert an
die Griechen den Kampf nicht!
Ihre Leiber sind ja nicht von Eisen und
Marmor,          510
Daß sie gegen den Wurf des scharfen Erzes
bestehen.
Auch Achilleus, der Sohn der lockenliebli-
chen Thetis,
Kämpft itzt nicht! Der siedet in glühendem
Zorn an den Schiffen!

Also der schreckende Gott von der Stadt
her. Aber die Griechen

Reizte die Tochter Zeus, die prangende Tri-
    togeneia,        515
Und durchwandelt', umher nach Säumenden
    spähend, die Feldschlacht.

Jetzt ergriff das Verhängniß den Ama-
    rynkiden Diores.
Denn am Knöchel des rechten Schienbeins
    traf ihn ein rauher
Faustanfüllender Stein. Ihn warf der Füh-
    rer der Threker,
Peiros, Imbrasis Sohn, der her von Ai-
    nos gesandt war.     520
Beide Sehnen und Knochen zerschmetterte
    sonder Verschonen
Dieser abscheuliche Stein. Diores, rücklings
    zu Staube
Stürzend, streckte nach seinen geliebten
    Freunden die Händ' aus,
Bis ihm die Seel' entging. Herzu sprang,
    der ihn geworfen,
Peiros, und stieß ihm den Speer in den
    Nabel. Da strömeten alle 525
Eingeweide zur Erd', und Dunkel umhüllte
    sein Antlitz.

Wiederum traf den Stürmer der Speer
  des Aitoliers Thoas
Ueber dem Zitz in die Brust. Das Erz
  durchbohrte die Lunge.
Nun sprang Thoas herzu, und riß die stäm-
  mige Lanze
Wieder hervor aus der Brust, zog dann
  sein schneidendes Schwert aus, 530
Und durchhieb ihm mitten den Bauch, und
  raubt' ihm das Leben.
Aber die Waffen entzog er ihm nicht. Ihn
  umstanden die Schaaren
Hauptbetosteter Threker, mit langen Spießen
  in Händen.
Diese trieben ihn, so groß auch, so stark
  und berühmt er
War, von dannen. Er wich zurück vor der
  Stärke der Menge. 535
Also blieben gestreckt die Zwei bei einander
  im Staube,
Dieser der Threker, und Jener der erzbe-
  wehrten Speier
Führer; und rund umher erlagen in Menge
  noch Andre.

Bürger's Schriften. III. B.   Dd

Jetzo hätte gewiß die Schlacht kein Dritter getadelt,

Wär' er, ungehaun und ungeworfen vom
scharfen                                        540

Erze, mitten hindurch gewandelt, von Pallas Athenen

Bei der Hand geführt, und von ihr bewah-
ret vor Pfeilwurf.

Solche große Menge der Troer und der
Achaier

Stürzte jenes Tags dicht neben einander zu
Staube.

# 6.

# Ilias.

## Zwei und zwanzigster Gesang *).

Also umher durch die Stadt zerscheucht,
    wie die Jungen der Hindinn,
Kühlten sich diese vom Schweiß, und still-
    ten trinkend ihr Lechzen,
An die schönen Baßeien gelehnt. Allein die
    Achaier
Rückten zur Mauer heran, mit hochgeschul-
    terten Schilden.
Hektor nur allein, bestrickt vom bösen Ver-
    hängniß,                                      5
Harrte vor Ilion noch, unfern des Skaii-
    schen Thores.

Aber zu Peleus Sohn rief jetzo Foibos
    Apollon:
Was verfolgst du, Pelide, mich so mit hur-
    tigen Schenkeln,

*) Aus der Handschrift.

D. H.

Sterblich du den unsterblichen Gott? Un-
streitig verkanntest
Du den Gott in mir, vor überwallendem
Grimme. 10
Siehe, du achtest nicht mehr des Kampfes
gegen die Troer,
Welche du kaum noch scheuchtest, und wen-
dest von dannen dich hierher.
Drob sind Jene nun alle geborgen in Ilion.
Aber
Mich erlegst du nie; denn Ich bin der
Sterblichen Keiner.

Unmuthsvoll versetzte der schenkelrasche
Achilleus: 15
Hart gekränkt, o Fernhintreffer, du Feind-
lichster aller
Götter, hast du mich, von der Stadt mich
hierher zu lenken!
Viele noch hätten vorher zerknirscht die
Schollen des Erdreichs,
Eh' sie die Stadt erreicht. Dir war, sie zu
retten, ein Kleines;
Doch mich hast du dadurch des höchsten
Ruhmes beraubet. 20

Denn dir that's nicht Noth, vor künftiger
Rache zu zagen.
Ha, wie wollt' ich es rächen an dir, wo-
fern ich's vermöchte!

Sprach's, und wandte den Schritt voll
Hochsinns gegen die Mauern;
Sieh, er stürzte dahin, wie ein siegendes
Roß mit dem Wagen.
Schneller durcheilet es nicht, lang vor sich
greifend, die Rennbahn, 25
Als Achilleus geschwind' die Schenkel und
Kniee bewegte.

Ihn sah Priam zuerst herstürmen über
das Schlachtfeld,
Funkelnd, wie den Stern, der dem nahen-
den Herbste voranzieht,
Und Orion's Hund genannt wird. Heller
durchstrahlet
Er die düstere Nacht, als rund um ihn her
die Gestirne. 30
Aber wie hell er auch glänzt, so ist er den=
noch ein böses
Zeichen, und quält mit Hitze die armen Er=
debewohner.

Also strahlte daher das Erz um des Lau-
    fenden Busen.

Laut auf heulte der Greis, und schlug mit
    himmelerhobnen

Händen sich das Haupt, laut heult' er Kla-
    gen und Bitten           35

Zu dem geliebten Sohn herab, der außer
    : dem Thore

Stand, und heftigen Muths, mit Achill'en zu
    kämpfen, begehrte.

Kläglich streckte der Greis die Hände her-
    unter, und flehte:


Hektor, harre mir nicht, mein Kind, er-
    harre nicht Jenen

Sonder Gehülfen allein! Zu plötzlich wür-
    dest du fallen,           40

Von dem Peliden bezähmt, der ungleich
    stärker, als du, ist.

O der Unhold! Möcht' er so lieb den Göt-
    tern, als mir, seyn,

Liegen sollt' er in kurzen ein Fraß der Geier
    und Hunde!

Das, das sollte mein Herz des heftigsten
    Kummers entladen!

Er beraubete mich schon vieler und tapferer
Söhne,                                        45
Tödtete, oder verkaufte sie nach entlegenen
Inseln.
Wiederum miss' ich itt unter den heimge-
borgenen Troern
Meine beiden Söhne, Lykaon und Poly-
doros,
Welche Laothoe mir gebar, die Schönste der
Weiber.
Leben jedoch sie noch im Lager, so kann ich
sie künftig                                   50
Lösen mit Erz und Gold; es ist ja dessen
vorhanden:
Reichlich versorgte sein Kind der hochgeprie-
sene Altes.
Sind sie aber schon todt und in der Schat-
ten Behausung,
So wird das zwar mir und der Mutter in-
niglich schmerzen;
Aber geringer wird doch der Schmerz der
übrigen Völker                                55
Seyn, wenn du nur nicht erliegst, bezähmt
von Achilleus.

Komm dann in die Stadt, mein Kind, auf
daß du erhaltest

Troer und Troerinnen! Daß du den Ruhm
des Peliden

Nicht erhöhest, noch selbst dein theures Leben verschwendest!

Auch erbarme dich mein, des Armen, weil
es noch Zeit ist,        60

Mein, des Unglückseligen! Welchen der Vater Kronion

Noch auf der Schwelle des Alters vertilgt
im herbesten Trübsal,

Wenn ich erst Elends genug erblickt: erschlagen die Söhne,

Weg die Töchter geraubt, rein ausgeplün-
dert die Hallen,

Säuglinge niedergeschmettert zu Boden, im
grimmen Gemetzel,        65

Und die Schnüre geschleift von mördrischen
Händen der Griechen!

Endlich werden auch mich wohl Hund' an
den äußersten Thoren

Gierig zerzerren, nachdem mit scharfem Erze
mich Einer

Hauend, oder werfend entseelt hat; es wer-
den sie, meines
Hauses und Tisches Genossen, die ich mir
nährte zu Hüthern,                          70
Trunken von meinem Blut voll Ingrimms
lauern im Vorhof.
Einem Jünglinge steht es wohl an, erschla-
gen im Kampfe,
Und am Boden, zerhaun von scharfem Erze,
zu liegen,
Denn in Ehren erscheint noch Alles, was er
auch todt zeigt.
Aber, wenn das graue Haupt dem getöd-
teten Greise,                                75
Wenn den grauen Bart und die Scham ihm
Hunde verschänden;
Ist es das Bitterste, was unglücklichen Men-
schen geschehn kann.


Also der Greis, und zerrt an dem grauen
Haar mit den Händen;
Rauft sich's aus dem Haupt.  Doch beuget
er Hektor's Sinn nicht.
Gegen über wimmert die Mutter thränen-
    —       vergießend,                      80

Hüllet den Busen auf, legt mit der Andern
die Brust dar,
Und ruft thränenvergießend die schnellgeflü-
gelten Worte:

Hektor, mein Kind, hier dieser zu Lieb'
erbarme dich meiner!
Both ich jemahls dir die leibeinschläfernde
Brust dar,
O so gedenke nun dessen, mein liebes Kind,
und vermeide
Jenen erboßten Mann! Komm hinter die
Mauer, und stell' ihm
Nicht dich entgegen! Vermessener, wenn er
dich tödtet, so werd' ich,
Liebste Frucht, die ich trug, dich nicht auf
Betten beweinen!
Auch dein reiches Weib wird's nicht! Weit
weg von uns werden
Dich die schnellen Hunde der Griechen im
Lager verschlingen.

Also rufen sie weinend und öfters flehend
den Sohn an;
Dennoch beugen sie Hektor's Sinn nicht.
Dieser erharrt den

Ungeheuern Achilleus, der immer näher her-
anKommt.

Wie, mit Giften geweidet, ein Drache der
Wildniß im Lager
Harret des Hirten, und hoch von verderb-
lichem Grimm emporschwillt,        95
Fürchterlich vor sich blickt, und umher sich
rollt im Genistſe:
So stand Hektor fest, voll unauslöschlichen
Muthes,
Lehnte den glänzenden Schild an den Vor-
bug Eines der Thürme,
Und sprach unmuthsvoll in seiner erhabenen
Seele:

Wehe mir! So ich hinein und hinter die
Mauer nun ginge,        100
Würde mich Polydamas zuerst mit Tadel
beladen,
Der mich mahnte, zurück in die Stadt die
Troer zu führen,
In der verderblichen Nacht, da Achilleus
erstand zum Gefechte.
Doch ich gehorcht' ihm nicht! Wohl wär'
es besser gewesen!

Nun ich aber das Heer durch meinen leidi-
     gen Starrſinn    105
Eingebüßet habe, nun ſcheu' ich die Troer
    und ihre
Saumnachſchleppenden Weiber; damit nicht
     Einer der Schwächern
Sagen möge: Voll Troz auf ſeine Stärke,
    hat Hektor
Eingebüßt ſein Heer! So würde man ſicher-
    lich ſagen.
O dann wäre mir beſſer, entweder entgegen
     gegangen,    110
Und zurückgekehrt zu ſeyn vom erſchlagnen
    Achilleus,
Oder rühmlich vor ihm gefallen zu ſeyn für
    Troia.
Zwar vielleicht, ſo ich izt den gewölbten
    Schild ablegte,
Und den ſtarken Helm, und lehnt' an die
    Mauer die Lanze,
Ging' alsdann entgegen dem edeln Achill,
    und verhieße    115
Helenen Atreus Söhnen zurück, mit ſämmt-
    lichen Schätzen,

Welche Paris einst in den Schiffen gen Troia
geführt hat,
Und wodurch sich die Fehde zuerst entspon-
nen; wenn ferner
Ich den übrigen Griechen noch andere Schätze
gelobte,
Welche die Stadt verwahrt, und mit dem
heiligsten Eide                                    120
Alle Troer belegte, das Kleinste nicht zu ver-
hehlen,
Sondern alles Gut, das die holde Stadt in
sich einschließt,
Treulich zu theilen .. Allein, wie mag ich
wohl Solches nur denken?
Flehend darf ich nicht kommen! Er würde
sich mein nicht erbarmen!
Sonder Schonen vielmehr, nachdem ich ent-
waffnet mich hätte,                                125
Nackt sogar, wie ein Weib, mich tödten!
Wie Jüngling und Jungfrau,
Läßt sich's nicht vom Felsen mit ihm, von
der Eiche nicht kosen.
Jüngling und Jungfrau kosen also wohl
untereinander.

Lieber denn also gefochten! Auf daß man
desto geschwinder
Innen werde, wem Zeus den Ruhm des
Sieges verleihn will.      130

Also dacht' er, und blieb:   Stets näher
kam der Pelide,
Gleich dem Gotte des Krieges, im helmer-
schütternden Kampfe;
Auf und nieder schwankt' ihm über der
Schulter zur Rechten
Furchtbar Pelion's Esche, und rund um-
strahlte das Erz ihn,
Gleich dem Glanze des lodernden Feuers
und Sonnenaufgangs.      135
Hektor'n, wie er ihn sah, ergriff Entsetzen.
Nun wagt' er's
Nicht, ihm zu stehn, und floh, das Thor
verlassend, erschrocken.
Aber Achilleus sprang ihm nach auf hurti-
gen Schenkeln.
Wie ein Falk im Gebirge, der Schnellste
des Vogelgeschlechtes,
Leichten Fluges herab sich wirft auf die
schüchterne Taube;      140

Seitab streichet sie zwar; doch dichtnach-
    saufenden Fluges,

Stößt er beständig, und giert, sie zu ha-
    schen: eben so gierig

Flog der Pelide stracks ihm nach. Doch
    Hektor, erschrocken,

Floh die Mauer entlang, die geläufigen
    Kniee bewegend.

Risch der Warte vorbei und dem wehenden
    Feigenbaume, 145

Ging's auf der Straße dahin, beständig ne-
    ben der Mauer.

Hierauf nahten sie sich den lieblichströmen-
    den Quellen,

Jenen beiden, aus denen der wirbelnde
    Xanthos hervorbricht.

Einer entsprudelt warmes Gewässer, und im-
    mer entwallt ihr

Dampf, wie loderndem Feuer. Die an-
    dere fließt auch im Sommer 150

Kalt, wie des Winters Schnee und Hagel
    und steinernes Wasser.

Neben den Quellen sind geräumige Becken
    zum Waschen,

Schöne, steinerne Becken. Hier wuschen
   die Weiber der Troer
Und die reitzenden Töchter vordem die blan-
   ken Gewande,
In den Tagen des Friedens, bevor die
   Achaier sich nahten.   155
Diesen eilten vorbei der Flüchtling und der
   Verfolger.
Ein Gewaltiger floh, ein noch viel Stärke-
   rer jagt' ihn.
Denn kein Schlachtvieh wollten sie jetzt, sie
   wollten kein Stierfell,
Keinen der Preise, worum man sonst wohl
   rennet, gewinnen;
Sondern sie rannten um's Leben des rosse-
   tummelnden Hektor.   160
Wie, wenn siegende Rosse, mit ungespalte-
   nen Hufen,
Eilend sich wenden um's Ziel; denn sieh!
   ein stattlicher Preis steht,
Einem Todten zu Ehren, ein Dreifuß, oder
   ein Mägdlein!
So umkreiseten Diese mit raschhineilenden
   Füßen

Drei Mahl Priamos Stadt. Das fahen die
Himmlifchen Alle.                      165
Unter ihnen begann der Vater der Götter
und Menfchen:

Ach! mein Aug' erblickt dort Einen mei-
ner Geliebten,
Rund um die Mauer gejagt! Herzinniglich
dauert mich Hektor!
Er, der mir zu Ehren fo manche Lende vom
Stiere
Sonft verbrannt auf den Höhen des thal-
durchfchnittenen Ida,      170
Oder auf Ilion's Burg, wird nun vom ho-
hen Achilleus
Rund um Priamos Stadt verfolgt in reiffen-
dem Laufe.
Nun wohlan, ihr Götter, erwägt es zufam-
men und rathet:
Wollen wir dieß Mahl noch ihn vor dem
Tode bewahren?
Oder foll ihn, wie brav er auch ift, der
Pelide bezwingen?      175

Ihm erwiedertest du, blauäugige Göttinn,
Athene:

Vater, Blitzbewaffneter, Wolkenverdunkler,
     was sprachst du?
Einen vergänglichen Mann, der längst dem
     Tode geweiht ist,
Willst du immer doch noch vor seiner Schärfe
     bewahren?
Thu' es! Doch werden dich drob nicht alle
     wir Uebrigen loben.          180

Ihr antwortend, sprach der Wolkenver-
     sammler Kronion:
Sey getrosten Muths, mein liebes Kind!
     denn ich habe
Nichts unwandelbar beschlossen, und will dir
     geneigt seyn.
Handle selbst, wie dir im Herzen gelüstet,
     und eile!

Also sprach er, und spornte die längstfort-
     strebende Pallas.          185
Hurtig entschwang sie sich den Zinnen der
     Götterbehausung.
Rastlos trieb und verfolgte den Priamiden
     Achilleus.
So verfolget ein Hund den jungen Hirsch
     im Gebirge,

Auf vom Lager gescheucht, durch gewundene
　　Thäler und Triften;
Ob er auch gleich zusammengeschreckt sich
　　birgt im Gesträuche,　　190
Eilet doch jener spürend ihm nach, bis er
　　endlich ihn findet:
So entschwand auch Hektor nicht dem ra‑
　　schen Achilleus.
Immer, so oft er versuchte, nach Ilion's
　　Thoren zu laufen,
Oder nach Einem der festgegründeten Thürme
　　zu springen,
Daß von dannen herab die Seinen mit Pfei‑
　　len ihn deckten,　　195
Immer verrannt' ihm Achilleus den Weg,
　　und trieb ihn zu Felde,
Und hielt selber den Flug der Mauer bestän‑
　　dig am nächsten.
Wie man zuweilen im Traume nicht kann
　　den Flüchtigen faben,
Wenn der Eine nicht fahn, und der Andre
　　doch nicht entfliehn kann:
Also konnte nicht Dieser erjagen, noch Jener
　　entkommen.　　200

Hektor, wie wär' er wohl jetzt entronnen
dem Todesgeschicke,
Hätte nicht endlich sich ihm und zuletzt Apol-
lon genähert,
Seine Kraft erfrischt, und von neuem die
Schenkel beflügelt.
Winkend mit dem Haupte, verboth Achil-
leus den Völkern,
Tödtliche Pfeil' auf Hektor zu schießen, da-
mit ihn nicht Einer          205
Träf', und ihm vorweg den Ruhm des Sie-
ges entrisse.
Als sie nun aber die Quellen zum vierten
Mahl erreichten,
Da erhub der Vater im Himmel die goldene
Wagschal',
Legte hinein zwei Loose des langeinschläfern-
den Todes,
Eins für Achilleus, und Eins den Rossebän-
diger Hektor,          210
Zog sie mitten empor, und Hektor's Todes-
loos sank
Bis zum Aides hinab; und nun verließ ihn
Apollon.

Hierauf nahte sich Zeus blauäugige Tochter, Athene,
Peleus Sohn, und sprach zu ihm die ge-
flügelten Worte:

Endlich, o Liebling Zeus, du Herrli-
cher, wird, wie ich hoffe, 215
Großer Ruhm uns zurück zu den Schiffen
der Griechen begleiten,
So uns Hektor erliegt, Troz seiner unend-
lichen Streitkraft.
Jetzo soll er gewiß nicht wieder entrinnen,
so sehr auch
Seinetwegen sich mühe der Fernhintreffer
Apollon,
Und zu den Füßen des Vaters der Götter
und Menschen sich wälze. 220
Steh' du nur still, und athme; so will ich
indessen mich Jenem
Nahen, und ihn bewegen, daß er zum Kampfe
dir stehe.

Also die Göttinn; und er gehorchte, mit
freudigem Herzen,
Stand, und lehnete sich an die erzbeschla-
gene Esche.

Hier verließ ihn die Göttinn, ereilte den
göttlichen Hektor,                            225
Glich sich dem Deiphobos an Bildung und
mächtiger Stimme,
Trat dicht zu ihm hin, und sprach die ge-
flügelten Worte:

Theuerster Bruder, zu sehr drängt dich
der schnelle Pelide;
Mit zu hurtigen Schenkeln verfolgt er um
Priamos Stadt dich.
Doch nun laß uns stehn, auf daß wir ver-
eint ihn bekämpfen!               230

Drauf versetzte der große, der helmbusch-
schüttelnde Hektor:
Deiphobos, schon längst warst du mir der
Liebste von allen
Brüdern, welche zusammen der Vater und
Hekabe zeugten.
Doch nun muß ich noch höher in meinem
Herzen dich achten,
Da du meinethalben es wagtest, so bald du
mich wahrnahmst,            235
Aus dem Thore zu gehn, und drinnen die
Uebrigen blieben.

Ihm antwortete Zeus blauäugige Tochter
Athene:

Theuerster Bruder, wohl flehten genug mich
Vater und Mutter,

Meine Kniee umschlingend, genug die um-
gebenden Freunde,

Drinnen zu bleiben. So sehr erbeben sie
Alle zusammen! 240

Aber mir brach das Herz im Busen vor
schmerzlichem Kummer.

Nun wohlauf denn, und laß uns muthig
kämpfen! Der Lanzen

Werde nicht länger geschont! Damit wir
sehn, ob Achilleus

Uns erlegen, und wieder zurück mit der blu-
tigen Beute

Kehren, oder vielmehr dein Speer ihn bändigen werde? 245


Also sprach sie, und wandelt' ihm vor,
mit lockendem Truge.

Als die Beiden nun näher und an einander
geriethen,

Sprach zuerst der große, der helmbuschschüttelnde Hektor:

Nicht fortan, wie zuvor, werd' ich dich
       fliehen, Pelide!
Drei Mahl bin ich zwar die große Troia um-
       laufen,                    250
Ohn' es zu wagen, dein zu harren und dei-
       nes Anfalls.
Doch nun treibt mich der Muth, ich erliege
       nun, oder erlege,
Dir zu stehn. Wohlan, laß uns die Göt-
       ter berufen,
Sie, die sichersten Zeugen und Hüther jeg-
       lichen Bundes!
Nicht zum Scheusal will ich dich verschän-
       den, so Zeus mir        255
Sieg schenkt, und ich dir das Leben raube.
       Hingegen,
Wann ich ausgezogen dir habe die herrliche
       Rüstung,
Will ich die Leiche den Griechen erstatten.
       Thu' du desgleichen!


Runzelnd blickt' und sprach der schenkel-
       rasche Achilleus:
Hektor, schwatze mir nichts, Verhaßter,
       nichts von Verträgen!    260

Denn wie Löwen und Menschen sich nimmer
   treulich verbünden,
Noch in Eintracht Wolf und Lamm zusam-
   men gesellen,
Sondern immer und ewig einander Böses
   ersinnen:
So darf Freundschaft nie, noch zwischen uns
   ein Vertrag seyn,
Ehe nicht Einer von uns, zu Boden lie-
   gend, mit Blute   265
Wird getränket haben den unersättlichen
   Kriegsgott.
Auf denn mit ganzem Vermögen! Nun
   zeige den Lanzengeübten,
Zeige den muthigen Streiter! Denn fürder
   ist kein Entrinnen.
Bändigen soll dich nun bald durch meine
   Lanze Athene.
Endlich sollst du nun die Schmerzen meiner
   Gefährten,   270
Die dein wüthender Speer erlegt, sie alle
   mir büßen!

Sprach's, und schwang und warf die weithinschattende Lanze.

Dieß' erblickte zuvor und vermied der glän-
        zende Hektor,
Nieder sich duckend. Der eherne Speer flog
        über dem Haupt ihm
Hin, und fuhr in die Erde. Von dannen
        entriß ihn Athene,     275
Gab ihn Achilleus wieder, doch ohne daß
        Hektor es wahrnahm;
Und der Hirte der Völker begann zum ho-
        hen Achilleus:

Haſt gefehlt, und mit nichten, o götter-
        gleicher Achilleus,
Mein Geschick von Gott erfahren, wie du
        es wähnteſt.
Schwätzer, ich ſollte vielleicht vor deinen
        trieglichen Worten     280
Zagen, und meines Muth's und meiner
        Stärke vergeſſen!
Aber mir Fliehenden bohrſt du keinen Spieß
        in den Rücken.
Sieh, ich ſtürme dich an! Von vorn
        durchbohre die Bruſt mir,
So dir's ein Gott verſtattet! Doch erſt ent-
        weiche nun meinem

Ehernen Speer! O, daß du ihn ganz im
      Wanst erst hättest!     285
Sicherlich hätten die Troer, so bald du
      wärest gesunken,
Ungleich leichtern Krieg. Denn Du bist ihr
      größtes Verderben.

Sprach's, und schwang und warf die weit-
      hinschattende Lanze;
Fehlte nicht, und traf in der Mitte den
      Schild des Peliden.
Weit ab sprang vom Schilde der Speer.
      Und Hektor ergrimmte,   290
Daß das rasche Geschoß der Hand verge=
      bens entflohn war,
Stand mit gesenktem Blick, denn ihm fehlt'
      ein anderer Speer nun,
Rief hierauf den Deiphobos mit mächtiger
      Stimme,
Und begehrte von ihm den langen Speer.
      Doch war der
Weißgeschildete Bruder ihm nicht so nahe.
      Da wurde   295
Hektor Alles gewahr in seinem Herzen, und
      klagte:

Wehe! So haben mich dennoch die Göt-
        ter zum Tode gerufen!
Denn ich wähnte, der Held Deiphobos wäre
        mir nahe;
Aber der ist in der Stadt; mich hat Athene
        betrogen.
Ach, nun nicht mehr fern naht sich der ent-
        setzliche Tod mir!         300
Kein Entrinnen ist mehr! Vor diesem konnt'
        es Kronion,
Konnt' es wohl seinem fernhintreffenden
        Sohne gefallen,
Huldreich mich zu erretten! Doch nun er-
        greift mich das Schicksal!
Nun, wohlan denn, so will ich doch träge,
        doch ruhmlos nicht sterben,
Sondern ein Großes erst thun, wovon noch
        höre die Nachwelt!         305


Und nun zuckt er das schneidende Schwert,
        das große, das starke,
Welches zur Seit' ihm hängt, und stürzt,
        zusammen sich raffend,
Jenem entgegen. So schießt ein hochhin-
        schwebender Adler

Auf das Feld herab aus dämmernden Wol-
        ken, ein Lämmchen,
Oder einen schüchternen Hasen zu rauben,
        wie Hektor,         310
Schwingend sein scharfes Schwert, Achil-
        leus entgegen daherstürzt.
Wiederum stürmt Achill ihn an, voll unbän-
        digen Ingrimms,
Und bedeckt sich die Brust mit dem schö-
        nen künstlichen Schilde.
Hell im Herdrohn funkelt der Helm, mit
        seinen vier Knäufen;
Von der Erschütterung schwirren die schö-
        nen goldenen Mähnen,   315
Sie, mit welchen dicht Hephaistos den Ke-
        gel umpflanzte.
Wie in düsterer Nacht sich Hesperos unter
        den Sternen
Zeiget, er, der Schönste vor allen Sternen
        am Himmel:
Also funkelt die Schärfe des Speeres, wel-
        chen Achilleus
In der Rechten emporschwingt. Trachtend
        nach Hektor's Verderben, 320

Ueberspäht er den schönen Leib, wo er tref-
fen ihn möchte.
Zwar barg sonst ihn ganz die eherne präch-
tige Rüstung,
Die er der Kraft des jüngst erschlagnen Pa-
troklos entrissen,
Dennoch erschien an der Gurgel noch bloß,
wo die Panzergelenke
Trennen Schulter und Hals, die tödtlichste
Stelle des Lebens.                    325
Jach hier hinein stieß seinen Speer der ra-
sche Pelide.
Gegen über durchfuhr die Weiche des Nackens
die Spitze.
Doch zerschnitt ihm die Röhre der erzbela-
stete Schaft nicht,
Um nicht etwas noch mit ihm sich besprechen
zu können.
Sieh, er stürzt' in den Staub; und über
ihm jauchzte Achilleus:          330

Hektor, du wähntest einst, da du den Patroklos erschlugest,
Und die Waffen ihm raubtest, du wärest
sicher, und furchtest

Keine Strafe von mir. O Thor, ich war
        noch dahinten
Bei den bohlen Schiffen, ein ungleich stär-
        kerer Rächer,
Der dir die Knie' itzt löste. Nun sollen die
        Geier und Hunde          335
Schmählich dich zerfleischen, doch ihn die
        Achaier bestatten.

Matt sich regend, versetzte der helmbusch-
        schüttelnde Hektor:
Ach, nun fleh' ich dir bei deinem Leben, bei
        deinen
Knieen und deinen Aeltern, du wollest nicht
        an den Schiffen
Mich zu zerreissen geben den Hunden der
        Griechen! Empfange          340
Lieber Erz und Gold, deß Vater und Mut-
        ter genug dir
Reichen werden, und gib die Leiche zurück,
        daß die Troer
Und die Troerinnen der Todtenflamme mich
        weihen!

Runzelnd blickt' und rief der schenkelge-
        schwinde Achilleus:

Nein, Hund, flehe mir nicht bei meinen
      Knieen und Aeltern!   345

O, daß Wuth und Begierde nur irgend sel-
      ber mich reitzten,

Roh zerstückelt dein Fleisch für deine Tha-
      ten zu fressen!

So soll deinem Aas die Hunde Keiner ent-
      wehren!

Würden auch zehen-, ja zwanzigfältige Löse-
      geschenke

Dargebracht und gewogen, ja noch weit
      mehr mir verheißen,   350

Wollte Priamos auch dich ganz aufwägen
      mit Golde;

So soll dennoch nimmer die Mutter, die dich
      geboren,

Dich auf Polster gestreckt beweinen; sondern
      es sollen

Deinen ganzen Leib die Geier und Hunde
      zerfleischen!

Hin schon sterbend, versetzte der helmbusch-
      schüttelnde Hektor:   355

O, ich kannte dich wohl, und ahndete vorher,
      ich würde

Dich und dein Herz in dir, das eiserne,
         nimmer bewegen.
Aber siehe dich vor, daß um mich die Göt-
         ter nicht zürnen,
Jenen Tages, da Paris dich und Foibos
         Apollon,
Stark wie du bist, erlegen werden im
         Skaiischen Thore.                360

Als er's ausgesprochen, umhüllt' ihn die
         Nacht des Todes.
Seinen Gliedern entwallte die Seele zum
         Ais hinunter.
Klagend ihr Schicksal, ließ sie Kraft und
         Jugend dahinten.
Und zu ihm, schon todt, sprach noch der
         hohe Achilleus:

Dennoch stirb! Nur dann wird mich auch
         treffen mein Schicksal,        365
Wann es Zeus geliebt, und den andern
         ewigen Göttern.

Sprach's, und entriß die eherne Lanze dem
         Todten, und warf sie

Bürger's Schriften. III. B.            Ff

Neben sich hin, und zog von den Schultern
    die blutige Rüstung.
Nun umströmeten ihn die übrigen Söhne
    der Griechen,
Und betrachteten staunend den Wuchs und
    die Wunderschönheit    370
Hektor's. Keiner umstand ihn, der nicht
    verwundet ihn hätte.
Einer schaute dabei dem Andern in's Ant-
    litz, und sagte:

Eia, wie geschmeidiger läßt sich nun Hek-
    tor umtaßen,
Als einst, da er den Schiffen sich nahte mit
    loderndem Feuer!

So sprach Einer zum Andern dabei, und
    verletzte den Todten.    375
Aber der rasche Pelide, so bald er entwaff-
    net ihn hatte,
Hub sich unter den Griechen empor mit
    geflügelter Rede:

Liebe Kriegesgenossen, Argeiische Führer
    und Fürsten,

Da nun diesen Mann die Götter mich bän-
   bigen laſſen,
Der mehr Schaden uns that, als die übrigen Alle zuſammen;  380
Auf, ſo laßt uns die Stadt rund um mit
   den Waffen verſuchen,
Daß wir damit den Sinn, den die Troer
   hegen, erforſchen:
Ob ſie verlaſſen möchten die Feſte, da die-
   ſer gefallen,
Oder zu bleiben ſich erkühnen, wenn Hek-
   tor auch mangelt?
Aber wie mag mein Herz wohl ſolcher Dinge
   gedenken?  385
Noch liegt unbeweint und unbegraben Pa-
   troklos
Bei den Schiffen! Und Sein vergeſſ' ich
   nimmer, ſo lang' ich
Unter den Lebenden walle und meine Kniee
   ſich regen.
Ob auch die Todten im Reiche der Schat-
   ten Alles vergäßen,
Würde doch ich auch dort des trauten
   Freundes gedenken.  390

Auf, und stimmet nun an den Paian, Jüng-
      ling. Achaia's,
Laßt zu den hohlen Schiffen zurück mit Die-
      sem uns kehren!
Großer Ruhm folgt uns! Denn erschlagen
      haben wir Hektor'n,
Der, wie ein Gott, umher in der Stadt
      der Troer verehrt ward.

Also rief er, und frevelte schmählich am
      göttlichen Hektor.       395
Er durchbohrt' ihm unten an beiden Füßen
      die Sehnen
Zwischen Knöchel und Ferse, durchzog sie
      mit Riemen von Stierhaut,
Band an dem Wagen ihn fest, ließ so das
      Haupt nachschleifen,
Stieg zu Wagen, und nahm mit hinauf die
      herrliche Rüstung,
Peitschte zum Laufen an, und willig entflo-
      gen die Rosse.       400
Staub wallt' auf im Schleifen, erregt von
      den schwärzlichen Locken.
Ganz in den Staub hin hing das Antlitz.
      Ehmahls so lieblich,

Ließ es Zeus von Feinden nun schänden auf
heimischem Boden.
So ward ganz das Haupt besudelt. Itzt
riß sich die Mutter
Laut auf wimmernd, indem sie den Sohn
erblickte, das Haar aus. 405
Schleuderte weit von sich weg den blenden»
den Schleier. Beweglich
Jammerte mit ihr der Vater, und durch
ganz Ilion stimmte
Alles Volk darein, mit lautem Wimmern
und Jammern,
Gleich, als loderte schon die hochaufra»
gende Troia
Hoch von oben bis tief hinab zu den
Schwellen in Feuer. 410
Kaum hielt noch das Volk den schmerzver»
wilderten Alten,
Welcher hinauszugehn vor Ilion's Thore
begehrte.
Flehendlich bath er Jeden, umher sich wäl»
zend im Kothe,
Jeglichen redet' er an, bei seinem Nahmen
ihn nennend:

Weg, ihr Lieben, und laßt mich allein,
   so sehr es euch banget,  415
Lasset zur Stadt hinaus nach den Schiffen
   der Griechen mich wandern!
Flehen will ich zu diesem verruchten unbän=
   digen Manne!
Er erbarmt sich vielleicht, mein Alter ver=
   ehrend, des Greifen.
Hat ja doch auch Er noch einen Vater, wie
   ich bin,
Peleus, welcher ihn zeugt' und erzog zu
   der Troer Verderben.  420
Doch mich hat er vor Allen am meisten mit
   Jammer beladen!
Mir in der Blüthe der Jugend so viele
   Söhne gemordet!
Dennoch bejammr' ich sie Alle nicht so, wie
   sehr ich betrübt bin,
Als den einzigen Hektor, um welchen der
   bittere Schmerz mich
Noch zum Aides stürzt. O, wär' er in mei=
   ner Umarmung  425
Noch gestorben, so hätten wir satt uns ge=
   weint und geklaget,

Ich, und die ihn gebar, die unglückselige
    Mutter.
Also sprach er weinend; und mit erseufzten
    die Bürger.

Hekabe aber ächzt' und wehklagt' unter
    den Weibern:
Kind, was soll ich noch leben? Ich Aermste,
    die ich so schmerzlich    430
Leide durch deinen Tod? O du, bei Nacht
    und bei Tag einst
Mein und der ganzen Stadt Gebeth! Du
    Schutzwehr aller
Troer und Troerinnen, die gleich einem
    Gotte dich ehrten!
Ihr, wie großer Ruhm wärst du, dafern du
    noch lebtest!
Aber gefangen halten dich nun der Tod und
    das Schicksal.    435

Also sprach sie mit Thränen. Noch hatte
    die Gattinn von Hektor
Nichts vernommen, ja selbst kein zuverläs-
    siger Bothe
Hatt' es ihr angesagt, ihr Gemahl sey
    draußen geblieben.

Denn sie webt' ein Geweb' in dem Innern
  des hohen Pallastes,
Schimmernd und doppelt gerecht, und ziert'
  es mit buntem Gebilde.   440
Eben hieß sie die schöngelockten Mägde des
  Hauses,
Feuer um einen großen Dreifuß schüren,
  daß Hektor
Fänd' ein warmes Bad, wenn er wieder-
  kehrte vom Streite.
Arme! Sie wußt' es nicht, daß fern von
  Bädern Athene
Längst ihn unter den Händen Achill's ge-
  bändiget hatte.   445
Jetzt vernahm sie das Wimmern und Jam-
  mergeschrei von dem Thurme,
Und es fuhr ihr durch Mark und Bein, ihr
  entrollte das Webschiff,
Und schnell rief sie den schöngelockten Mäg-
  den des Hauses:

Her! Zwei folgen mir nach, zu schauen,
  was sich ereignet!
Denn ich vernahm den Laut der verehrungs-
  würdigen Schwieger;   450

Auch fährt auf mir im Busen das Herz,
          bis empor an die Kehle,
Und mir erstarrt das Knie. Fürwahr, es
          drohet ein Unglück
Priamos Söhnen! O, nimmer und nimmer
          treffe mein Ohr das!
Aber ich fürchte gar sehr, es jage den muthigen Hektor,
Abgeschnitten vom Thor, Achill herum im
          Gefilde.                              455
Ach! schon hat er vielleicht gesteuert der
          schädlichen Kühnheit,
Deren immer voll, er mir in den Reihen
          der Schlacht blieb,
Sondern weit voran lief, muthig, wie Keiner der Andern.

Sprach's, und stürzte zum Haus hinaus,
          gleich einer Bethörten,
Mit hochschlagendem Herzen, von ihren
          Mägden begleitet.                     460
Als sie den Thurm erreicht und darauf das
          Getümmel des Volkes,
Trat sie heraus auf die Mauer, umher zu
          schaun, und erblickte

Ihn vor der Stadt geschleift.   Es schlepp-
                    ten die eilenden Rosse
Sorglos, schon ihn fort, zu den hohlen
                    Schiffen der Griechen.
Finsterniß überschattet' ihr Auge, sie tau-
                    melte rücklings                    465
Nieder, der Odem entging ihr, und weit
                    hinweg von dem Haupte
Stob der glänzende Schmuck des Haars,
                    der Bund und die Haube,
Sammt dem Schleier, den ihr die goldene
                    Kopris verehrte,
Jenen Tages, da sie der helmbuschschüt-
                    telnde Hektor
Aus Eetion's Burg heimführt' um unend-
                    liche Brautgift.                    470
Dicht umstanden sie Schwestern des Gatten
                    und Weiber der Schwäger,
Und erhielten sie zwischen den Armen in
                    Todesverzuckung.
Als ihr nun wieder der Odem und Geistes-
                    besinnung zurückkam,
Klagte sie, oft gehemmt vom Schluchzen,
                    unter den Weibern:

Hektor, und ach, ich Arme! So wurden
wir also zu gleichem          475
Schickſal geboren! Du in Priamos Hauſe
zu Troia;
Ich zu Theben, im waldbewachſenen Hy-
pplakos,
Auf Eetion's Burg, der aus den Tagen der
Kindheit,
Unglückſelig er ſelbſt, mich Unglückſelige auf-
zog.
Hätt' er nur nie mich gezeugt! Nun mußt
du von dannen hinunter '480
In die Gewölbe der Erde, des Todes Be-
hauſung, und läſſeſt
Mich im Haus als Witwe dahinten, im
bitterſten Jammer,
Und noch Kind iſt der Sohn, den wir Un-
glücklichen zeugten.
Nichts mehr biſt du nun ihm, da du todt
biſt, nichts mehr auch Er dir!
Wenn er auch dieſem genug beweinten Krieg
entrönne,          485
Werden doch immerdar ihn Müh' und
Kummer begleiten.

Fremde werden schmälern sein Gut; ver-
        rückend den Mahlstein;
Seiner Verwaisung Tag wird immer das
        Kind auch entfreunden.
Niederhangenden Hauptes, die Wangen von
        Thränen befeuchtet,
Wandert es dürftig einher, läuft an die
        Freunde des Vaters,    490
Zupft hier Einen am Mantel, und dort den
        Andern am Leibrock.
Dauert es etwa noch Einen, so reicht er
        ihm höchstens ein Schälchen,
Welches die Lippen ihm zwar, doch nicht
        den Gaumen benetzet.
Auch verdrängt es ein Kind noch lebender
        Aeltern vom Gastmahl,
Schlägt mit Fäusten drauf, und kränkt es
        mit schmählichen Worten:  495
Hebe dich weg von hier! Denn dein Vater
        schmauset nicht mit uns!
Weinend kommt alsdann zur Mutter Witwe
        der Knabe
Astyanax, der einst sich auf den Knieen des
        Vaters

Gütlich that von Mark und fetten Bissen
  der Lämmer;
Der, so bald ihn der Schlaf beschlich, nach
  kindischen Spielen,   500
Sanft im Bett entschlief, in seiner Pflege-
  rinn Armen,
Und auf weichem Pfühl, mit wonnegesättig-
  tem Herzen.
Nun wird Astyanax, wie ihn die Troer be-
  nannten,
Weil du, Hektor, allein verfochtest Mauern
  und Thore,
Hartes wird er, des Vaters beraubt, er-
  dulden nun müssen.   505
Und dich Nackenden wird bei den Schiffen,
  fern von den Aeltern,
Reges Gewürme verzehren, wenn deiner die
  Hunde nun satt sind.
Dennoch liegt für dich daheim die Menge
  der Kleider,
Weicher, behaglicher Kleider, gewirkt von
  weiblichen Händen.
Aber nun will ich sie alle verbrennen in lo-
  derndem Feuer.   510

Denn sie nützen dir nichts! Wirst nimmer
darinnen mehr feiern!
Mögen sie dann vor allem Volk zu Ehren
dir lodern!

Also sprach sie weinend; und mit erseufzten die Weiber.

# Inhalt

### des dritten Bandes.

Vermischte Schriften. Erster Theil.